生态语言学视角下的媒体新闻话语研究

宋 平 著

吉林大学出版社
·长春·

图书在版编目（CIP）数据

生态语言学视角下的媒体新闻话语研究 / 宋平著 . -- 长春：吉林大学出版社，2022.5
ISBN 978-7-5768-0587-1

Ⅰ.①生… Ⅱ.①宋… Ⅲ.①传播媒介—新闻语言—研究 Ⅳ.① G210

中国版本图书馆 CIP 数据核字 (2022) 第 173354 号

书　　名	生态语言学视角下的媒体新闻话语研究
	SHENGTAI YUYANXUE SHIJIAO XIA DE MEITI XINWEN HUAYU YANJIU
作　　者	宋　平　著
策划编辑	殷丽爽
责任编辑	张宏亮
责任校对	殷丽爽
装帧设计	李文文
出版发行	吉林大学出版社
社　　址	长春市人民大街 4059 号
邮政编码	130021
发行电话	0431-89580028/29/21
网　　址	http://www.jlup.com.cn
电子邮箱	jldxcbs@sina.com
印　　刷	天津和萱印刷有限公司
开　　本	787mm×1092mm　1/16
印　　张	12
字　　数	200 千字
版　　次	2023 年 1 月　第 1 版
印　　次	2023 年 1 月　第 1 次
书　　号	ISBN 978-7-5768-0587-1
定　　价	72.00 元

版权所有　翻印必究

前　言

作为人类社会的一部分，生态的好坏也会影响社会的生态，而语言作为其中最主要的传播方式，其蕴含的思想直接对生态产生影响。随着经济社会的不断进步和科学技术的不断发展，人类生活得到较大改善、生活水平逐渐提升，但与此同时，人口压力、气候变暖、环境恶化、资源短缺等全球性问题也日益凸显。在此背景下，研究生物与其有机及无机环境之间相互作用关系的科学——生态学（Ecology）应运而生。随着研究的不断深入以及人们生态意识的不断提高，生态学的观点及视角开始广泛应用于自然科学及人文社会科学，"生态"这一概念也已从最初的生物生态、环境生态延展到语言生态、社会生态、经济生态等。可以说任何与环境（包括生物环境及非生物环境）发生相互作用的活动都与"生态"二字密切相关。而语言作为人类社会生活中最重要的活动之一，同样也在生态系统中扮演着举足轻重的角色。鉴于生态语言学是由生态学和语言学构成的交叉学科。本书围绕"生态语言学视角下的媒体新闻话语研究"进行了一定的分析。

本书共分为四章内容。第一章内容为生态语言学概述，主要从四方面进行了介绍，分别为生态语言学的起源、生态语言学的发展历程、生态语言学的研究现状、生态语言学的研究趋势。第二章内容为"生态语言学的研究路径：生态话语分析"，主要从四方面的内容进行了介绍，分别为生态话语的类别、生态话语分析的内涵、生态话语分析的指导思想、生态话语分析的理论基础。本书第三章内容为媒体新闻话语生态性分析框架，主要从三个方面进行了介绍，分别为媒体新闻话语与意识形态、"多元和谐，交互共生"的生态哲学观、生态语言学视角下的评价系统。本书第四章内容为基于生态语言学的媒体新闻话语分析——以环境新闻话语为例，主要从四个方面进行了介绍，分别为"环境新闻语篇中的态度资源""环境新闻语篇中的介入资源""环境新闻语篇中的级差资源""环境新闻话语的生态属性分析与评价策略"。

在撰写本书的过程中，作者得到了许多专家学者的帮助和指导，参考了大量的学术文献,在此表示真诚的感谢。本书内容系统全面,论述条理清晰、深入浅出,但由于作者水平有限,书中难免会有疏漏之处,希望广大同行及时指正。

作者

2021 年 9 月

目 录

第一章 生态语言学概述 ... 1
- 第一节 生态语言学的起源 ... 1
- 第二节 生态语言学的发展历程 ... 3
- 第三节 生态语言学的研究现状 ... 9
- 第四节 生态语言学的研究趋势 ... 25

第二章 生态语言学的研究路径：生态话语分析 ... 45
- 第一节 生态话语的类别 ... 45
- 第二节 生态话语分析的内涵 ... 54
- 第三节 生态话语分析的指导思想 ... 68
- 第四节 生态话语分析的理论基础 ... 73

第三章 媒体新闻话语生态性分析框架 ... 93
- 第一节 媒体新闻话语与意识形态 ... 93
- 第二节 "多元和谐，交互共生"的生态哲学观 ... 112
- 第三节 生态语言学视角下的评价系统 ... 118

第四章 基于生态语言学的媒体新闻话语分析——以环境新闻话语为例 ... 131
- 第一节 环境新闻语篇中的态度资源 ... 131
- 第二节 环境新闻语篇中的介入资源 ... 138

第三节　环境新闻语篇中的级差资源 ······················· 144
第四节　环境新闻话语的生态属性分析与评价策略 ············ 145

参考文献 ··· 183

第一章 生态语言学概述

本章的主要内容是生态语言学概述,对于生态语言学的起源、生态语言学的起源的发展历程、生态语言学的研究现状、生态语言学的研究趋势等进行了比较深入的分析。

第一节 生态语言学的起源

本节的重要内容在于对生态语言学起源的思考,重点从生态语言学的界定和总体目标这两方面来看生态语言学的起源与发展,以期促使读者有一个更为全面的理解。

从德国生物学家 Haeckel 于 1866 年提出了"生态学"这一概念并对其加以定义和研究以来,生态学研究已经发展了 150 多年。

在生态语言学的发展过程中,出现了"语言生态学""生态语言学""生态哲学观""生态话语分析"等与生态语言学密切相关的概念和术语。最早将语言学与生态观念结合起来的是美国著名语言学家 Einar Haugen,1972 年其首次提出"语言生态学"这一概念。而且 Einar Haugen1970 年所做的题为"语言生态学(On the Ecology of Languages)"的学术报告,通常被当作生态语言学诞生的标志。需要注意的是"语言生态学"将语言使用的环境隐喻为自然生态中的自然环境,它重点关注语言的生存、濒危语言保护等研究话题。

"生态语言学"是指研究任何特定语言与环境之间的相互作用关系,并把语言环境隐喻类比为生物生态环境。早在 19 世纪初期,普通语言学奠基人、德国哲学家和语言学家洪堡特就结合相关哲学理念以及涉及的语言类型等,提出探究人类语言结构的差异应当被列为当前普通语言学所需要承担的一个重要任务。

洪堡特还提到语言多样性,指出人类语言的多样性更重要的是为了满足人类精神层面的需求,而正是这以多样性特点使得人与人之间的思维方式和活动方式产生了一定的差异;语言伴随着其使用者人类,同样都需要经历由产生到消亡的整个过程，虽然最终会消亡，但这并不意味着其生命力也随之消失，语言的生命力不会随着使用频率的降低而完全不存在，于是有学者开始注意到与语言消亡相关的问题，其中还包括对语言多样性以及语言演变的探究，资料显示对于生物学研究的热潮开始涌现。

一直到20世纪90年代，在国内，李国正注意到可以将生态学的相关理论融入语言学研究中去，如生态系统的一系列原则，都可以应用到汉语问题的研究中去。

在其著作中提到关于生态学如何进行语言现象研究时，他提出了"生态语言系统"这一重要概念，不仅如此，还为后继研究者提供了许多可取的研究方法诸如实验法、系统分析法等等，在这一时期还出现了少数围绕"语言生态学"和"生态语言学"展开探讨的作品，继而丰富了生态语言学理论方面的知识。

随着生态学研究的不断深入，出现了语言学与生态学之间交叉的跨学科研究。

首先，生态语言学研究发端于对语言、环境的二元分析；然后，生态语言学通过生态话语分析的方法，研究对人类、非人类、语言、环境以及他们之间的关系等多元研究的整合；其次，生态语言学对语言、生态哲学观、生态意识等研究，旨在实现"知行合一"的总体目标；再次，为了实现"知行合一"的总体目标，生态语言学研究重点在于培养人们的生态读写能力和生态意识，进而触发生态行为，因而生态语言学开始从"话语分析转向"朝着"认知转向"的路径发展；最后，生态语言学的研究从自然生态正在向社会生态延伸。

其实，生态语言学又称为语言生态学，《现代汉语词典》（第7版）对生态的解释是："指生物在一定的自然环境下生存和发展的状态，也指生物的生理特性和生活习性。"可见这一定义是完全针对传统生态学的角度而言的，但现如今，对于生态的定义不应当仅仅立足于生态学的角度，更多地应该将其视为一门交叉学科。

这里本书认为Halliday在1990年第9届国际应用语言学大会上，针对语言的意义识解与生态要素，发表了题为"表意的新方法：对应用语言学的挑战"的演讲，是生态语言学研究的另一种范式，通常被认为是"生态话语分析"的雏形，至此生态话语分析已经初见端倪。

生态话语分析必须要参照一定的标准和原则，以判断话语的价值取向。为此，以Naess（1995）为代表的哲学家首先提出生态哲学（观）（Ecosophy）作为生态话语分析的参照标准，从而使生态话语分析成为一种具有相对客观标准可循的话语分析范式。生态话语分析的研究范式出现以后，研究语言与生态之间的关系以及相关问题，已经不再严格区分语言生态学或生态语言学之间的差别，通常使用生态语言学作为一个学科术语，指代这种超学科的研究范式。

需要认识到的是，生态语言学研究的基本路线是对语言或言语进行生态话语分析，以期培养和提高生态意识，进而触发生态行为。随着生态语言学领域研究的不断深入和认知生态语言学思想的进一步发展，长期以来生态学者一直在致力于构架生态语言学的一个总体目标。其中，周文娟提倡生态思想中包含中国传统文化中"和谐""无为"的思想。黄国文指出生态语言学研究的目的在于培养人们的生态读写能力，使人们"思，以生态语言学为本；行，以生态语言学为道"，在生态语言学研究中做到"不但要 think linguistically 和 think ecologically，而且要 think and actcing ustically"。这与 Steffensen 在西南大学讲学中，倡导的生态语言学研究应做到"Know ledge in its genuine and eamestaspectisaction, and action in its intelligent and discriminating aspect is knowledge"（知之真切笃实处即是行，行之明觉精察处即是知）的观点不谋而合。黄国文和 Steffensen 的生态语言学思想和理念，都深受中国传统哲学家王阳明所倡导的"知之真切笃实处即是行；行之明觉精察处即是知"的思想的影响。

因此，生态语言学研究无论是在西方还是在国内，最终的走向和追求的目标都是做到"知行合一"，达到和谐统一的研究境界。

第二节　生态语言学的发展历程

生态语言学开始于二十世纪七十年代，历经了语言生态学、生态话语分析的两个重要阶段，正在向着认知生态语言学的方向发展。同时，生态语言学的研究不再只是限制在自然生态领域，而是延伸到社会生态中进行社会生态话语分析。我们需要认识到"生态语言学"是一个内容丰富的术语。在此，本书先从整体上对于生态语言学的发展历程进行一定的分析，具体如下。

一、语言生态学

（一）概述

生态语言学家 Einar Haugen（1970）在其题为"The ecology of languages（语言的生态）"的演讲，首次将"生态学"的概念引入语言学的研究。"语言生态学"（language ecology）这一隐喻概念由 Haugen（1972）提出，将语言与语言所使用的环境之间的关系,比喻为生物与其自然环境之间的关系,并最早使用"语言生态学"这一术语,将其定义为"对任何特定的语言与其环境的相互作用的研究"。

生态语言学中,按照 Haugen 的方法开展语言与生态之间的关系的研究,被称为 Haugen 模式或"隐喻模式"。这一模式主要用于研究语言、语言所处的环境以及它们之间的关系,特别关注濒危语言的保护、少数民族语言的传承、语言生态的评估等研究主题,试图建立语言生态评估的模型。利用 Haugen 模式研究语言与其环境的关系,我们必须回答以下问题:"什么是语言""语言的环境包括哪些""语言与其环境之间构成什么样的相互关系""语言究竟是仅与其使用的微观环境有联系,还是与宏观环境建立联系""语言和环境之间的影响,是单向的还是双向的"等。

语言、生态以及环境之间的关系,一直都是生态语言学讨论的热点问题,因此,从某种程度上说,生态语言学起源于对"语言、环境及它们之间的相互作用的关系"的二元分析。

国内对生态语言学研究的学者中,郑通涛(1985)较早对汉语做本体分析,论述了"语言的相关性原则"。自生态语言学研究在西方国家兴起以来,范俊军、宫齐(2004)翻译了 Fill 的生态语言学研究论文,将这一领域当时在西方国家的研究状况介绍到国内,引起了更多国内学者在这一领域的研究兴趣,局部开展了语言本体研究,即语言多样性、濒危语言保护、少数民族语言评估等研究。

系统功能语言学家 Halliday 在 1990 年第 9 届国际应用语言学大会上的演讲,被认为是生态语言学研究的另一种范式,它通常被认为是"生态话语分析"的雏形,至此生态话语分析已经初见端倪。它主要关注的是如何通过分析、研究和改变语言,以改变人们对待自然或环境的认知。演讲中关于生态的精辟论述,引起了更多学者开始关注语言对生态环境问题的影响。根据 Halliday 的方法研究语言对生态或环境的影响的核心观点是:语言建构人们的意识形态和世界观,在改造和转换语言的基础上,形成新的生态意识,最终改变人们对待环境、生态的态度,这就需要对语言或话语进行深入分析。

综上语言生态学(生态语言学)作为一门交叉学科,由外国学者豪根(Haugen)最早提出,并随后引入中国。豪根将其界定为"对任何给定语言与其环境之间相互作用的关系的研究",解释了该句话中所说的环境基本为自然、人文及心理环境等。再者,二者之间的相互关系使其具备了多重属性,根据豪根的解释,这种属性可以分为社会科学及自然科学属性。其中,社会科学强调重视生态意识的培养,自然科学强调人类有关于生态意识处理方面及行为自我约束方面。

进而，根据社会与自然的具体的可能性，生态意识层面划分为了自然生态与人文生态两个方面，间接从人与自然之间关系的角度反映了其系统的整体性和综合性。

（二）语言的生态解释之根基

我们仍然有必要对前人的语言生态学说作一个全面描述。语言的生态学研究方法的演变可分为3个阶段：最早产生于19世纪的"将语言作为一种生物"的方法；第二阶段是20世纪中叶，以维特根斯坦为标志，把语言理解为一种生命形态的一部分；第三阶段是20世纪70年代由豪根开始将生态隐喻用于语言。因为第三阶段研究最多，本书不再赘述。

从广义上说，前人最早提出"语言是一种生物"的观念是在19世纪上半叶德国古典主义和浪漫主义文学鼎盛时期。那时说到语言的"生命"看来是很自然的事情，因为语言也有诞生、发展和最终死亡。虽然现在语言学里面还在使用这种形象比喻（例如Crystal），但已经很少将它作为语言的基本观念模式来研究。德国哲学家洪堡特在其关于语言的重要著述中使用了这种观念模式。

这里可能要区分结构方面一个系统原理，即我们受索绪尔观点影响而通常说的将语言看作一个由句法、词汇、语音要素构成的有机整体，三者互为条件。

二、生态语言学的认知转向

生态语言学主要探讨语言和生态之间的关系。Fill（1996）指出，在理解生态语言学这一概念时，"有的生态语言学家从生态学一端出发，将生态学的原理移植到语言中；有的则从语言学一端出发，把语言学的知识应用到生态学中。"Door&Bang（1996）创立的"语言辩证理论"，提出"任何一个实体都与其他实体及环境相互依存，一个实体的存在形式，取决于这一实体与其存在环境的交互关系"的原则。这就意味着在生态语言学中语言学和生态学总是紧密地相互交织在一起。

对生态语言学而言，看待语言、环境以及语言与其环境之间的关系的视角不一样，那么就会在理解和认知这一概念的时候出现一定的差异。

从"观念与行为之间的关系"来看，Schultz（2001）将语言（语词）比喻成万花筒，无论故意与否，万花筒里的形状和颜色都在随着其角度的调整或变换而变化。因为有了万花筒的属性，语言即便仅仅用于交流信息或表述一些概念，它所传递的信息往往比期望的要多。语言是一种形成人们社会观念、态度，最终导致行为发生的一股巨大的力量。这个观点示意了"语言→意识→行动"三者之间的关系，明确了"语言—意识—行动"的路向，也是生态语言学研究的基本路线：首先，语言影响意识，通过对语言或话语使用者所用的语言的分析，可以透视他们的意识状态；其次，意识促成行动，通过培养语言使用者的生态意识，可以促使他们的生态行为。这便是认知生态语言学发展的基本路向，也是生态语言学追求的目标，即生态语言学的研究在于培养语言操作者的生态意识，然后再触发他们的生态行为。

对于语言的认知，Steffensen & Fill 认为，"主流生态语言学对语言的观点，总是无法摆脱笛卡尔哲学观，认为生态是自然，语言是文化，人类是开发自然的文化主体"。这种观点虽然也关注人与自然之间的关系，但是它将人类置于主体的位置，自然放在客体的位置，具有人类中心主义的嫌疑和倾向。并且，它将人类、语言、生态三者看成相互独立的个体，割裂了它们之间的关系，不利于生态意识的培养，更无法达到将生态意识在生态研究中实施的目的。因此，Steffensen & Fill（2014）主张从符号生态、自然生态、社会文化生态、认知生态多个维度，综合认识生态和语言的关系，而不是割裂它们之间的联系，让它们相互独立。

认知生态语言学的起点是现实生活、实际的人际交往以及人与其生存的环境之间的交互过程，其中最典型的就是人类使用语言进行交流的过程。Steffensen（2017）提出了"扩展生态假说"和基于"分布式语言"视角的"认知事件分析"方法，他认为认知生态语言学寻求建立一个"语言的微生态"，用于整合语言研究、认知模式、生态行为，达到三者统一，建立和谐统一的生态语言学研究框架，以便"和平开发自然资源、赋权边缘化社会群体、促成多语社区中语言的和平共存"，实现语言与生物生态的必然统一。

随着生态语言多元化发展的推进，这一学科已经超出了对语言本体和环境之间的关系的研究，生态语言学更加关注其为人们提供语言认知世界的能力。同时，生态语言学的研究也走向一个追求"和谐"的整合框架。西方生态语言学理论来源于他们二分法的哲学传统，中国生态语言学思想则主要受中国哲学传统的影响，其中包括"天人合一"的世界观和儒家、道家"和"的哲学思想等，最终形成了"顺应自然""无为"的生态哲学和生态智慧。《中国语言生活状况报告》（2017）提出以新的发展理念，引领语言文字事业科学发展，坚持绿色发展就是必须在语言文字事业发展中贯穿"绿色、生态、可持续"的理念，推动语言文字工作健康、可持续发展。一是尊重语言文字发展规律；二是营造和谐健康的社会语言环境；三是推动绿色语言产业发展。这一新的发展理念中，生态语言学的两个核心要素"生态"和"可持续发展"都已经得到凸显。

黄国文和陈旸（2017）认为"如果把生态语言学看作一种研究路径或一种研究视角，从生态因素考察语言、语言使用者以及语言与语境等问题，这样会给语言研究者带来启示"。生态语言学研究的目的在于，培养和提高人们的"生态读写能力"，加强话语使用者的生态意识。从本质上讲，这也是通过生态语言学提供的认知平台，提高人们的生态认知能力与水平，进而触发相应的生态行为。

Halliday等人明确指出他们的意义观隶属于建构主义意义观，虽在一定程度上受到皮亚杰认知建构论的影响，尤其推崇维果斯基的社会建构主义思想。社会建构主义的基本原则是：文化知识和现实表征经常在建构交际之中，在社会中传播、机构中凝聚，最后又在交际中生产。

系统功能语言学认为人类是通过意义来识解和建构经验的，而经验又是通过语言建构。换言之，语言是人类释解意义、建构经验的一种主要方式和手段，这正是某种意义上的系统功能语言学的"认知"转向。这为认知生态语言学的发展提供了理论源泉，也是生态语言学的主要研究范式—生态话语分析选择系统功能语言学作为话语分析理论框架的内在动因，它在生态语言学抑或生态话语分析之初，就暗示了生态语言学"认知转向"的必经之路。我们在生态语言学的视阈下研究媒体新闻话语，旨在充分利用这类话语建立的"语言微生态"，利用一定的方法，整合媒体新闻话语、生态行为等，将它们统一起来以便进一步提高媒体新闻话语的质量。

三、社会生态话语分析

目前生态语言学领域主要关注自然生态系统和语言之间的关系，较少涉及社会生态问题。但是，生态系统不但包括自然生态系统，同时也包括社会生态系统，作为生态系统的重要组成部分，社会生态和自然生态同等重要。只要有人在其中活动，他们都会构成某种社会生态系统。

生态话语分析从自然生态延伸到社会生态的思路，主要基于Stibbe从自然生态系统出发，以其构建的"生存（Living！）"生态哲学观为基础，把生态话语分析对象分为有益型、破坏型、混合型话语。参照这一研究模式，何伟和魏榕（2017）以国际生态话语为例，探讨国际生态话语及物性分析模式的构建方法，同时探索国际生态话语内涵及研究路向。他们的研究为社会生态话语分析提供了借鉴和参考。

生态语言学研究语言的路径，是通过语言或话语分析，培养语言或话语操作者的生态意识，然后再进一步触发他们生态行为。在生态语言学视阈下研究媒体新闻话语，就是对媒体这种社会生态中的话语进行生态分析，即社会生态话语分析，目的就在于引发其中的生态行为，为媒体话语提供新的有效路径，进一步提高媒体话语的质量。我们研究狱警教育改造罪犯的话语，不仅关注和揭示话语现象背后的意识形态等批评话语关注的内容，我们还充分发挥话语分析的积极要素，关注他们对教育改造罪犯的作用。

生态语言学研究发展成为一个跨学科的研究领域，其最新的代表性的成果是Fill&Penz（2018）编撰的《罗劳特里奇生态语言学手册》（The Ronutledge Handbook of Ecolinguistics）。该《手册》中收录了生态语言学领域最新的研究成果，从"社会和个体环境中的语言、与环境有关的语言的作用、哲学和跨学科的生态语言学"几个方面，讨论生态语言学研究的最新进展。在此基础上，Fill&Penz最后指出了21世纪生态语言学的最新发展方向：（1）语言多样性和与之相关的话题，包括少数民族语言、濒危语言和语言的消亡；（2）语言、话语和环境之间的关系，其中包括语言和话语在描述、创造或恶化环境中的作用，更重要的是语言帮助解决环境问题中的作用需要深入研究；（3）作为跨学科的生态语言学已经超越了传统语言学，它创造了一种所有的事物和思想都相互依存的生态意识。

综上，生态语言学肇始于语言的生态化研究，将语言与其使用环境的关系比喻为生物与自然环境之间的关系，开始对它们之间关系的二元分析；继而经历了话语转向，即对人类、非人类生物体、语言与环境及其相互关系的生态话语分析，开启生态语言学多元化发展的历程；进而是认知转向，即通过生态语言学的研究培养和提高生态意识，触发生态行为，促进生态实践，构建和谐统一的研究框架，最终达成"知行合一"的终极目标。

四、人文生态若干问题

以上，本书对于生态语言学的发展进行了一定的分析，基于以上的分析我们可以认识到生态语言学是内容丰富，经历了语言生态学、生态话语分析的发展，正在向着认知生态语言学的方向前进。但是作者认为，在生态语言学中还有一个不可忽视的问题就是人文生态。

从其特性来看，语言生态主要体现在生态性、社会性及人文性上。其生态性指明，生态系统是生命系统和其所生活环境系统的结合，主要在自然生态与人文生态的体现上。其认为，自然生态是指构成人类生存的生物场，同时体现环境、动物、资源；人文生态是指社会、人际、文化、人生等层面。其社会性指明，语言生态主要表现在自然和人文精神生活中，分为自然生态和人文生态。其人文性指明，其存在和发展总是依赖于一定的自然现实前提。

人文生态是积淀于精神文化中的人类价值理念和理想人格的凝结，以人文精神为主导。在完成物质文化、制度文化的过程中注重塑造人文精神，在其基础上注重提升人们的精神素质，积淀深厚的人文文化，而其自然生态未做明确解释。我国学者的一些文章中，阐明了语言生态的特性问题。相关读者可以搜集一些资料来进行阅读。

作者认为，自然生态是指人与自然环境之间的相互协调、平衡发展的关系，主要包括保护环境、爱护动物、节约资源等方面；人文生态则是指社会生活环境及日常交际文化等。主要包括观念意识、思维方式以及体现多元、美好、发展、和谐的生态价值理念。

并且，作者认为，在研究生态语言学的发展历程中，应该切实从语言多重属性及语言生态特性等出发，全面阐释了语言与环境的关系。

第三节　生态语言学的研究现状

生态语言学的研究具有十分重要的意义，为了更好地了解生态语言学，我们需要对于生态研究的现状进行一定的分析，以此从分析研究情况的过程中认识到生态语言学的发展，这样才能在广大学者的研究基础上有所进步。

一、我国生态语言学的研究

（一）研究背景

"话语"是语言学中的常用术语，20世纪60年代，"话语"这一概念不断发展超越了语言学学科领域，开始出现在各类人文社会学科之中。20世纪80年代，"话语"这一概念进入中国，并逐渐成为中国学术界关注的重点问题。党的十八大以来，我国高度重视生态文明建设，但由于西方国家长期把控着生态环境话语权，导致我国一直处于"失语"的被动局面。自习近平总书记提出"精心构建对外话语体系"，"提高国际话语权"等论述以来，生态文明话语研究成为美丽中国新时代学术界研究的热点问题。

生态文明作为时代问题引起了社会各界的关注，生态文明建设理论和实践在社会各个方面的影响力不断增强。立足于我国"五位一体"总布局，将中国生态文明建设的理论与实践融入政治、经济、社会、文化之中，推进"五大建设"协同发展，日益成为衡量各方面发展成效的一把重要标尺。人民群众对生态文明的向往，对优美环境的需求越来越凸显，同时生态文明建设的理论与实践对人民群众生态价值观念的转变也产生了深刻的影响。综合上述因素，推动生态文明建设朝着更好的方向发展已经成为社会共识，与生态文明相关的话语已经融入了民众的日常生活。

2016年，习近平总书记在哲学社会科学座谈会上指出讲好中国故事，传播好中国声音，提高国家话语权，打破西方国际话语垄断的不利局面，塑造中国负责任的大国形象，为全球生态问题提供中国方案，贡献中国力量。由此，精心建构新时代生态文明话语体系成为中国生态文明研究领域的一项重要任务。

（二）研究概述

我国生态语言学的研究起步相对国外来说比较晚，20世纪80年代开始属于国内生态语言学的萌芽期，国内资料中可以查到最早地从生态学角度分析语言学现象的论文著作是《生态语言系统说》和《生态汉语学》这两部。随着人类社会步入生态文明建设伊始，人们就越发重视生态环境的可持续发展，此时，国内关于生态语言学的研究也开始由最初的萌芽日趋活跃。2009年开始，关于生态语言学的论文数量有了明显增长，尤其是近五年以来，我国生态语言学研究的论文有了大幅增长。

在生态语言学界定中，生态语言学也被称之为"语言生态学"，于是可以将检索词定为"生态语言学""语言生态学"，分别进行"主题"字段的模糊检索。

尽管20世纪70年代国外就有了生态语言学的概念，但一直到1985年左右才开始出现与之相关的研究著作。作者发现，2008年以前，国内与生态语言学相关的研究并不多，一方面是因为国内生态语言学的起步较晚，另一方面，这一阶段的研究成果我们可以发现大部分都不外乎是对生态语言学的兴起和相关理论的探讨，还有少部分是在吸收外来成果的基础上对国外著作的评论或者是翻译作品，但也正是由于有了这一阶段丰硕的研究成果，才能为之后的研究开辟不容小觑的局面。

从2009年开始，不光只汉语界，包括其他外语界，对生态语言学的关注度都在持续增加，与此同时，这一时期对生态语言学的研究从之前吸收国外成果转向了对本体的研究，研究视角也呈现出多元化态势，大致可以看到有许多针对语言的保护。例如，我国的少数民族语言现象所展开的研究。

此外，有部分学者结合自己的生活实践，将生态语言学的相关理论合理地运用到自己的教学中，其范围不仅有汉语界，更有外语界等多个领域的涉足。正是这种理论与实践的良好结合，使得众多学者纷纷开始对生态语言学与其他领域的结合有了新的认识，反之对于生态语言学理论本身也有了更多来自于实践的指导。

中国期刊全文数据库（CNKI）现有发表的与生态语言学相关的论文目前已有500余篇，对其进行量化分析后发现，研究主要集中在理论研究、应用研究和实践研究这三大类别中。以下分别对这三大类别展开相关论述：

一类是相关理论方面的研究，如上文所提过的，我国生态语言学在最开始并不如国外，甚至可以说我国的生态语言学研究是输在起跑线的，直至20世纪80、90年代，相继出现了一些学者将生态观点应用于语言学的相关研究中，结合前面的数据分析我们发现，一直到21世纪初，对于生态语言学的相关理论研究，我国都可以说不够成熟，还有很多是对外来作品的译著，其后引进国内供学者研究所用。范俊军对于生态语言学在西方是如何发展以及西方国家对生态语言学的定义和研究领域都相对比较了解；吴文、李森（2009）从社会文化角度介绍了外国学者将生态语言运用到教学中的行为，认为语言学习从时间上来看是存在很大的可变性的，随之形成了我们现在所看到的对于语言教学有着重要指导意义的教学观；李国正将语言环境分为内外两个生态环境系统，由自然环境、社会环境、文化环境和人群环境四部分组成外部生态环境系统，由语言的各构成要素诸如语音、词汇、语法等等，以及各个要素之间的有机组合构成内部生态环境系统。

一类是应用方面的研究，有了前期相关理论研究的基础之后，学者们开始将理论研究付诸教学、工作等实践中。应用方面的相关研究在早期更多可见于外语教学领域，如刘云秋提出可以利用互联网的优势，建立网络教学平台，从而使得主体与其所在环境能够形成互动；黄影妮则提出了生态学相关理论在指导外语教学的课堂中应该从哪些方面展开，最后大致可以得出结论，在传统的教学备课过程和教学评价时我们应当树立的教学课堂观；李丽生、刘旭阳探讨了异化翻译所具有的重要作用，异化翻译不仅可以很好地保持语言的生态多样性，同时也能够不断完善语言的发展。教师在充分吸收理论知识的基础上将理论应用于实践之中，如此一来，既可以在实践中丰富自己对理论的认知，也能为培养学生良好的理论意识和创新能力提供很大帮助，故而有更多学者纷纷将生态学的相关理论与自己的教学工作相结合进行理论和实践。

一类是实践研究。生态语言学的实践研究在很大程度上受国外生态语言学研究的影响，立足于语言生态和濒危语言的保护政策，通过对当下语言环境的考察，有学者对语言多样化、濒危语言、二语教学、语言政策推广等方面展开了研究。肖自辉、范俊军提出我国应当简历语言生态监测与评估体系，在其文章中，我们可以看到，他们很好地吸收了前人整理的国外著作中的可取之处，之后确立了一套包含人口、地理等12个要素、33个具体指标和指标权重关系建模系统的语言生态监测分级指标体系，以及语言生态质量分级评估标准。林有苗论述了开展新一轮全国语言普查的重要意义。也有不少学者呼吁对于汉语方言的保护，十分强调汉语方言对于民族凝聚力的纽带作用并积极致力于推动中国文化的保护、传承与发展。以上内容分别对词族和生态语言学的研究现状进行了量化分析。

（三）文献总结

生态语言学是一门超学科、跨领域的语言理论，作者先以"语言生态"为关键词汇，在CNKI上对其进行相应检索，搜集相关文献164篇。直观翔实内容如图1-3-1所示：

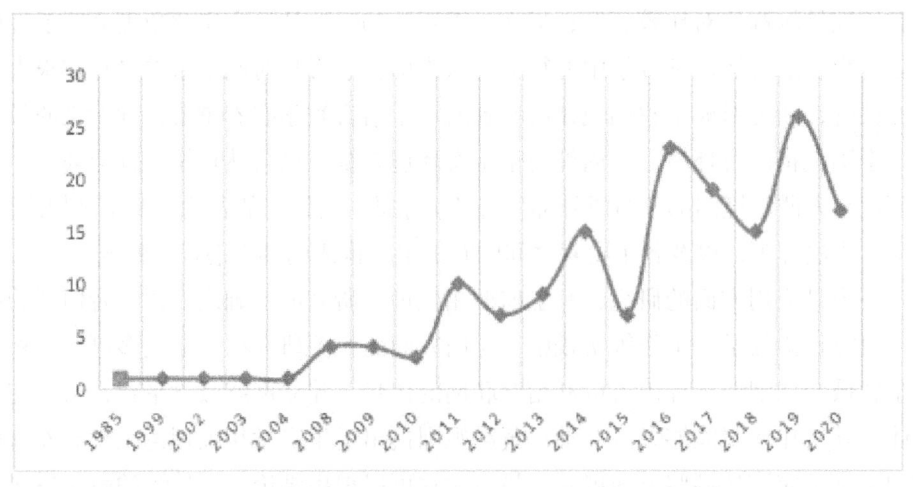

图1-3-1 国内语言生态学文献发表图

截至2020年，有关语言生态的文献总体呈上升趋势。作者发现，2015—2016年中文文献数量增长速度较快，并于2019年达到26篇且其涉足多学科多领域。

应该说国内生态语言较国外相关研究起步较晚，但是仍旧呈现出良好研究发展态势。梳理国内生态语言学研究现状，分析生态语言学研究的相关领域，并通过文献梳理，可以针对生态语言学研究热点进行分析。

此外，作者在 CNKI 上以"生态语言学"为检索词，对其主题、关键词、篇名进行检索，以 1992 年为界，我们分别得到相关文献 479 篇、467 篇、308 篇。

迄今，我们看到有关生态语言的文献自 2014 年开始呈上升趋势。我们发现，相关文献在 2018—2019 年中增长速度十分迅猛。

随后，我们通过搜索研究主题、关键词、摘要、篇名等，拟获取国内生态语言学研究类别状况。经筛选梳理，我们就其相关文献作以下分类，如表 1-3-1 所示。

表 1-3-1　生态语言学研究类别与论文发表量（N=546）

涉及类别	语言类	教育类	文学类	新闻传播类	社会哲学	音乐影视类	翻译类	总计
篇数	371	97	12	14	1	6	45	546

由此可见，生态语言学作为一门跨领域的"超学科"，其涵盖学科范围广、领域多，涉及教育、文学、翻译、新闻传播、音乐影视等应用层面。在语言类中，包含生态语言学相关文献综述 30 篇，理论方法建构 65 篇，涉及少数民族语言 53 篇，方言研究 19 篇。

在宏观研究范畴上，"语言教学""语言多样性"等常作为高频关键词出现在生态语言学研究中，这些关键词显示出在生态语言学领域主要集中于语言应用层面研究；在研究对象层面，生态语言学主要集中在教学、翻译、文化与方言保护层面，因此，出现"语言教学""语言多样性"等关键词频率较高；在研究理论上，"生态话语分析""生态位""韩礼德"等常成为高频关键词。可见，目前国内生态语言学研究主要基于社会生态环境现状层面。从总体分析，目前我国学者在生态语言学研究中主要集中在理论研究和实践应用研究两大领域。

由上述分析可以看出，我国学者多聚于理论研究与实践研究。实践研究主要是依据语言生态学理论，在教育教学、语言翻译及文化表征方面对其进行翔实的语言描述与内容细化呈现。

诸多学者在生态多样性、和谐性、简易性等方面对不同的研究问题进行了深入分析，如涉及在方言方面的英译、异化翻译方面的英译、机关文件中的英译等等，分别做出了详尽的描述。

宏观来看，每个学者对问题的研究聚焦于不同的研究层面与不同的研究领域；微观来看，聚于翻译这一研究领域，每个学者多集中于英语等研究中。

生态语言学是怎样的学科？其实，纵观这些研究文献，我们可以总结出生态语言学（ecolinguistics，EL）是一门"研究特定的语言与其所处环境之间交互作用的一门学科"。该学科首次在 20 世纪 70 年代由外国学者豪根提出，随后引入中国。媒体新闻作为语言生态系统的表现形式之一，其发展变化受到生态系统的影响。

（四）研究领域分析

1. 国内生态语言学理论研究领域

理论研究主要有两大表现方式：

一是学者对国外学者的理论思想进行综述；

二是学者在前人基础上提出符合中国本土化的相关语言生态理论。

（1）综论式

"综论式"即国内学者就国外生态语言学研究理论进行综述。我国首位将国外"生态语言学"理论引入国内的学者是李国正，其在《生态语言系统说略》（1987）就生态语言学相关理论进行概述。

范俊军（2005）就生态语言学的发展历程、学科性质、研究课题等方面进行相关描述。王晋军（2006）首次将国外的"绿色语法"引入国内，并就"绿色语法"的起源、发展以及定义进行详细描述。

王晋军（2007）对生态语言学的发展概况以及研究内容与方法系统做出较为详细的介绍，为其后学者研究生态语言学提供重要理论框架。孔江平等人（2016）就生态语言学研究目标、研究方法等方面展开论述，该论述再次丰富了国内对生态语言学的理论研究认识。

何伟，魏榕（2018）在回顾前贤研究理论基础上，就生态语言学的研究范围、学科理论进行论述，指出该学科具有跨越所有学科之外特征的超学科性质，但"超学科"存在研究范式多样、理论体系尚未成熟等问题。此外，他们在确定并分析"超学科"现存问题后，提出生态语言学建设发展方向。

通过CNKI，我们可以看到，不少前贤，如李国正、范俊军、冯广艺、黄国文等学者在文献综述层面成果颇丰。李国正最早将生态语言学引入中国，此后，范俊军、冯广艺、黄国文等学者不断对其扩充、发展。生态语言学作为一门"进口"学科，国内学者难免对其缺乏实时把握，但以上学者的研究成果，正好为国内生态语言学研究提供理论与方法之"养料"。

（2）"理论+理论"式

随着生态语言学在国内的发展，不少学者开始注意到应将其与社会现实相联系，李国正的生态汉语学（1991）首次将生态语言学与汉语相联系，以宏观研究视角考察汉语机制。冯广艺（2011）从语言的生态环境入手，论述了语言与生态环境之重要性，并结合实际阐述应如何在生态环境中推行双语教育、外语教育等问题。周文娟（2012）基于生态语言学视角提出该学科本土化的重要性和方法。

冯广艺（2013）就生态语言学的学科性质、研究目的等进行详细描述，并在此基础上提出学科本土化的相关内容。潘世松（2013）以语言生态为背景，认为语言生态伦理是群体语言生态外在客观表现与内心主观道德的统一并就其理论依据与实践性进行详细描述。

何伟，魏榕（2018）就生态话语分析属性、目的、功能取向等进行探索，提出生态话语分析的价值取向与生态哲学观。张先亮，杨依希（2017）跳出语言中隐喻类比理论方法，从语言生态的社会性、平衡性、多样性、和谐性等层面。解释其存在与发展，该模式为其后学者提供研究语言生态新视角。

张先亮，魏颖（2017），从语言生态视角，借助语言生态位的理论，对汉语敬语的产生、现状以及可持续发展进行相关探讨，提出优化汉语敬语生态相关理论。

王如松等人（2018）在综合前贤对"生态位"这一理论进行梳理，认为生态位是生物与环境间双向的耦合结构、功能关系。范俊军，马海布吉（2018）从生态话语批评、语言保护、语言生态检测、语言与生态相关性与传统生态知识调查等层面就语言和生态语言学本土化建设展开理论探讨，该文为生态语言学在国内应用与发展提供科学视角。

综上，学者在生态语言学理论的研究成果毋庸置疑。其中，"语言生态伦理""语言生态位""生态话语分析"等概念的应用，打破传统语言学视角下割裂生物、社会、意识等三大层面关联性的关系，拓宽了生态语言学在国内研究之渠道，为其在国内发展提供理论与方法依据，再次凸显出生态语言学研究价值。

2. 生态语言学实践应用研究领域

实践应用研究主要表现为学者基于生态语言学视角，就生态系统中语言事实进行研究描述。主要体现在教学、翻译、文化以及方言保护等层面。

（1）生态语言学视角下教学方面

生态语言学在教学层面关注点集中在外语教学，就学生与学生、学生与教师、学生与外界生态系统间的互动关系进行研究。例如，吴文（2012）以生态哲学、教育生态学和生态语言学为指导，认为学习者与周围空间、社会、文化教育等环境的相互过程中习得语言，强调新知识结构在改变的环境下的形成过程。

又如贾悦秋（2013），研究采用定量与定性研究相结合的方法，证明生态语言学教学法在高中英语教学中是可行和有效的。刘艳平（2016）以当前高校语言专业中英美文学教育中的问题为切入点,借助生态语言学理论,提出应对策略,以此提高学生与生态系统间的互动性。

黎明(2017)借助生态语言学视角,就高校英美文学教育现象进行描述,得出高教进行英美文学教育有利于构建宏观教学环境、开展多样化教学方式、增进师生感情等意义。

罗芬芬,张玲(2018)基于生态语言学视角,通过语音实验对学生进行测试,认为学生的语言学习能力与其自身母语能力方言等生态因素息息相关。

(2)生态语言学视角下文化方面

在生态语言学研究视角下,"文化"涵盖所涉及的文学作品、新闻事件、广告语等方面。国内学者多运用生态语言学理论阐述所涉及的"文化"现象。

例如,王琴(2018)基于生态语言学视角,对广告语进行研究并提出广告营销过程中应注意生态和谐之观点。莫颜菲,梁梅红(2018)对药品广告进行分类研究,通过对语体的生态伦理分析,得出目前药品广告还存在生态缺位、错位等现象。张先亮,席俊杰(2018)将作品《回归》作为载体,对其内生态和谐和外生态和谐进行阐述。

(3)生态语言学视角下翻译方面

该层面研究基于"译者责任"原则,以生态环境作为理论背景对翻译层面进行描写。

顾晓波(2016)基于《红楼梦》语料库,从生态、语言、宗教、社会等角度出发、以"归化"策略与"异化"策略角度,对该文学作品中的俗语词英译现象进行探讨,归纳总结出在生态视角下,译者倾向于以"归化"策略翻译《红楼梦》中俗语现象。

张冬静(2016)运用生态言语学理论研究翻译与语言本身,提出翻译受到内外部生态机制的影响,张文为生态语言学在翻译层面的研究提供崭新研究机制。

袁红艳(2018)对党政机关文件中的翻译现象进行描述,探讨译者在生态翻译学视阈下,通过整合选择,获取时政隐喻内容,最终收到简练、生动、具体等效果。

(4)生态语言学视角下语言保护与开发方面

该层面主要基于生态系统中语言资源保护以及"隐喻模式"对少数民族语言或者方言进行研究。语言具有民族性,对民族的研究离不开对语言的研究,方言亦是如此。

李亚竹,钟宇(2015)以生态语言学理论为指导,结合海南黎族谚语的实际情况，对其进行专题研究，提出保护黎族谚语有利于维护语言生态多样性的观点。冯广艺，冯念（2015）就我国少数民族语言生态进行研究并就研究现状、对策、方法等方面展开详述，为学者研究少数民族语言提供框架。

黄晓敏等人（2017）以永宁镇客家方言为研究对象并结合生态语言学理论，就其在城镇化影响下的语言变化规律展开探讨，为方言保护策略提供有效建议。

综上，李亚竹、钟宇、冯广艺、冯念、黄晓敏等学者在生态语言学指导下，对区域语言保护开发展相关研究并针对存在问题提出研究对策：范俊军、冯广艺、邹晓燕、韩琨等学者为方言保护与开发应用提供较为生态语言学理论与方法基础。其中，范俊军、邹晓燕、韩琨等学者所涉及的方言语料库建设在研究、分析与保护区域语言方面具有重要价值。我们认为，做好生态语言学建设工作对保护生态语言环境、促进语言多样化发展意义非凡。

要之，生态语言学作为一门研究语言与环境之间的新兴学科，已被学界所普遍认同其在国内外已有一定发展并取得建设性成果。通过相关搜索，国内应用实践层面的研究较高于理论层面之研究。主要集中在教学、翻译、文化以及方言保护等层面。

二、国外生态语言学的发展

（一）国外生态语言学的发展

20世纪初期，萨丕尔注意到语言与环境间的联系，认为可由个体所使用的语言判定其所处环境状态与文化特征，个人的言语行为往往与其所处环境有着密切关系。

20世纪60年代，沃格林首次使用"语言生态"，并提及"语内生态"与"语际生态"等内容。20世纪70年代，Haugen提出"豪根模式"又可称为"隐喻式"。在该模正式提到"语言生态"。该模式认为，生物和自然之间的关系可应用到语言与言语社团间，语言自身并无生命，但使用语言的人有生命。此模式拓宽了语言学者的研究思路。

20年后，韩礼德（1990）提出"非隐喻式"模式。他认为，当今社会等级主义、物种毁灭、环境污染、增长主义等问题不仅仅是生物学家的问题，还是语言研究者的责任。韩礼德十分重视语言学研究者之社会责任，并致力于语言解决社会问题的研究。我们认为韩礼德的"非隐喻式"是对"豪根模式"的补充与完善。

20世纪末期前，国外学者对生态语言学的研究，大都集中在理论构建层面。

直至20世纪末，艾尔文·菲尔将"隐喻式"和"非隐喻式"进行归纳梳理，为后来学者研究生态语言学提供范式。生态语言学研究由此开始兴起并进入高速发展时期。

（二）国外生态语言学相关研究动态

1. 理论构建层面日趋完善

"豪根模式"与"韩礼德模式"是目前生态语言学界中较为活跃的两大范式。

前者将生态语言学作为一种隐喻模式，即把语言和言语社团看作生物与自然生态环境之间的关系。在该模式中，语言学家应致力于语言记录、保护等方面，保持语言多样性特征；后者则认为语言是生态系统中的一个部分，生态系统及自然环境的变化都会决定人的言语行为，同时语言具有联系、构建世界的功能，因此语言在生态系统中颇为重要。"豪根模式"与"韩礼德模式"相互补充，并不冲突。

Steffensen（2014）基于"豪根模式"指出，在过去的研究中，学界过于注重"生态"而忽略"语言"，由此提出以自然化语言观研究语言之观点。该观点具体表现为扩展生态假设（Extended Ecology Hypothesis, EEH），即在特定的生态环境中，人类生态存在与其符号过程为对称关系。该假设下，语言不是交际工具，而是人与人之间起协同作用的纽带。除了语言本身，人类还可运用其他手段或者技术进行资源的获取与拓展。

EEH模式有三方面优势，首先是表现在元理论层面。该语言模式能超越语言本体研究，做到兼容生物学与生态学知识。其次是在联系层面。EEH可将人类认知领域与生态大规模社会领域相互联系在一起。最后是在协调层面。EEH对语言生态环境中的语音、语法、词汇等方面起到协同与解释作用。Bang & Trampe（2014）基于"非隐喻模式"，指出生态语言学视角下的两大理论范式语言—世界—系统模式和辩证语言学。语言—世界—系统模式就语言与外部环境间的关系展开探究，辩证语言学则侧重使事物与环境之间形成和谐关系，指出语言生态研究是应按照Kuhn的学科矩阵四要素，以此完善生态语言学理论框架建设。可见，"隐喻模式"和"非隐喻式"在生态语言学界颇受关注与认可。

总而言之，生态语言学作为一门新兴学科，有着极大可研究空间。因而，也吸引大批学者对其进行补充与完善。

2. 微观研究层面愈加充实

所谓微观研究是指在宏观生态语言学理论的基础上，对语言的使用情况、语言间的关系等语言生态面貌进行研究。这类研究多集中在语言使用情况、语言生态调查等层面。首先表现在区域语言使用研究视域下，Creese 等人（2007）就东南亚部分国家马来语的使用情况、土著语对拉美地区生态关系进行研究。其次是在全球语言使用研究视阈下，联合国教科文组织就全球网络语言使用多样性进行调查，David Harmon & Jonathan Loh（2010）对数据结果进行量化分析，统计出全球约有 1500 种语言发展趋势。

还有学者立足生态系统，在语言教育、语言政策等方面进行研究，如 Siemund 等人（2014）对 300 名新加坡大学生语言生态使用情况进行相关调查，发现他们对母语、英语的语言态度较为积极。

生态语言学的研究内容从区域性到全球性、从微观到宏观，皆体现其研究价值之丰富。

3. 跨领域研究日益凸显

首先，生态语言学与历史学相结合的研究有 M. Doring & F. Zunino（2013）以历史角度分析生态语言学发展，并语出历史系统理论方法解决环境问题。

其次，Cowley Stephen（2013）从生物学角度探讨生态语言学，提出生态一体化，语言是生态系统中的一个特色，生态语言学家的任务就是揭示语言对世界的影响机制。

再次，Bang & Trampe（2013）将生态语言学和哲学相结合，基于生态哲学观，在其《语言的生态理论角度》中提出语言生态演变的三大阶段："语言＝器官""语言＝生活形式""语言生态"并对语言生态问题进行探讨。

此外，随着生态语言学的不断完善，不少学者如 Carlol A. Fowler、Hodeges 等人将其与心理学相结合，Hodges（2013）在《扶正语言——从生态心理学角度》提出语言及其语境的关联性并从语言价值性出发，确定语言实用价值。

综上，国外生态语言学研究处于不断发展阶段，理论研究不断扩充、研究内容愈加多样、研究领域愈加丰富。在生态语言学的理论构建研究领域，学者多聚焦于"豪根模式"与"韩礼德模式"。从研究成果分析，基于"韩礼德模式"研究的学者较"豪根模式"多。

然而值得注意的是，生态语言学在国外的研究发展仍不充分、不平衡。主要体现在：一是学者多聚焦于"豪根模式"与"韩礼德模式"，而在面对批评主义自我反思时，"豪根模式"与"韩礼德模式"则仍存在较大争议；二是国外生态语言学研究只是流于传统应用层面，对其具体理论框架及相关研究方法缺乏具体论述与创新。

三、生态话语分析及研究现状

本书这里单独把生态话语研究作为一个部分来进行论述，这是因为生态语言学视域下生态话语研究的重要性日益凸显。本书在下文中也会重点论述生态话语。

十九大会议精神强调了生态文明建设的必要性和紧迫性，而想让人们更深刻地理解和认同生态文明建设，媒体新闻中的生态话语扮演着重要的角色。

生态话语分析是生态语言学的一个重要研究内容，它接受韩礼德模式生态语言学的一个重要观点："语言不仅被动地反映现实，也积极地构建现实"，关注"人与自然的关系"和"语篇中的生态意识"，从而"揭示和解释话语中语言的使用如何以人类伦理为衡量尺度和判断标准来对待、构建甚至扭曲整个自然界的生态伦理"。Stibbe（2015）根据话语的生态意识与研究者的生态哲学之间的匹配程度，将话语分为三类：有益性话语（beneficial discourse），话语的生态意识与研究者的生态哲学相符；有害性话语（destructive discourse），话语的生态意识与研究者的生态哲学相悖；模糊性话语（ambivalent discourse），话语的生态意识既不支持、也不反对研究者的生态哲学。这个分类在学界具有重要学术意义。

四、生态话语分析的国内外研究

（一）生态话语分析的国外研究

将"语言"与"生态"这两个概念联结到一起进行跨学科的研究始于20世纪70年代，首倡这一学术创新的是美国斯坦福大学Haugen教授。在1970年8月的一次会议上他突破性地提出了"语言生态"这一概念，将人类生存的客观生态环境与语言符号有机联系起来，进而创建了一种崭新的隐喻式研究视角，为其他学者带来了新的研究思路。据此，"生态隐喻"观开始大范围应用于西方的语言研究中，学者们积极投身到理论和实践的研究中，从不同视角出发对不同的研究主题进行分析与探索。经过40多年的研究，现已取得了诸多重要的学术研究成果。其中最具启发性的当属Halliday教授所开创的另一种研究范式——生态批评语言学。与Haugen教授所提及的"语言生态"不同，Halliday教授从生态学视角出发，旨在研究语言符号在解决生态环境问题中所起的作用。在其1990年关于"意义的新方法：挑战应用语言学"的会议发言中，Halliday指出了语言符号对人类意识行为所具有的消极作用并提及现有的人类话语中蕴含了的增长主义和等级主义等负面的语言现象，引发了学界的思考。1993年，Fill教授在其著作《生态语言学引论》中详细阐释了生态语言学这一学科的研究理论、研究路径和研究对象，鼓励学者积极探索语言符号解决生态问题的可能性。同年，Gerbig 以涉及臭氧层问题的语篇为目标语料，着重分析了该语类的小句模式特征，得出不同的利益群体往往借助于不同的小句模式来构建服务于自己利益集团的语篇，以此来实现对特定受众意识形态的定向引导作用。而后，相继有很多学者提出"语言生态化"的学术观点，主张在语言层面进行系统性的变革，借助于更改固有的传统的语言模式来创建新的有益于人与自然共生的新的世界观，进而让语言符号更理想地描写客观世界中的生态现象。相关学者如 Goatly，1996 年其首倡"绿色语法"的语言主张，以批判的视角重新审视和考察人类现有的语言符号系统对生态环境所起的消极作用，客观地探讨了传统语法中所体现的非生态语言现象，驳斥了"人类中心主义"这种不健康的思想，同时对构建新的和谐语法进行了积极尝试，希望推动人类与生态环境的和谐关系。1997 年，Schleppegrel 基于 Goatly 的"绿色语法"，从语法层面对生态话语中的"施事"现象进行研究，并提出"施事"的缺失不利于自然环境保护话语的传播。

  进入 21 世纪后，语言学界对于生态问题的研究跨入了全新的发展阶段，生态话语分析领域也迎来了新的学术契机和浪潮，学者们积极踊跃地投身到研究中，从不同的视角和理论高度以不同语类的文本为目标语料进行深层次的生态分析。相关学者包括：2000 年，Muhlhausler 针对性地研究了生态旅游话语，在其研究中指出在宣传生态旅游的语篇中存在着大篇幅语义不明的生态说教；次年，Fill & Muhlhausler 不约而同地意识到生态隐喻对促进良性生态发展的重要作用，在两人合作的文章中指出借助于生态隐喻的方法能够增强个体对人类和自然之间共存关系的认知程度；2003 年，Muhlhausler 就语言生态和语言规划之间存在的有机关系进行了研究，并在生态学理论的基础上对语言规划进行了重新定义，指出语言规划不再是简单地涉及某一国家或地域出台的文字政策与规章，而是要包含语言使用者交际系统的方方面面，这其中也包括人类与生态环境之间的互动与联系，相比以往传统的语言规划内容来看，语言生态规划更加注重人文与生态间的有机结合和相互作用。除此之外他还强调，语言环境这一概念既涉及语言本体，也涉及外部自然环境因素，语言生态是一个集合概念，包括世界上的各种语言。同年，Creese & Martin 两位学者共同论述到语言生态观是一种综观概念，理想的语言生态观要同时处理多种生态要素之间存在的关系，在考察不同语言符号相互作用的同时，也不能忽视语言与语言使用者之间的动态关系，当然还包括语言符号所处的外部特定社会环境之间的关系。2005 年，Carvalho 就政治倾向性和社会文化对大众媒体报道气候变化问题的制约性等方面进行了研究。其选取了英国三家重要报刊媒体对气候变化的报道，揭示了特定时期报道中的话语策略。

次年，Goatly 讨论了"人类是动物"这一小句所隐含的生态思想，从隐喻的视角对语言所负载的生态意义进行了阐释，为相关学者提供了新的研究路径。

Murata（2007）研究了日本和英国关于捕鲸的新闻报道，通过对两国新闻报道的话语策略进行对比分析，指出两国在表达立场时采用了截然不同的话语策略。

2008 年，Sttibe & Zunino 在评判话语分析的模式下对生态的相关内容进行了深入的分析，以一种更加批评的视角对现有自然界中的物种多样性和差异性进行了阐释。2013 年，Stibbe 教授在其著作《生态语言学语言、生态与我们赖以生存的故事》（2005）中创新性地构建了新的生态话语分析模式，从生态哲学观的视角出发，考察不同语类对个人生态观建构的影响与作用，并基于包括评价理论在内的系统功能语言学框架对不同语类的语篇进行了生态解读，对关乎生态环境问题的不同观念进行了挖掘与研究，并指出这种生态观念或是积极的，或是消极的，或是模糊不清楚的。进而又根据生态观的定义性参量提出了话语的三大分类，将语篇中的话语进一步划分为有益性话语、破坏性话语和中性话语，为后续学者的研究创立了新的研究范式和视角，也为生态话语分析的研究开辟了新的道路。

Sealey & Oakley（2013）分析了科学写作（science writing）中人类中心主义的语言表现形式，指出了代词的使用、连词 so 以及动词不定式在话语中构建动物身份的重要作用。

需要认识到，在已有的生态话语分析研究中，国外研究普遍参考 Stibbe（2015）的分析模式，以系统功能语言学为理论分析框架，取得了丰硕的研究成果。

（二）生态话语分析的国内研究

国内对于生态话语分析的研究始于 20 世纪 80 年代，郑通涛教授所撰写的"语言的相关性原则——《语言生态学初探》"打破了国内学界对于生态问题研究的空白，创新性地将语言学理论与生态学问题相结合，对语言符号具有的生态性特征进行了阐释。然而不尽人意的是，由于当时国内对于生态问题研究的学术热情较弱，语言学界对于国外已有的生态语言研究成果引介的还不充分，郑教授的文章并没有得到更多学者的呼应，因此当时国内对于语言生态研究的关注度并不高。直到 2004 年，黄知常和苏解生两位学者又重新将学界的目光转移到了对语言生态问题的研究上，他们尝试性地对生态语言学的应用问题进行了分析，为后来学者的研究铺垫了道路。自此，其他学者也开始将研究焦点聚集到语言与生态的交叉研究上。其研究属性可大致分为两类，一是将语言系统的生态性作为研究对象，二是将语言系统的非生态性作为研究的对象。前者关注于外语教学领域，力求在教学的过程中考量语言系统具有的生态属性，其研究的基本范式为将外语课堂直接视作一种小型的语言生态系统，在学生上课的过程中对语言的生态性进行研究与分析，鉴于本研究并不属于这种范式，因此作者在这里对第一种研究已有的学术成果不作赘述。

国内研究更多以生态报告和文学作品为语料进行分析。例如，赵蕊华（2016）从语域、语义和词汇语法三个层面探讨了生态报告中银无须鳕的身份构建，指出银无须鳕在生态报告中被构建为人类可利用的资源；黄国文、陈旸（2017）从语域与语类以及元功能的角度分析了狄金森的诗歌《一只小鸟沿小径走来》，揭示了诗人对自然态度的表达方式；谭晓春（2018）以生态诗歌《一个真实的故事》为例，分析了诗歌中"生态英雄"的正能量特点。此外，也有一些针对环保公示语或歌词的研究成果。

综观国内学者对语言系统的非生态性研究，其主要研究焦点可概括为以下两个方面：第一，语篇的生态批评分析。语篇的生态批评分析聚焦于环境语篇，研究对象大都以描写生态问题的语篇为主，旨在阐释语言、环境和社会之间的互动关系，帮助人类更好地认识世界的本质和发展规律，进而明晰人类群体在世界上所处的位置，对指导人类行动的恰当原则进行概念化的描写与阐释，从而实现构建更美好的世界的目标。相关研究包括徐歔（2014）以20篇涉及偷猎大象的报道为目标语料分析了新闻语篇的及物性特征，探讨了其背后蕴含的不健康的人类中心主义思想。方康力（2015）以关于生态酒店的英文简介为研究语料，在研究方法上选择了功能语言学的及物性分析法以及评价理论的词汇语法层面分析手段，多维度多视角地对英文语料进行了生态话语分析，并在此基础上阐释了语篇之上表征的意识形态，揭露了生态酒店的英文简介语篇中蕴含的绿色语法思想，论述了语言选择与生态文明建设之间的联系及相互影响。

第二、语篇的生态话语分析。相比于语篇的生态批评分析，生态话语分析更加侧重于研究语言符号对各种生态现象所起的能动作用，其不仅着眼于人类社会的系统构成与关联结构，同时也对人类物质社会历史演进方式、经济发展与个体精神状况、个体行为与生态环境变化以及人类发展实际需求等方面进行全方位的审视和研究，试图探求语言和客观自然环境之间的共生关系，旨在从意识形态层面帮助人类构建合理的生态哲学观。相关研究包括：戴桂玉和仇娟（2012）两位学者基于功能语言学的及物性系统和态度系统从不同的研究层面出发，在关注经验意义和人际意义的基础上对目标语篇进行了生态话语研究，分析了该语类所表现出来的小句特征，并揭示了语言符号对社会环境的影响作用。次年，辛志英和黄国文从系统功能语言学与生态语言学的学理基础、研究内容和研究走向等方面探讨了在系统功能语言学的视阈下构建生态话语分析框架的可能性。③赵蕊华（2016）选取银无须鳕评估报告为语料，从语域、语义和词汇语法三个维度对语篇中非人类动物的身份建构问题进行了全面分析，拓展了系统功能语言学在生态话语分析上的适用性。何伟和张瑞杰（2017）对生态话语分析模式的建构取得了突破性的进展，在系统功能语言学的基础上搭建了适用于生态话语分析的理论框架，该框架具极强可操作性的同时，也具有高度的解释和描写张力，实现了系统功能语言学在生态维度上的细化和拓展；除此之外，两人还从语言学的视角对系统功能框架下的人际意义进行了创新性的研究。同年，何伟与魏榕两人以国际生态话语为研究对象，从系统功能语言学的及物性系统出发，构建了针对特定语类的生态话语分析模式，进一步补充和完善了及物性系统的分析范围，也再一次证明了系统功能语言学强大的描写性和适用性。

此外，上述现有生态话语研究成果显示，国内鲜有针对中国媒体新闻话语的研究。"在当今社会，随着新闻媒体传播的不断深入，新闻报道不仅发挥传递信息等社会功能，还不断改变着人们的价值观念和生活方式。"

新闻话语也在传播、引导生态观念方面起着重要作用。赵蕊华、黄国文（2017）指出："生态话语分析需考虑语境，任何脱离语境的分析都是纸上谈兵。"以国外报道为语料的国内外研究可以给我们提供一定借鉴，但中国社会与国外社会有很大差别，中国的媒体话语也有其自身的特点，所以研究要想具有一定的实际意义，还需要以中国媒体话语为语料进行专门研究。此外，已有研究尽管从系统功能语言学角度展开，但大多局限于及物性系统或评价理论的单一视角，缺乏全方位的系统性分析。只有进行多层面的生态话语分析才能够全面深入地分析生态文本。

鉴于此，本书认为要以生态文明观为生态哲学，从语域与语类、及物性和态度系统三个方面对其进行生态分析，解释生态文明建设背景下媒体中有益性话语的语言特点（图1-3-2）。另外，在分析方法上，要采取 Stibbe 提出的对有益性话语的分析方法，即收集语料并观察语料的语言特点，揭示其背后隐藏的生态意识形态并与分析者的生态价值观进行对比分析。在生态文明建设的大背景下，将生态文明观当作生态哲学标准进行分析，具有一定的时代意义。同时，鉴于有益性话语的研究目的是"将其作为讲述有关世界故事的一种新的方式来进行推广和传播", 很多研究为了突出研究的实际价值, 将重点放在语料分析上, 以期探索符合生态文明观的媒体话语的语言特点。

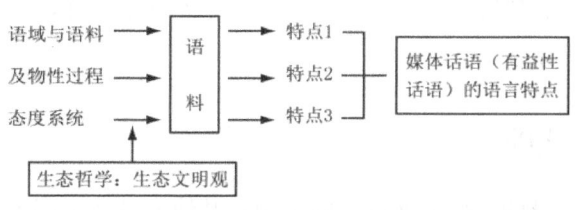

图 1-3-2　多维度生态话语分析模式技术路线图

第四节　生态语言学的研究趋势

　　科学技术的飞速发展为人类提供了开发利用自然资源便捷高效的技术和手段, 其带来的经济效益无可厚非, 然而在人类追求物质文明发达与进步的同时, 不应忽视科技对生态环境所造成的负面影响。20世纪末叶阶段, 人类更加重视生态环境与社会发展现状的变化情况, 推动生态学走入大众的视野。生态思想迅速变革的同时也为语言学的研究带来了新的契机与转向。毋庸置疑, 任何一种学术思潮的出现都伴随着深刻的时代背景, 能够体现一定的社会现象。当今, 在全球生态问题日渐突出的大背景下, 气候变化问题得到了越来越多的关注。作为全球公认的生态问题, 气候变化正在侵害着每个国家的利益。

　　从本质上来看, 气候之所以会出现一系列的消极变化主要归咎于人类现有的不健康的生活方式。为了在短时间内实现利益增长的最大化, 人类往往容易忽视环境成本, 这种急功近利的生产模式导致了一系列生态悲剧的产生, 这其中也包括气候变化问题。近些年气候出现的恶性变化是不可逆转的, 这种不可逆性也在加速明晰和框定人类应对气候变化的必然性与大趋势。世界气象组织（WMO）是联合国下属的气象信息专职研究机构, 该组织自1993年起每年推出的《全球气候状况声明》是各国读者认识气候变化问题重要的获取渠道和信息来源, 其对气候变化问题这一复杂科学概念的描写与建构, 在很大程度上影响受众对于这一全球性问题的认知和感受。因此,《全球气候状况声明》不仅是生态现象与认知观念集合的一种语言表征范畴, 更是国际机构主流意识形态的信息载体。该声明以联合国视角对当今世界气象与人类社会协同发展情况进行解读, 契合大众生态意识, 对世界各国民众了解、探索与改善当今气候环境提供方法论, 由此推动生态现状向好发展，具有积极的现实意义。近年来，学界对于环境问题的关注度也随之逐渐升高，相关课题如面向全球气候变暖，温室效应和极端天气等的生态话语分析也越来越受到研究者的关注，学界针对生态话语关注热度显著提高，使其成为语言学重点研究方向。

一、研究的模式趋向

生态语言学自身的学科交叉性很强，因此其研究方法更多地显现出对各种语言研究方法兼收并蓄的包容性。国内生态语言学研究者黄国文在《作为新兴学科的生态语言学》一文中也提到，把生态语言学看作独立于语言学（或生态学）之外的学科领域，这是一个过于乐观的想法。因此，将语言与生态观念结合或者是用生态的框架去解决语言问题都是有利于各个学科发展的正确举措，而不应盲目乐观地将其视为一门独立学科。由此可见，我们语言学在解决问题时的研究方法是多元化的，尤其是站在生态语言学角度时更应该结合学科特点，综合运用研究方法展开研究。

由于生态语言学本身学科的性质，对生态语言学的相关研究还没有形成特有的研究方法，目前生态语言学展开研究的方法主要有两种：“豪根模式”和"韩礼德模式"，在这里需要提出的是，有部分学者将"模式"称之为"范式""路径"等其他说法，不同学者对这两种模式的见解不一，故而才会出现不同的说法。

这两种模式与其说是两种研究方法，不如说是两大研究领域。首先是豪根模式，豪根模式所研究的对象是那些对语言功能产生影响的环境因素，主要侧重于社会环境的变化发展对语言的作用和影响。

而韩礼德范式是从生物学角度去理解"生态"的含义，是"生态"一词的实义，将生态学与语言问题结合起来展开研究，论述语言对生态环境的作用和影响。

通常来说，前者更侧重于语言生态学研究，而后者可能更倾向于生态语言学研究，在 CNKI 检索生态语言学或者语言生态学，便能一目了然采用这两种模式展开研究的论著有其自己的侧重点。

基于目前生态语言学相关研究还没有形成自己的研究体系，有不少学者开始对生态语言学究竟该如何研究、生态语言学的研究框架该如何建构等问题展开了论述。冯广艺在《语言生态学的性质、任务和研究方法》一文中提出生态语言学的研究方法有系统的研究方法、比较的研究方法以及综合的研究方法。

总之，生态语言学的研究方法不应只限于一种，应该采用综合的方法。有鉴于此，本书认为生态语言的研究趋势也应该是向着多元化的趋势发展，因此广大学者应该力图从多角度审视、多种研究方法紧密结合研究生态语言学。

不管如何，读者需要认识到的重点在于：生态语言学是一门由生态学和语言学构成的交叉学科，始于 1970 年豪根所提出的"语言生态"的隐喻概念，概念中将语言及其所存在的言语社区看作是生物与生态系统的关系。主要有两种研究范式，一是"豪根模式"，重视生态环境对语言的影响；二是"韩礼德模式"，重视语言在解决生态问题中的功能，其中也强调语言的"生态化"与"非生态化"对增强或减弱生态系统平衡的作用。

二、打破传统科学划分

从某种程度上说，传统科学划分强调学科之间的差异，缺乏整体思维观，导致主流语言学对外部理论和研究方法的被动反应。但是作者在对乔姆斯基形式语言学、韩礼德功能语言学等当代语言学理论进行反思性批评的基础上，提出语言学研究范式应从产出导向转变到过程导向，在生态语言学视域下思考语言过程的边界问题。生态语言学作为"新语言学"的一分子，为语言学研究开辟了一种新范式，致力于建立一个关于生命系统之间和内部交际的整体理论。在生态语言学框架下，交际者不仅仅是认知主体，更是一个开放的生命系统。

（一）产出与过程导向

对越来越多的语言学研究者来说，描述人类语言的现代语言学理论和模型过于严密和拘束。因此，在 20 世纪 60 年代乔姆斯基（N.Chomsky）发动认知革命之后的几年里，个别科学家在语言学交流中不断发表意见，以推动语言学研究的科学方法发展。历史上最早的产出导向（product orientation）语言学研究可追溯到公元前 600 年帕尼尼的梵语语法（Panini's Grammar of Sanskrit），后来产出导向逐渐被过程导向（process orientation）所取代。

20 世纪后半叶，由于认知和神经生物学思想被引入语言学领域，过程导向受到重视。目前大多数语言学家都认为，人类的语言交际是一个过程，需要解决的关键问题仍然是语言过程包含的语境范围。换言之，语言学家今天所讨论的主要是语言过程的边界：从哪里开始，又在哪里结束。

本书建议在生态语言学视域下思考该问题，"生态语言学"这一术语和"生态隐喻"最早由美国语言学家埃纳·豪根（Einar Haugen）提出。就语言传统而言，生态语言学与先前任何的语言学输出都没有直接关联，我们可以通过对范式转变的认识来发展生态语言学理论，并提出生态语言学本身就是当代语言学研究的一个崭新范式。

范式是一个平台（platform），在这个平台上可以衍生出特定的本体论（ontology）、认识论（epistemology）和方法论（methodology）。处理不同的范式时，就好像在谈论不同的基台，也可将其比喻为游戏板（game board）。当玩家发现各自在不同的游戏板上时，他们不能玩同一个游戏，他们之间也不可能进行沟通。只有当玩家使用同一块游戏板时，他们才能进行对话和交流。这就是范式转变的机制。

为了准确分析生态语言学的研究趋势，我们可以通过韩礼德（M.A.K.Halliday）提出的功能语法理论来了解生态语言学。首先，韩礼德提出的关于人类语言的观点无疑比乔姆斯基的观点更具动态性。

乔姆斯基认为，语言的表层结构产生于深层结构和语法机制之中。韩礼德更注重功能而非语言的形式结构，他的功能语法理论从系统观出发，在复杂的语言系统中发现了人类语言的活力和创造性。

但是拜尔陶隆菲（Bertalanffy）1968年构建的系统理论提出了不同的观点，认为生命系统占据从基本材料系统到量子非局部纠缠系统的所有层面，而韩礼德系统功能语言学研究路径下的语言系统仅局限于个人和群体（社会/文化）的心理表征，这在很大程度上是一个形式的、唯物主义的和认知神经的层面。

在后牛顿范式下，韩礼德的功能语法作为一种理论，能够为人类的听说交流提供一种技术工具。韩礼德把语言系统看作是人类听说交流模式的载体或物质手段。事实上，人类与其他生命有机体沟通时所体验到的创造力，具有更深层次、多维度等特点，生物系统内部的全部交流发生在局部和整体的生态系统中。尽管韩礼德的语法理论充满动态性，但只要在牛顿范式框架内的阐述都会参考人类认知交际技术，因此该理论不可避免地具有理论和研究局限性。

与受特定交际情境影响所产生的瞬间意义和信息相比，交际者是否使用这种或那种语言结构，或者是否在他/她的言语中使用省略、隐喻等修辞手段，似乎都是次要的，意义的产生是由一系列因素决定的。

人类交际具有情境性、跨人际、即时性等特点，正是交际领域的整体过程迸发出瞬间的意义，也许这就解释了为什么我们在不同的交际情境中对某一特定问题会表达出不同的看法。这不一定是心理上的双重性或精神上的多重人格综合征，而通常只是人际间沟通的效果。

人类交际者所形成的观点，始终是由谁参与交际行为以及在哪里和如何发生的结果。此外，生活中的所有物质方面（比如当前气压、季节等）以及非局部量子过程都会发挥作用。

1. 回顾语言研究的开端

以一个基本的辨别力为基础，即"旧语言学"和"新语言学"的特殊二分法，作者认为"旧语言学"是指以语言产品为样本的、线性的、形式主义的和唯物主义的研究。不管是口头的、书面的还是认知的，几个世纪以来语言产出一直是学术界关注的焦点。"新语言学"致力于在理解已有语言材料的基础上，建立一个生命系统复杂行为的动态模型。生态语言学作为"新语言学"的一分子，为语言学研究开辟了一种新范式，旨在建立一个关于生命系统之间和内部交际的整体理论。

一个人认为什么是参照点，取决于他在看什么。在此，线性思维似乎是一种存在缺陷的方法。当我们回顾有史以来最早的语言学著作和第一次广泛而系统的语言学研究时，我们会想到帕尼尼，他对梵语体系进行了极其全面和成熟的"描述性—规范性"说明。其后，狄俄尼索斯·特拉克斯（Dionysus Thrax，公元前170年—前90年）写了希腊语语法，标志着欧洲第一个正式语法的诞生。第三本值得一提的纪念性著作是罗马学者特伦提乌斯·瓦罗（M.Terentius Varro，公元前116年—前27年）所著《拉丁语》(De Lingua Latina)25卷，这是一本拉丁语语法。

这三部著作被认为是20世纪形式语言学和形式语法的先驱。形式语言学所谓的"形式"是指对语言系统形式的关注和分析。因此，在这种语言传统下我们可以看到一个非常清楚的方法论，即基于原子论、决定论和唯物主义的研究范式。

过程导向需要一种新的语言研究方法。然而，似乎语言学学科并没有强烈认同跨世纪的哲学主张。皮尔士（Ch.S.Peirce）所倡导的以过程为导向的现实思考并没有在语言学领域找到肥沃的土壤。传统科学划分强调学科之间的差异，导致主流语言学对外部理论、理论模型和研究方法的被动反应。作为一门独立学科，当代语言学似乎没有把皮尔士等哲学家提出的整体观吸收内化。皮尔士的哲学主张依然停留在原地——存在哲学领域。从主流语言学家的角度来看，皮尔士是一位哲学家和符号学家，而不是语言学家。

我们今天所看到的语言学研究将过程取向与美国语言学家乔姆斯基的认知革命联系在一起。1957年乔姆斯基的开创性著作《句法结构》(Syntactic Structures)出版，标志着现代语言学的认知转向。对于现代主流语言学来说，过程取向的前提是承认语言形式、言说者和受众的动态认知、神经和社会等方面。

而交际生态学理论是在另一个范式层面上提出的。因此，从主流语言学的角度来看，生态语言学代表了一种新的语言学，也可被看作是一种新的语言学范式，它意图有朝一日开始一个研究阶段来验证其理论主张。尽管主流语言学家很可能不会认为这是一种"更新"，但生态语言学的哲学基础和方法论框架与著名哲学家皮尔士和怀特海（A.N.Whitehead）倡导的过程导向思维之间有着明确的联系。

2. 语言学研究的新方向

虽然生态语言学目前还是一个相对年轻的研究领域，但它标志着一个多元化、多方向的学术层面，源于豪根在20世纪70年代提出的隐喻"语言生态"（the ecology of language）。生态语言学自诞生以来，很快进入到一些思想和研究领域中。通过豪根的努力，20世纪70年代生物／环境视角在新诞生的生态语言学中成形。

豪根出生在美国的一个挪威移民家庭，由于他自己的个人经历，他对语言的生态感知包括社会约束和环境约束两个方面。当豪根提出"语言生态学可定义为研究任何特定语言与其环境之间的相互作用"的观点时，他将"语言环境"（environment of language）定义为使用特定语言的语言社区及其社会参数。

这种研究范式有一些早期预示，即有朝一日生态语言学会超越认知和社会语境，进入多维意义的生活过程语境。如豪根所言："语言只存在于使用者的大脑里，它只起到将使用者与其他人和自然（包括社会和自然环境）相联系起来的作用。"在此对"自然环境"的关注创造了一个潜在的方向，然而豪根在其学术著作中，始终关注特定地理文化领域中语言与社会之间的联系。

引起研究者注意的是，语言形式和"认知—语言"结构（如语言词汇、语法或语言行为中反映的概念化和隐喻表达）以及它们根源于社会风俗习惯的动机。

另一位从生态视角研究语言的学者是韩礼德。令人遗憾的是，他在语言模式上还没有超越特定的形式主义导向。他在语言学提议中增加了生物学语境和"绿色"主题语境，强调自然环境和自然资源保护，以及重新思考人类自然栖息地可能运用的语言策略，如语法和词汇等。

保护和防止少数民族语言流失成为一些以语言和语言学的"生态"路径为旗号的项目主题，如瓦希克（E.M.Wasik）对弗里西亚语进行研究，以凸显少数民族语言的生态地位。这些研究本质上都是在牛顿范式（Newton ianparadigm）下开展的，即所有生命现象都发生在由原子构成的生物生命形式和认知系统组成的物质世界中。"绿色意识形态"（green ideology）的形成和"拯救"语言社区的想法，构成了彼时生态语言学的研究方法。

最近围绕生态语言学研究的提议为"生态"语言的主题和方法增加了两个有

趣的方面。帕皮尔（S.Puppel）把人类语言看作一个生命有机体来分析，并将语言过程置于符号域的"生物—社会—文化"层面的语境中进行考虑。他采用新达尔文主义（neo-Darwinian）的观点，把自然语言和民族语言当作与其他语言形成复杂关系的生命有机体。基于该视角，语言可以相互合作、相互竞争和相互干扰，彼此之间可以通过各种形式的借词将自身形式强加给对方，并通过语言接触相互适应。

所以，从文化的角度来看，语言可以被看作是一种制度，具有所有基本属性。在全球语言竞技场上，所有语言进入"交战"（militancy）关系，并始终表现出"一定程度的外向战斗性"。"战斗生态"（Militancy ecology）包括"语言—机构"之间不同类型的相互作用，语言之间在空间、地位、权力和使用者上的竞争被称为"权衡生态"（tradeoffs ecology）、"实用生态"（utility ecology）和"展示生态"（display ecology）。基于该学术视角，我们可以注意到达尔文关于生物世界组织的哲学，以及达尔文用隐喻语言编码的一套本体论假设。

因此，"生命是一场抗争"（life be ingastruggle）、"有机体之间的关系是斗争"（relationships among organ is msare struggle）等隐喻表达或各种二分法属性（如生命有机体之间的低位和高位等）所反映的隐喻假设，反过来又被帕皮尔刷新，以描述世界语言系统之间的复杂联系。

3. 生态心理学

生态语言学视角为所有语言学议题提供了一种新的研究范式。为了扩大本书论证的清晰度，我们将生态语言学与生态心理学等其他学科联系起来讨论。实际上，生态语言学共享生态心理学的两个中心假设：

（1）存在一个更高阶的非二元对立；

（2）生态自我同一性超越个体进入统一自我，在哲学/本体论和方法论层面做出改变。

本书定义和讨论的生态语言学与生态心理学有如下共同点：

（1）在理论基础方面，二者都将思考和研究转移到另一个范式层面。

（2）在伦理和审美价值观方面，二者都重视人际间、扩展的认同感以及与生命形式和过程内在联系的深刻体验感，强调以自然和自发的方式带来伦理价值和审美价值。审美价值把美认作是一切生命的普遍属性，伦理和审美价值具有可体验性。

（3）具有相似的主题定位。

（4）适用范围基本一致。

就理论基础而言，二者都建立在 20 世纪物理学研究成果之上，致力于构建一个统一的、不确定的、开放的范式框架。在下面一段对生态心理学的描述中，我们可以注意到几个共同点，它们是生态心理学和生态语言学共同的基础：

生态心理学是关注人类与自然之间关系的研究和实践领域。虽然它与环境心理学、环保心理学、深层生态学、环境司法等同样关注人类与自然关系的研究领域有很多共同之处，但它的独特之处在于对人类与环境之间根本关系的认识，以及对基于这种关系的概念使用，如生态自我和生态无意识，人与自然界的现象联系和感官联系的中心性，以与自然世界直接接触的治愈潜力为基础的实践（如生态疗法），与面向环境行动及生态、个人和社区可持续性的实践相结合。

生态心理学的目标是恢复自然资源，从广义上讲，它与生态语言学的理论假设高度一致。在交际的生态语言学模型中，有其他非认知的交际模式和交际机制，它们是人类系统进化资源基础的一部分，但没有被包括在当代语言学模型里。

根据戴维斯（J.V.Davis）和康蒂（J.M.Canty）的观点，生态心理学家致力于促进与自然世界价值观一致的生态思维和实践。两位学者建立了健康生活方式的应用模型，该模型与人类在自然栖息地中所能感受到的更高的、统一的认同感相一致。其模型也涉及可持续性行为，包括交际意识和行动，能帮助一个人实现自我和幸福。同时，社区自然环境的创建受益于个体的以生态意识为导向的生活方式。

生态心理学家认为，有三种灵感来源可以弥合生态科学和心理学之间的鸿沟，它们可追溯到 20 世纪六七十年代：第一种灵感来自环保运动和与自然打交道时的生态思维，生态心理学家提出了一种基于团结和合作而不是愤怒和恐惧的新型话语。第二种灵感力量来自于前一种灵感，为了康复治疗实现与自然的直接接触。第三种灵感来自西方工业化社会对认知变革和深层生态学生活方式的呼吁。西方工业化社会专注消费主义，已经失去了与自然界的联系。

当学者考虑 20 世纪的语言学时，日积月累的研究资料并没有帮助他们建立有效的工作干预模型或工作提升模型。生态语言学和生态心理学两个领域似乎都已经达到了同样的认识，而不仅仅是一种哲学反思。这种认识触及基于决定论、唯物主义和原子主义的研究范式的局限性。

我们需要重新思考一套新的解释性和反应性规则，不仅在世界范围的行动中要遵循，而且在进行学术研究时也要遵循。因此，提出生态心理学和生态语言学似乎都是出于一种特殊的驱动力来改变思维和研究的范式。在生态心理学中也可以找到后牛顿范式的踪影，如戴维斯和康蒂所言："人和自然都是同一种存在基础的表现。理解统一状态或对偶状态，以及发展这种理解的实践，是人际心理学和生态心理学有效整合的基础。"

我们可以注意到，生态概念、生态观点和生态精神都非常符合后牛顿范式的哲学思想，这套生态隐喻似乎对发展一个统一的范式非常方便。今天，以生态为导向的科学使用的隐喻中就有生态自我，消除生命系统之间的非自然边界可带来的好处是恢复人类所拥有的自然技能。

语言学建议基于这样一个基本观察：人类的交际行为远远超出神经认知领域。正是通过生态语言学这一新的研究范式，人类交际者才能注意到、恢复和受益于他/她的非认知交际能力。

（二）交际模型的转向

现代语言学研究和传播学研究都离不开费迪南德·索绪尔及其1959年出版的著作《普通语言学课程》（Course in General Linguistics）。在《普通语言学课程》中，索绪尔详细阐释了语言学研究的主要内容，确立了语言学未来数年的研究视角。

后来，诺姆·乔姆斯基发动认知革命，在语言学因素层面增加了认知主义和深层结构语境两个维度，但并未改变语言学研究范式的基础。与其不同，生态语言学建立在完全不同的世界观、本体论、认识论和方法论假设之上。

首先，让我们看看现代主流语言学之父索绪尔的设想，他认为语言学研究的主要内容包括：

（1）从共时和历时的角度讨论人类语言的所有表现形式（包括口头和书面形式，以及语言的所有体现形式，从规范、正确的语言到不完美、非典型的语言）；

（2）语言历史发展的所有痕迹以及语言之间的关系；

（3）作用于所有人类语言的力量和语言中要注意的一般规律。

索绪尔认为，语言学镶嵌于其他学科之中，"语言学与其他学科有着非常密切的联系，其他学科有时借鉴语言学的数据资料，有时又为语言学提供数据资料。学科之间的分界线并不总是清晰可见，例如语言学、民族志和史前史三者之间必须仔细区分"。

进一步来说，"任何一种方法都可以打开通往几门学科的大门，如心理学、人类学、语文学、规范语法等"，需要研究的语言"既是言语能力的社会产物，也是社会团体为允许个人行使言语能力而采用的一系列的必要惯例"。

从索绪尔时代到现在，语言学的概念术语框架可以具体说明如下：

第一，人类语言将以其多种表现形式被研究，从自然语言开始，经过历史语境，再到以口头或书面形式表达的语言。从这一研究视角来看，语言是一种产品，是一种受社会约定支配的自我效能结构。

第二，与索绪尔语言学相邻的学科有民族志、历史学、心理学、人类学、语文学和规范语法等。换言之，索绪尔认为这些学科为语言学提供了超语言语境。

第三，语言意义以语言符号为基础，将所指元素（物体概念）和能指元素（符号或声音/图像）结合在一起；符号起源具有任意性。

第四，索绪尔的理论主张以牛顿范式为路径。按照索绪尔的观点，语言及其显现受社会规约支配，随时间变更，它们决定了语言的形式和结构。语言使用者和听众之间的社会过程决定了语言的意义，而意义本身又成为语言形式的一种固有属性。

认知主义作为现代语言学研究的一个后续阶段，在索绪尔表层结构观的基础上增加了语言的深层结构观。乔姆斯基遵循数学和逻辑的研究方法，专注语言深层结构的活动并对语言深层结构的结构脉动进行建模。他的研究重点是句法机制的动态变化，研究对象是理想化语言环境中交际者的语言产出。

继兰盖克（R.Langacker）之后，认知语法学家们认为活跃在认知过程中的语义网络构成了人类思维和语言之间的联系。兰盖克将人类语言看作是传统语言单位的结构化清单。从认知语言学视角来看，语言过程位于语言单位和交际者思维互动关系之中，围绕着意义、规约、语义网络、理想化认知模式等核心概念展开。

当代主流语言学以认知主义为要旨，遵循"认知主义—唯物主义"的范式路径。已有一些相近的研究领域在当代主流语言学中确立了主导地位，如：

（1）神经语言学，侧重研究人类语言与神经生物学的关系；

（2）社会语言学，聚焦语言的社会环境；

（3）话语研究，关注口语、书面语和视觉语言产品在社会语境中的作用方式，如学术话语、大众传媒传播等；

（4）基于新达尔文哲学的生态定位语言学领域，包括生态语言学和流变语言学（rheolinguistics），它们强调语言作为生命有机体在"语言舞台"上与其他语言建立合作、竞争、压制等关系。

在主流语言研究中，以下观点已说明和考虑到人类大脑扮演语言或交际的创造者和导航者的角色：

（1）人类大脑是个容器；

（2）人类大脑是个黑匣子，根据认知主义假设，人们可以通过思维所承担的功能，间接、科学地了解思维；

（3）人类大脑属于拥有生物/生理功能的人体器官的集合；

（4）人类大脑是一个由子系统即模块组成的转换生成系统；

（5）人类大脑是一个由程序性数据和陈述性数据组成的认知网络；

（6）人类大脑是现实/心理表征的心理地图；

（7）人类大脑是一台计算机；

（8）人类思维由概念、框架、脚本、图式、刻板印象等构成；

（9）人类大脑是人类记忆系统的宿主；

（10）人类大脑是一个处理器；

（11）人类大脑是一个自我修正和自我指导的系统。

这一科学立场的汇集反映了当代主流（认知）语言学的研究方向，虽然没有列出这些表述出现的先后顺序，但我们可以发现这种语言学范式的典型特征：

（1）原子论思维反映在所有事物都是由其他事物共同构建的观念中；

（2）在这种固定的、预先确定的组成部分的结构中，缺乏自我可持续性和有机创新机制的空间；

（3）强调以语言机制所在的人类心理结构为基础的计算过程。

1. 人类交际者越来越受关注

在生态语言学中，动态性主要来自于人类交际者与多层次交际语境之间的动态互动，因此，人类交际者是很多研究关注的重点。这里存在着一个明显的悖论，一方面人类交际者是交际模式的中心要素，但另一方面人类交际者不能被视为一个独立自主的交际信息生成者。生态语言学模型认为交际过程是人际间的，具有突发性。同样，交际中出现的意义是特定交际情境或特定场域活动产生的层创效果。

为了把握交际过程的非线性和多层性，人类交际的"生态"方式采用了20世纪上半叶由路德维希·冯·贝尔塔兰菲（Ludwigvon Bertalanffy）提出的系统方法。正如贝尔塔兰菲所言，在当代科学中，我们需要一般系统论（ageneral system theory）作为进一步"局部"模型的元模型（meta-model），以便"研究越来越大的自然部分"。一般系统论基于这样一个假设，即所有知识领域和所有科学都涉及"整体结构"或"系统"，研究对象与机制的属性和价值不是预先设定的，而是从系统的功能中显现出来的。在这种情况下，人们不能通过简单的数学方法对组成部分进行总结来预测整体效果。

贝尔塔兰菲认为，"一般系统论似乎是一个有用的工具，一方面提供可用于不同领域且可转移到不同领域的模型，另一方面防止模糊不清的类比，而这些类比通常妨碍研究领域的进展"。

作为当时科学方法论的一个新趋势，系统论经过了一段时间才被行为科学、精神病学、生物医学和社会学等领域的研究者所接受。到20世纪下半叶，一些精神病学、心理学和经济学的学者对一般系统论反应非常积极，在他们的专业领域开辟了新的研究通道。

例如，沃勒茨克（J.Walleczek）从跨学科视角将系统论、复杂理论、混沌模型和非线性动力学等知识应用到西方医学中。他通过研究认为，非线性科学对生物医学的影响越来越大。他和合作者们建立了一种新的、可替代的人体有机体模型，这是西方医学里结构药理学范式下的机械线性模型的替代方案。他们提出："生物学家通常默认，一旦所有的分子都被识别出来，整个生物系统的完整功能最终可以从单个分子的作用总和中得出。"这是主流生物学和医学进行研究和实践的一种简化主义范式，"人们越来越普遍地认为，简化主义本身可能过于局限，无法成功地解决根本性问题，如生命系统作为一个整体是如何运作的，它们如何传递和处理动态信息，以及它们对外界扰动的反应"。

沃勒茨克等学者建立的人类非线性模型具有以下特点：

（1）人类是一个生命系统，更确切地说，是一个开放系统；

（2）人类作为一个生命系统，不断地与环境交换能量和物质；

（3）生命系统的功能具有突发性，这意味着它们来自于系统整体，而不是来自于某个部分的单独行为；

（4）生物系统对微弱的外界刺激具有敏感性，如化学刺激、机械刺激和电动刺激；

（5）研究这种有机体敏感性的科学领域被称为生物电磁学。

基于人类非线性模型，有机体的功能具有突发性，它们是有机体整体活动的结果，而不是单个部分活动的结果。在此，乔姆斯基的语言习得机制（language acquisition device）以及认知语言学所倡导的"语言潜势"（the language potential）受到挑战。从动态系统和生态视角来看，人类的交际或语言活动是一个有机过程，而不是一个认知过程。

当前我们的生态语言学提议背后的设想是，首先提出人类交际的生态语言学框架，然后将关于贝尔塔兰菲系统研究的反馈意见作为我们思维路径的方法论支持。贝尔塔兰菲在其著作中预见到这种可能性："准确地说，独立且基于完全不同的事实，类似概念、模型和规律经常广泛地出现在不同的领域里。"在许多情况下，相同的原理被多次发现,因为一个领域的工作人员不知道所需的理论结构在另一个领域已经发展得很好了。一般系统论将在很大程度上避免这种不必要的重复劳动。

人类交际的生态语言学模型具有两个关键的构成要素:(1)交际领域,也可称之为交际情境;(2)交际过程的参与者,即生命系统。因此,在生态语言学模型中,交际者不仅是认知主体,更是一个开放的生命系统。这种关于人类交际者的观点,本质上不同于现代主流语言学和交际学研究中公认的、预设的概念。

主流生物学、社会学和人文科学以封闭系统为研究对象,并将研究对象与其所处的多层环境割裂开来。例如,在结构主义语言学或新结构主义语言学的语言系统,即索绪尔或乔姆斯基的语言理论中,语言系统与下一层生命交流生态系统之间的相互联系和相互作用被低估,甚至几乎没有被注意到。认知语言使用者与交际互动者的相互交流被简化为视听形式下的信息交换。言说者发出信息(有可能借助手势语言),通过耳朵等听觉器官接收信息(同样,可能通过言说者的一些身体动作支持)。

在人类交际的生态语言学模型中,我们识别并承认人类作为生命系统所拥有和所使用的其他交际方式,这些方式在贝尔塔兰菲的术语"自然成分"(slicesof nature)中早已根深蒂固。进一步来说,在生态语言学模型中,信息交换成为关联彼此、构建整体以及构建统一体的基本过程。信息成为组织的衡量标准。在系统论中,我们发现生活的各个层面都有组织,交际过程被置于整个事态的主要连接物质的位置。

以这种方式看待人类交际,只是关联的一个例子,因为人类交际已经嵌入到生命网格中。在生命网格里,生命系统相互关联,共同构成生命网格。由此可见,人类交际过程远远超出语言系统形式,超越了认知结构和认知过程,超越了当前主流语言学研究的焦点,如社会、文化、生物机制和关系等。人类交际作为生命系统中交际过程的一个子类型,是一个有机的、重要且基本的过程,它可能是一个仅次于认知和智力的过程。

2. 开始关注"生物—心理—社会"模型

从我们的讨论开始,"生物—心理—社会"模型(the biopsycho social model)就是当时主流医学和自然科学采用的唯物主义模型(the materialistic model)的重要替代品,它建立于贝尔塔兰菲在跨学科领域推广他的系统论之后。正如瓦拉赫(H.Walach)所言:"'生物—心理—社会'模型依然是医疗保健领域广受欢迎的理论基础。纵观医学研究和医学实践,人们会得到这样一个印象:人们对医疗保健和心理神经免疫学等专科学科的理解还不够透彻，因为医疗保健仍然被分割成独立门类，而且在照顾病人的身心痛苦方面，两个学科之间的联系并没有得到人们的充分考虑。"让我们如模型所提出的一样，综合人类有机体的感知。根据"生物—心理—社会"模型，人类作为生命系统的轮廓特征如下：

（1）生命系统拥有一套复杂的多模态装置，其与生命的不同层次相联系并交织在一起。因此，交际本质上是在过程和对象的人际间以及多层嵌入中产生的。

（2）生命系统是一个共享结构，在这一结构中，后续的机体层级在发挥特定自主性的同时形成一个整体，并作为一个内部连贯的共同体发挥作用。"在此需要记住的、很重要的一点是，在组织的每一个层级上，一个新形成的结构都会获得某种边界，即使它可能只是暂时的，这个系统因此获得某种形式的自治，使它成为一组部分自治系统和良好组织相互关系中的一种半独立参与者。"

（3）突发性（emergent properties）是模型中的关键概念。它不是预先指定给任何物质形式或结构的；相反，它是由特定系统内的相互关系而产生的性质。同样，这个创造新价值的过程具有量子属性。正如瓦拉赫所指出的："虽然目前我们还没有完全理解突发属性的确切时间和方式，但是纠缠在其中起着关键作用。"

虽然看似合理，但"生物—心理—社会"模型从未顺利融入医学研究和医学实践中。由于现代西方医学建立在牛顿的现实模型以及基于原子论、决定论和唯物主义的牛顿范式之上，"生物—心理—社会"模型并没有超出对人类的唯物主义认识。

3. 逐渐重视"身—心"互补式模型

互补式模型的构建为我们提供了一个比"生物—心理—社会"模型更有效的理论工具。基于该模型，瓦拉赫在2005年提出了一个更为复杂的理论层面。他认为，"生物—心理—社会"模型之所以不起作用，主要在于"医学完全依赖系统的物质构成，而忽视了意识作为人类的补充"。

为了修正这一点，基于波尔（Bohr）的互补式模型，瓦拉赫绘制了一个新模型，以发展一个基本思想。他认为，人类系统的物质方面（包括身体和有机体过程）与非物质方面（即意识维度）共同存在，并且二者处于平等地位。对学者的研究来说，最重要的是该模型建立所依据的科学基础的确是坚实的。准确地说，瓦拉赫是在广义量子理论（the Generalised Quantum Theory）的基础上建立了一个立体的跨学科模型。人类互补式模型认为：

（1）人类作为生命系统可能是一个家庭、一个社团、一个民族、一种文化或其他形式，它们内嵌在更广泛的生命系统中，由于量子过程即基于互补性的纠缠而具有内在一致性。换言之，人类整体生物学模型所提出的是作为一个生命系统，人的内在和外在都嵌入在具有量子特性的关系中。

（2）在生命系统结构的不同层面上，量子连贯性本身具有非线性、突发性和非因果性，并由此产生交际等结果，但却无法检测到引发信号。

（3）对有机体的两种不一致的描述，彼此排斥，但对于描述有机体来说，两种说法仍然必不可少。将互补性概念应用于意识和"身—心"问题具有重要性，即从互补的观点来看，心理现象和身体现象共同决定人性。

（4）如果模型中意识与物质共享同等地位，那么我们就有两个互补的通道来与世界联系：一是通过人类身体的神经认知和感官功能；二是以来自于非认知交际方式的信息为基础，通过自我的内在洞察力。

在当前的生态语言学研究中，我们研究生态语言学的趋势，寻找和构建新模型的重要性在于：主流语言学的唯物主义焦点无论是形式的、认知的还是新达尔文主义的，都需要一个互补式的研究界面；在该界面上，我们研究多种类型、相互补充的交际模式，它们共同参与发送信息、接收信息和产生意义的过程。

三、多元化的发展趋势

生态语言学的多元化发展体现在，不同的学者对生态语言学做了不同的定义。如 Alexander & Stibbe 给生态语言学下的定义是："生态语言学研究语言对人类、其他生物体以及环境中的生命持续关系的影响。它的取向是保护能够持续生命的关系"。这一定义将"生命的持续性"作为生态语言学的一个主要议题，凸显语言对环境，甚至对生命影响的重要性，其研究范围远远超出了语言和生态的二元关系。

Steffensen & Fill（2014）从生态语言学的研究内容方面为其下定义，他们认为生态语言学通常研究两类问题：一是人类在个体、群体、整体以及物种层面，探索他们的（生存）环境的过程与活动，以便创造一个延伸的、充满意义的生态来支持他们的生存；二是上述活动和过程中有机体、社会和生态系统的局限性，即在所有层面维系一个人类和非人类健康生存的承载力。他们将人类、非人类、环境、生存等主题，纳入生态语言学的研究范围，把生态语言学当作一种动态的人类、非人类生存的"过程和活动"，将这一学科从静态描述推向了动态实践，使生态语言学研究对象、研究方法更加多元化。

不同的学者由于不同的研究目的、不同的语言观以及他们对待环境的不同态度，他们对生态语言学的认识也各不相同。譬如，Fill 认为人们对生态语言学及其研究方法的不同认识，主要取决于人们如何认识生态与语言之间的关系，即究竟是从生态学的角度看待语言，还是从语言学的角度考察生态；Cowley（2014）区分了言语（Languaging）和语言（Language）之后，指出生态语言学应该形成一个"植物—动物—人类—文化"为一体的生态观，在更加宏观的视野下开展生态语言学研究；Muhlhasler（2014）考察了 Norfk 和 Norflk 两个岛屿上居民使用的语言，发现岛民的语言中大量的词汇展示的是关于他们居住地的知识，这是一种典型的生态接触性语言。Stibbe 认为"生态语言学用于分析我们赖以生存的故事，根据生态哲学对那些故事进行判断，以抵制违背生态哲学的故事，旨在寻求我们赖以生存的新故事"。同时，其他生态语言学研究者在研究之中，不拘泥于某种特定的模式，他们根据不同的研究对象和研究目的，采用一套与自己的研究相适应的方法，开展实证研究（如 Steffensen，2012；Nash & Muhlhasler，2014，Uryu, Steffensen & Krmsch，2014）。这些研究丰富了生态语言学研究的内容，拓展了这一领域的研究对象，进一步推动了生态语言学的发展，生态语言学研究呈现出一种多样化的发展态势。

如今生态语言学多元化发展的标志性成果之一就是 Fill & Muhlhasler 主编的《生态语言学读本》（The Ecolinguistics Reader：Language，Ecology and Environment）一书的出版发行，他们从生态语言学的起源、作为隐喻的生态学、语言与环境、批评生态语言学四个方面，追溯了生态语言学的源头，回顾了这一学科在起始阶段的研究状况，提出了这一学科的主要研究对象和研究内容，阐述了生态语言学的主要研究方法。

四、生态语言学的研究方向

生态语言学发展至今已有 50 年历史，随着全球生态问题的加剧以及人们生态意识的提高，生态语言学作为一门新兴学科受到国内外不同领域学者的广泛关注。为进一步推动我国生态语言学研究发展，更好服务生态文明建设需求，本书认为生态语言学的发展应该把握住以下这几个方向：

（一）以语言研究为根基

生态语言学虽然是一门超学科，但其发展始终离不开语言，不仅需要关注语言与人、自然、社会等关系的研究，还需要关注语言的音、形、义等本体研究。树立语言系统、"百科智慧"系统、"脑身系统"三系联动的语言观。中国语言学会语言政策与规划专业委员会会长李宇明,一直关注语言与人类发展之间的关系。他认为,语言不是一个独立的系统,而是嵌加在百科智慧系统之上的,而支撑语言系统和百科智慧系统的,是物质的人脑与身体,即"脑身系统"。语言不仅是一个符号系统,一个知识库,也是一种认知能力。语言教育、语言病理的康复以及计算机语言智能的获取,必须重视三系统联动和多模态应用。

北京外国语大学国家语言能力发展研究中心主任王文斌提到,目前我国外语界对语言本体研究整体不足,其中语音学、音系学、词汇学、语义学、篇章语言学等研究尤其匮乏,存在舍本逐末现象。正因对语言的本体研究缺少应有的力度,对外语学习中出现的一些语言偏误现象的解释和讨论容易流于表象。王文斌表示,语言研究中的核心任务是探究语言本身,即音、形、义。这不仅对语言的本体研究极为重要,而且在外语教育教学研究中具有基础性地位。

构建古代通用文字共同体对完善中华民族共同体的话语体系具有重要意义。江苏师范大学语言科学与艺术学院教授周庆生表示,古代通用文字共同体在历史中国的发生和拓展、延续和构成方面,发挥过重要作用。

加强语言研究能够使生态语言学研究扎根,只有将语言研究作为核心,从各个维度把握语言,生态语言学学科才能有更加长足的发展。

(二)加强生态语言学学科发展

生态语言学的发展,一方面需要将语言研究作为根基,另一方面需要在"豪根模式"和"韩礼德模式"的基础上对学科内涵进行"再发展"。其中,"豪根模式"聚焦语言生态,主要探讨语言及其环境之间的关系;"韩礼德模式"则聚焦语言的生态性,关注语言对生态环境的影响。

就"豪根模式"而言,武汉大学文学院教授赵世举表示,该模式目前主要关注个别语言的生存发展状态,如语言多样性、濒危语言保护、新兴语言及语言污染等问题,而语言生态面临的许多其他方面的重大问题还未引起学界的足够重视,包括语言本体的演进、语言生存环境的变迁、语言格局的变化等。

针对"韩礼德模式",与会学者对其思想依据、理论基础、应用实践等方面均较为关注。在思想依据方面,华南农业大学外国语学院院长黄国文对"以人为本"假定与和谐话语分析框架中的"良知原则""亲近原则"和"制约原则"的关系进行了探讨,说明在中国语境中提出的话语分析框架是要体现中国的历史、文化和社会特色。在理论基础构建方面,北京外国语大学国家语言能力发展研究中心副主任何伟认为,"生态话语分析"已成为一个新兴的话语分析范式,需要文本层次理论即生态语法的支撑，由此建构了生态语言学视角下的及物性系统、语气系统、评价系统、主位系统、衔接与连贯系统、逻辑关系系统等，为生态话语分析提供了可操作性的理论框架。

虽然"豪根模式"与"韩礼德模式"的研究侧重点不尽相同，但二者并不排斥且在多个研究维度上密切相关。随着人们生态文明意识的增强和生态语言学的发展，生态语言学研究范式将会越来越趋于融合，其学科的统一性将愈发凸显。

（三）在教学研究中应用

部分学者对于"生态语言学与教学研究"这一较为新兴的议题进行了探究，进一步展现了生态语言学的多向融合与发展，为生态语言学研究注入了新的生机。

对于课堂教学而言，华中科技大学外国语学院教授徐锦芬，利用生态视角中强调语言和非语言互动的"给养"概念，关注在外语课堂师生互动中的教师重述意图及其能否使学习者产生相应的感知，从而构建给养丰富的课堂环境。她表示，教师重述的意图主要包括三个方面：为学习者提供情感支持，以推进会话的发展；搭建说话者与全班听话者间的桥梁，使学习者话语触及全班同学；强化学习者对语言点或课文内容的理解。然而，教师的重述行为能否转化为外语学习给养，取决于多方面的因素，包括学习者过往学习经历、对外语学习的信念、课程测评体系等。这些因素交互影响，共同作用于学习者对教师重述的感知。

在厦门大学嘉庚学院人文与传播学院院长苏新春看来，语文教材话语体系的建构对提高教材研究的科学性、理论性具有重要意义，而教材话语的影响力主要体现在主流意志的强势呈现、社会现实的密切反映、正面形象的鲜明传递以及语言表达的通俗化四个层面，为从生态语言学视角下构建教材话语体系提供了借鉴。

生态文明是当今时代大潮，生态文明建设是中华民族永续发展的千年大计，不仅需要生产生活方式的变革，也亟须思维方式、语言模式的变革。我们要利用语言发现、解决生态环境问题，积极响应国家生态文明建设重大战略，不断提高生态意识，全身心投入生态实践，为促进生态和谐发展贡献自己的力量。

总而言之，语言作为社会文化的一种表征方式，具有构建社会现实的能动作用。生态语言学正是利用语言的这一特征来帮助实现生态系统中人与自然的和谐共生，以期将语言与其他生态现象区分开来，进而改变公众对当今环境现状的认知，通过转变人类意识达到改造客观自然环境的目的。

如今，很多学者尝试在系统功能语言学的视域下，运用评价理论进行生态话语分析，通过对公共语篇进行研读，探究其中所蕴含的生态意识内容，实证分析评价理论在生态话语研究范围内的可应用性与实用性。通过方法推介与研究结论推动公众建构自身生态价值观，提高公众生态环境认知水平，进而帮助读者提高对环境语篇中隐含意识形态的思辨能力和分析能力，从而更好地建立合理的、健康的、有利于人与自然和谐共生的生态哲学思想。本书基于 Martin 的评价理论和 Stibbe 的生态哲学观，对媒体新闻话语进行生态话语分析，具有以下研究意义：

（1）综合有关生态话语分析的研究成果来看，在系统功能视阈下对气候报告这类语篇进行生态话语分析的并不多见，而从评价理论视角进行生态话语分析的研究成果就更为鲜见了。因此，本研究具有一定的创新意义，是基于评价理论对生态话语进行分析的一次大胆尝试与探索。

（2）综观系统功能语言学近几年的发展趋势，以评价理论为基础的生态话语研究成为学界研究热点。在对语篇进行生态话语分析的同时，评价理论的描写潜势和适用范围得以扩展，且其对语言的阐释力将在某个维度或范围内获得精密度上的加深。因此，本书立足于生态话语分析领域，运用评价理论对生态语篇进行描写和分析，能够促进和丰富现有的语言学研究，具有重要的理论意义。

（3）环境新闻作为全球性的公共语篇既是社会文化的反映，也是特定意识形态的表征形式，能够直接或间接地映射出国际机构的声音和态度，进而影响读者群体的意识倾向，因此，从评价理论析的角度去研究这类生态语篇，从而在意识上唤醒、引导和改变人类对环境与自然的认识，共同为守护和改善自然生态做出贡献是非常有必要的，此外还能够在一定程度上加强读者对环境语篇中所蕴含的语言意识的分析能力，具有重要的应用价值。

五、生态语言研究宏观走向

语言与环境辩证关系的研究有两种路径。一种是研究环境对语言的影响，即对语言生态的研究。相关学者使用的术语是"语言生态学"（linguistic ecology, the ecology of language），如特林（John L.M.Trim）使用"语言生态学"这个表达强调变异在语言中的重要作用；沃格林（Florence M.Voegelin）指出语言生态学代表一种从单一的孤立语言向多种接触语言的转变，并区分了语际生态和语内生态；豪根（E.Haugen）进一步将语言生态学定义为"对任何给定的语言与其环境之间相互作用的研究"，旨在引起人们对语言与语言环境关系的重视。另一种路径是研究语言对环境的作用，即对生态语言的研究。相关学者使用的术语是"生态语言学"，这一术语首次见刊是在赛尔辛格（K.Salzinger）发表的题为《生态语言学：语言行为的激进行为理论研究》("Ecol-inguistics：ARadical Behavior Theory Approach to Language Behavior")的文章中，该文认为考虑语言行为产生的环境很重要。麦基（W.F.Mackey）将"ecolinguistics"一词应用于语言接触和语言转换的研究之中。1990年，韩礼德（M.A.K.Halliday）进一步指出"语言在语法上具有一定的综合特征，这些特点使得我们使用语言识解世界时表达方式不再有益于人类的健康"，也就是说语言系统对环境问题存在潜在的影响，以此呼吁语言学研究应关注语言在自然生态问题中的作用。至此，在语言与环境关系的研究中，学者们不仅关注环境对语言的影响，更强调语言对人与环境之间的关系有识解和建构作用，不恰当的语言表达存在生态破坏性。随着生态问题的加剧，来自不同理论背景的学者纷纷致力于语言与生态关系的研究，其中有应用语言学家、哲学家、社会语言学家、话语分析学家、人种科学家等等。生态语言学作为一个研究领域得到巩固和发展，"'生态语言学'这一术语用得越来越广泛，在语言学界逐渐变成了囊括'语言生态学'研究内容的术语"。语言与环境相互关系中的这两种研究路径构成了生态语言学的两个主要研究范式，前者被称为"豪根模式"，后者被称为"韩礼德模式"。

但须注意的是，以豪根为代表的语言生态研究和以韩礼德为代表的生态语言研究仍属于微观生态语言学，这些学者基本上都是人文学科和社会科学的研究者，而非来自生态学或其他自然科学学科的学者。当然，研究者学科背景的差异并不是区分微观生态语言学与宏观生态语言学的决定因素。宏观生态语言学的立足点就是要打破传统文理分科的界限，用生态学等自然学科的方法和技术对语言生态及生态语言进行切实的、定性与定量相结合的实证研究。可以说，微观生态语言学的文本生态性解读和语言生态分析是必要的，但却是不彻底的。我们一方面需要切实地将语言的微观生态内涵与宏观生态行为连接起来进行实证研究，另一方面需要剥去语言生态研究的隐喻面纱，从人类行为的各个方面研究和分析环境对语言生态的影响，这是语言系统与生态系统交织性的体现，也是宏观生态语言学的研究理念和任务。通过CiteSpace分析软件对相关文献的学科分布和关键词进行可视化分析，可以清晰展现生态语言学的研究热点、研究前沿和发展趋势以及微观与宏观的结合路径。

第二章 生态语言学的研究路径：生态话语分析

本章对于"生态语言学的研究路径：生态话语分析"进行了探究，主要分析了生态话语的类别、生态话语分析的内涵等进行了分析

第一节 生态话语的类别

在探讨生态话语的类别之前，我们可以先具体分析话语是指什么，同时我们也应该看到话语的产生在很大程度上受到意识形态的影响，因此，对于意识形态进行一定的分析也是十分必要的。

一、什么是话语

"话语"近年来在学术界的使用频率逐渐增多，成为当今学术界和社会发展所关注的热点和重点。至今以来，学者们不断展开对"话语"的研究，随着研究成果的丰富，进而由"话语"的概念引申出"话语体系"概念，学术界对相关概念的研究日益深入广泛。此外，改革开放以来，随着中国特色社会主义的迅速发展，中国受到了国际社会的广泛关注，在国际上有效发声并争取自己话语权的要求愈来愈强烈。在社会实践的推动下，"话语"开始进入学术视野，成为中国学术界关注并研究的重点问题。对"话语"和"话语体系"的研究要深刻把握理论与实践统一原则，新时代既要把握"话语"和"话语体系"的理论内涵，又要与社会主义生态文明的实践相结合，理论指导实践的开展，同时在实践中检验理论的真理性。只有将理论运用于实践，才能真正把握生态话语的内涵与实质，从而为话语建构奠定基础，提供理性的支撑。

（一）话语意蕴的具体分析

对于生态话语类别的探讨，是建立在话语的内涵之上的，我们首先应该清楚

话语是什么，首先要对话语进行科学分析，厘清生态话语体系的理论基础，挖掘生态话语的多样资源，为话语的建构奠定坚实的研究基础。

话语是人类存在的基本要素，它不仅是人与人之间交流的基本工具，还用于表达特定的观念、思维、价值取向和行为准则。进入21世纪以来，世界各国间的较量愈加激烈，国际较量的高低取决于"话语"的掌握。因此，针对"话语"和"话语权"的研究在全世界范围内展开，中国也积极加入。由于西方国家发展较早，占据着多个领域"话语"的"至尊地位"，尽管近年来中国发展势头迅猛，但所拥有的话语权与发展速度和综合国力并不相称，在国际上某些领域的发声中一直处于弱势地位，这也成为中国学术界的一大痛点。话语创新的任务已经提出，针对"话语"的研究成为当前学术界的重中之重。目前，学术界关于话语概念的含义主要有以下几个方面。

1. 话语是语言单位

话语是语言的单位，在语言学中，"话语"有广义与狭义之分，狭义的话语指的是与篇章相对，是口头说出的一句一句的话；而广义的话语则是指在言语交际中用语表达的言语形式，通常由词与句构成的，它既运用于口头的表达，也用于书面的表达。目前，学术界对话语内涵的研究已十分丰富，索绪尔对语言和言语做出了明确的区分，语言是人们的言语行为所遵循的社会规约，是人们公认的语法体系；言语则是个人所说的话与语言的集合。他认为语言和言语都是个人事情，始终致力于排除所有的非语言的影响因素，专注于研究其内在的本质与规律。法国哲学家列维斯特劳斯将索绪尔结构语言学纳入自己的神学研究，并提出了不同于语言和言语之外的话语。话语的发现使语言学的研究发生了重大转变，语言学不再仅仅是对语言内在的研究，转向对句子文本的联系考察，话语成为语言的基本单位。

2. 话语是言语交际的现实单位

话语是言语的交际单位与索绪尔的纯粹结构语言学形成鲜明对比。目前学者们的研究更倾向于话语的交际与运用。从话语的构成来看，话语是交际中词与句的组合。从语言的运用角度来看，话语是一个语言的过程，也是一种语言的工具，人们借此认识世界和解释世界。符号学家巴赫金就提出话语是言语交际的现实单位。他对索绪尔的观点提出了明确的反对，认为话语并不是个人的独白，而是人与人在促进社会关系中的对话与交流，话语是有生命的。海德格尔认为"把话语道说出来即成为语言"，伽达默尔提出的"交谈"也涉及对语言的诠释。也就是说，话语的意义体现于人与人的交往之中，将话语理论建立在对话的基础之上，将话语研究着眼于社会历史的变化及对话语影响的变迁,通过对话语的阐释反映时代意识、价值、观念的起伏更迭,使其成为特定历史和文化条件下的产物。话语与社会实践活动的融合深刻体现出话语作为言语交际现实单位的价值意义。

3. 话语是意识形态的符号

随着话语研究的扩大,话语很快跃出语言学的范围,进入了更广阔的哲学社会科学领域。话语成为意识形态的符号。人们使用话语进行交流的目的不是为了说话而说话,或者单纯的听取别人的话语,人们在表达和交流中是为了通过话语辨别真假、善恶、美丑,一方的话语能否使对方心悦诚服地接受,取决于其中蕴含的价值取向。话语作为意识形态的一种特殊形式,与物质资料的生产关系、人类社会的发展变迁以及意识形态的斗争紧密关联。福柯的"话语即权力",米勒的"话语天然是政治的"论断,进一步论证了话语是不同意识形态冲突与权力争夺的重要方式之一。当一方话语凌驾于另一方之上,说明这种话语在沟通交流中是强势的、有效的,另一方话语则处于弱势地位,长此以往就会被强势话语压服直至淘汰。由此可见,话语的表达能符合说话者利益,宣扬主观目的且能被他人认可是话语作为意识形态符号的核心要点。

基于上述分析,新时代生态文明话语的生成应始终坚持以人民为中心,以党的指导思想为依据,以中国特色社会主义实践为指导,在人民的认可中传递话语,在理论的指引下完善话语,在实践的行进中检验话语。

(二)话语体系是什么

话语体系就是体系化的话语。话语不是零碎的语句和零散的表达,它是呈体系化的理论表达。比如,在表述一个观点时,要围绕一个明确主题,选定相关的理论与知识,将之系统连贯地表达清楚。话语的表述就涉及话语体系这一概念。话语体系是由特定的概念、范畴、理论按照一定的逻辑与规律组合而成的,是话语主体借用系统化的语言符号和逻辑化的表达方式建构起来的体系。它包含着严谨的逻辑架构和特定的价值理念,是完善的、正式的、成体系的话语组合。它具有普遍性、客观性和完整性。

话语体系具有普遍性是指话语体系在一定的时间和空间内普遍适用。话语的生成与话语体系的延展在一定的语境中展开,为主体思想提供了承载平台,为主体间交际提供了可行性的条件,因此它具有普遍适用性。话语体系具有客观性是指其所涵盖的内容是客观的。某一种话语体系之所以能够生成、发展、延续就在于它是对客观现实的真实写照。话语体系的客观性体现在以下几个方面:首先,话语体系的客体是客观的；其次，话语体系对客体的描述和展现是客观的；再者，话语体系对话语客体的客观描述是对主体思想的真实体现。话语体系具有完整性是指话语是呈体系化与逻辑化的，杂乱无章、毫无逻辑的话语难以构成话语体系。话语体系必须是围绕某一主题展开的话语陈述，以系统化、逻辑化的方式表达主体所要体现的思想。

生态话语体系的建构是在话语体系普遍性、客观性、完整性的原则之下展开的，围绕新时代中国特色社会主义生态文明这一主题，将生态文明话语按照一定的范畴进行系统化、逻辑化的集合与归类，使之构成话语群。

二、生态话语的具体分类

（一）破坏性话语

对生态语言学家来说，最需要抵制的是那些与生态观的多个方面相悖的意识形态的话语，即那些破坏生态并广为流传的话语。本书将这样的话语称为破坏性话语。

在诸多破坏性话语中，经济学话语可能影响最大。早在学科发展初期，经济学话语就一直是生态学研究的热点问题。韩礼德（Halliday）批判了把经济增长表述为社会基本目标的惯用表达方式。因为在资源有限的地球上追求无限的经济增长，只会导致资源枯竭以及维持生命的生态系统的破坏。安德鲁·格特力（Goatly）同样批判了提倡经济增长的话语："在日本、瑞士或新加坡等成熟经济体的案例中，用'增长'来替代'癌症'的隐喻十分合理。它让人们注意到：在一个已经成熟的经济体中，经济增长会威胁到地球的生命保障系统。"

经济学话语强调量化，加之成本易于量化，因而便"将人们努力获得个人满足的所有方面都导向了商品消费"。这与生态观背道而驰。因为它不仅鼓励过度的和不必要的消费，导致了各种环境破坏，还掩盖了所有无须消费就能通向幸福的道路。乔拉还描述了广告业如何"催生了人们对所达到的每一个消费水平的不满情绪"。比如广告话语的主要作用是劝说消费者购买他们原本认为是非必需品的东西。这是对生态最具破坏性的话语之一。然而，由于广告种类繁多，就存在是否有明确的"广告话语"可供分析的问题。

工业化农业话语，尤其是畜产品加工业话语，也属于破坏性话语。虽然西蒙·费尔利（Fairlie）描述了一些小规模养殖系统生产肉类的方法，这些方法从生态语言学的视角来看是相对良性的；但仍有大量的证据证明，工厂化农场经营耗费了大量资源，产生了大量污染，会危及动物的福祉。

其他对畜牧业话语的研究也得出了类似的结论。例如，威廉·特兰珀（Trampe）发现，在工业化农业话语中，"经济技术意识形态将活着的生物当作物品，它们被生产、经营、优化和使用"，委婉语将破坏活动伪装起来，对环境更友好的传统耕作技术却被消极地视为因循守旧。

因此，可以说经济学、消费主义、广告和集约农业话语都属于破坏性话语，因为它们传达的意识形态与生态观的原则相悖。

我们要抵制破坏性话语，提升意识：认识到话语所传递的意识形态仅仅是一个故事，且这一故事会带来不良影响，这就是费尔克拉夫（Fairclough）所称的"批判性语言意识"。最有效的方法，是让那些对使用破坏性话语最应该负起责任的人意识到，他们无意中宣扬的意识形态极具破坏力。

（二）中性话语

生态语言学中大部分的话语分析都集中在环保主义、生态、保护、可持续和绿色广告等更为积极的话语上，尽管它们依然存在问题。这些话语有着积极的目标，即处理破坏性话语带来的一些生态问题。但由于这些话语与破坏性话语产生于同样的社会环境下，因而可能会受政治和商业利益的影响。例如，呼吁减少消费的话语即便再诚恳有力，也可能无法得到热衷于经济增长的政府的支持，也不可能出现在通过刺激"购买情绪"而为广告商谋利的报纸或杂志上。

生态语言学家已经分析了一系列中性话语，包括环保主义话语，企业环保话语，自然资源话语，动物园话语和可持续性话语。罗姆·哈瑞等人将这些话语统一命名为"绿色话语"，与乔治·奥威尔（George Orwell）所创的"新话语"这一概念相呼应。这些话语被批评的方面如下：

（1）和农业综合企业的破坏性话语一样，把灌木、动物、河流及森林描述为资源，即被利用的对象；

（2）把解决环境问题的方法描述为回收利用等小型活动，这样个人在没有减少社会消费总量的情况下就可以完成；

（3）隐藏行事机构从而掩盖生态破坏的责任。

动物园话语可以被视作中性话语，因为它一方面强调动物与自然和生态保护之间的联系，另一方面又将动物从原始生态系统中抽离出来，把它们作为"他者"关在笼子里，让人类观赏。

总体来说，由于中性话语经常与生态观拥有一些共同目标，不宜直接对其进行抵制，而应采取更富有建设性的做法，尝试与负责该类话语的人共同合作。这样既可以保护这类话语积极性的一面，又能够解决其中存在的一些问题。

（三）有益性话语

生态语言学一个至关重要但有待发掘的作用在于：超越对破坏性话语的批判或对中性话语不足的认识，去寻找新的话语。这些新的话语所传达的意识形态，能够鼓励人们保护维持生命的生态系统。这类话语可被称作有益性话语。

分析有益性话语的目的是促使这些话语成为讲述关于世界故事的可替代性方法，并广泛传播这些话语，即使它们目前仍鲜为人知。

格特力（Goatly）是最早对破坏性话语和有益性话语进行生态语言学对比研究的学者之一，他对比了报刊话语和浪漫主义诗歌话语。

他发现，《泰晤士报》的话语"描述了一个被驯化的、加工过的且相对消极的自然，基本上不受天气（和疾病）的影响，对狗和马也兴趣寥寥，有时还屈从于品牌和商品的经济利益"。而华兹华斯所描述的自然则更鲜活有生气，他把河流描述为说话者（"河流在低语，小溪在闲聊"）；把自然描述为现象（"我窥视一只萤火虫"）。

罗伯特·布林霍斯特（Bringhurst）使用"生态语言学"来探索美国土著文学，他认为美国土著文学是有益性话语：

"美国土著故事和诗歌有巨大的实用价值和艺术价值，它们毕竟是教千年生活在这片土地上而未破坏这片土地的民族留下的宝贵遗产……如果我们想学习如何在地球上生存，我认为对美国土著文学的研究是最好的和最有效的方法之一……这一思想、这一知识传统的基本主题是人类与其他生物之间的关系。"

当然，过于理想化地对待那些可能已经存在生态破坏作用的文化或照搬照用因错误解读而不再反映原人群、原故事的话语是很危险的。重要的是，不要认为一种文化是可持续的就证明其话语"起作用"，也不要认为来自于远古文化的语篇就真实记录了古文明故事。

对于任何话语，我们能做的是分析其语言特征及其所传递的意识形态，把这些意识形态与生态观相比较，并推动那些与生态观相一致的话语的发展。

对于有益性话语而言，最后一个阶段是推广。推广一类话语并不意味着推广特定的语篇，如卡森（Carson）笔触生动的科普读物《寂静的春天》（图 2-1-1）。我们要推广的是能传达有用故事的写作或言说方式。

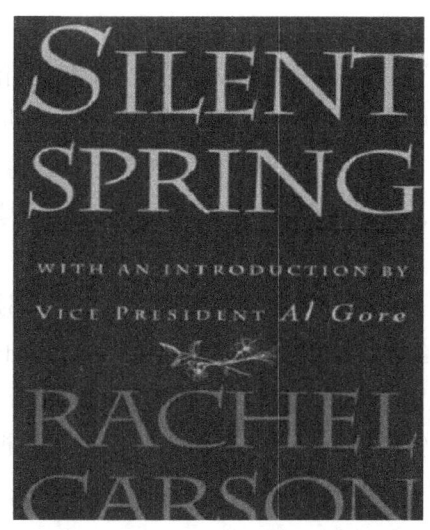

图 2-1-1　卡森《寂静的春天》

（四）新古典经济学话语

在我们信奉和践行的故事中，新古典经济学话语的地位举足轻重，经久不衰。它在教育领域无处不在。2013 年，一个名为"反思经济学"的线上组织成立了，它以"创造新的经济叙事，挑战和丰富占主导地位的新古典叙事"为宗旨。

需要认识到，新古典经济学话语用语言形式创造了"消费者"这一角色，并给其贴上标签，将其描述为只追求自身利益最大化的利己主义者，只有买买买才能让他们心安，他们买无止境，永不知足。

根据美国《国家地理》杂志的绿色指数调查（Grcendex2012）来看，与贫困国家相比，富裕国家的人对环境的负罪感相对较少；而新古典经济学下的"消费者"故事仅凭世界上最富裕国家的经济分析师的假设和直觉得来，对人类意义的探讨可谓简单粗暴。然而，经济理论一旦形成，企业和政府决策者便会以此为参考，做出影响人们生活和行为的决定。

这样可能带来的风险是，为了创造一个资源得到有效分配的、不断增长的经济体，政策制定者会鼓励人们像新古典经济学所描述的消费者那样行事。"没有比'贪婪'更好的词语了。"影片《华尔街》中虚构角色戈登·盖柯（Gardon Gekko）所说的台词使得"自私的消费者"从一个描述变成了人们理想的目标，间接地反映在政客们的话语中。鲍里斯·约翰逊（Johnson）曾说，"不平等有利于人们维持嫉妒和攀比的劲头，它和贪婪一样，是经济活动的重要推动力"。

如果人们没有填不满的需求和欲望，广告就会介入其中，创造需求和欲望。

也有证据表明，只读一些描述外在（以自我为中心的）价值——如"效用最大化"或"利润最大化"的语篇，就足以影响人们的态度和行为，使他们变得不那么有同情心，也不大愿意参加志愿者活动或做出保护环境的行为。亚当·格兰特（Grant）通过描述多方的证据证明，学习传统经济学学位课程让经济学专业的学生变得更自私自利，他甚至得出结论："单单思考经济学也会减少我们的同情心"。

考虑到许多身居高位的人（政府官员和商界领袖）都接受过经济学的训练，或者要听取那些接受过经济学训练的幕僚的建议，我们有必要关注这个问题。我们可以认为，新古典经济学的话语与生态观原则相悖。新古典经济学以"效率"为目标，它并不提倡将资源由富到贫进行重新分配，而是提倡过度消费，以建立贪得无厌的消费者模型——这样的消费者试图通过购物来实现个人满足最大化，作为实现效率的途径。

艾森斯坦为我们提供了"人类故事"的另一种可能。他的书充分使用对比手段，把当代新古典主义描述世界的方式置于聚光灯下，让人们审视它、拒绝它并找出替代方法。例如，他把传统经济学的观点描述为"独立的个体之间对有限资源的争夺"；考虑到这一观点的缺陷，他提出了基于"充裕与互惠"的替代观点。

艾森斯坦的新故事建立在充裕、团结、完整、慷慨、公平分配、自在、安逸、合作、资金流通和物质循环的经济体系之上。在讲述这个故事时，艾森斯坦使用的语言与古典经济学所使用的语言非常不同，具体表现在对词汇的选择以及对语法特征、代词、预设和施事系统的使用等方面。下面的段落简要陈述了他的观念：

"社会分红、成本内在化、（经济）增速放缓、丰裕经济以及互惠经济，这一切使我们远离了争斗的、以生存为上的心态，也因此远离了功利主义的效率心态，从而真正学会感恩：我们尊重我们所得到的一切，也渴望能以同等程度回馈他人，甚至为他人做得更多；我们希望世界因我们变得更加美好。"

这段话并没有使用"消费者"这一类别概念，而是使用了较宽泛的代词——"我们"和"我们的"，把读者和作者描述为参与经济活动的施事主体。它借鉴了新古典经济学"功利主义效率"的故事，也创建了一个新的探讨人类意义的图式，从而体现出互文性。

在对这个新模型的描述当中，他运用了高情态值来体现人们慷慨无私的本性：同位结构把"我们真正学会感恩"直接与尊重和渴望给予等同起来；在短句"我们希望世界因我们变得更加美好"中，"我们希望"这一表达没有像"我们也许希望"或者"我们大部分人希望"那样拐弯抹角、含糊其辞，"我们"这一代词的使用，直接将读者定位为无私和富有同情心的人。也就是说，这个表述让读者看到自己是什么样的人。据保罗·希尔顿等人（Chilton）研究发现，此类表述可以成为自我实现的预言。他们认为，仅仅阅读与内在（无私）价值相关的文字就能鼓励读者对社会正义和环境表达出更多关注。

随着更广泛的"新经济学家"群体对语言特征的使用，它将会成为一种话语——新古典经济学主流话语的可替代性选择。生态语言学的作用是去分析这些可替代性话语，像检验破坏性话语一样认真分析；当这些可替代性话语讲述的故事与分析者的生态观相一致时，就要把这些故事推广开来。

三、新时代生态文明话语内容的类型

党的十八大以来，习近平总书记为推动生态文明建设发表了一系列重要讲话，形成了习近平生态文明思想，这些话语立意高远、内涵丰富。习近平生态文明思想是新时代生态文明话语的全新内容，对话语内容的深刻解读与把握，有助于全面提升生态文明建设的自觉性。本书认为，这些话语也是生态话语的重要体现，因此，本书以下对于这些话语的类型进行了一定的分析。

（一）核心话语

社会主义生态文明是新时代生态文明的核心话语。我国根据人类社会的发展规律，顺应人民群众对美好生活的向往，虽有没生态环境的追求，提出了社会主义生态文明这一深入人心的理念。社会主义生态文明是以共产党为领导核心的生态文明，党的十七大首次提出"生态文明"这一科学理念。党的十八大将生态文明纳入中国特色社会主义事业"五位一体"总体布局，将生态文明建设作为协同推进中国特色社会主义伟大事业前进的重要动力之一，五大建设是一个系统的整体，社会主义文明是由物质文明、政治文明、精神文明、社会文明、生态文明构成的系统，不能脱离其他四个文明来谈生态文明。党的十九大进一步指出中国要建设现代化是人与自然和谐共生的现代化，明确建设社会主义生态文明是中华民族永续发展的千年大计。社会主义生态文明在生态文明建设长河中的核心地位一步步确立，新时代生态文明话语体系建构应紧密围绕社会主义生态文明这一核心话语。

（二）本体论话语

生命共同体和人类命运共同体奠定了新时代生态文明的本体论基础。习近平总书记多次强调要运用系统论的方法进行生态修复和治理。"生命共同体"作为新时代中国特色社会主义思想的原创性话语，一方面揭示了人与自然是一个有机统一体，两者的发展不应该以某一方的牺牲为代价，要和谐推进，协同发展，是中国生态文明建设的系统治理话语。另一方面揭示了人与自然之间的存在共生、共存、共控、共荣的关系，高度概括了新时代生态文明建设的战略性与重要性。"人类命运共同体"是新时代中国特色社会主义的又一创新话语，无论于中国与世界的关系，还是对中国生态文明建设与全球环境治理的关系的阐释，它都是具有引领作用的新理念。一方面，人类命运共同体作为满足全球治理要求的可能性选择，打破了世界各国独善其身的发展方式；另一方面，为世界各国加快发展提供了新的视野和新的价值选择。两个"共同体"理念为新时代生态文明话语的生成提供了基本依据。

（三）基础性话语

"两山论"是新时代生态文明的基础性话语。习近平总书记在浙江考察时面对绿水青山遭到破坏的状况时即兴评论"既要绿水青山，又要金山银山，绿水青水就是金山银山"这一话语打破了经济发展与生态建设之间根本对立的模式，从根本上建立起生产力与自然资源的内在统一关系。之后，习近平总书记又发表了新的论述"我们既要绿水青山，也要金山银山。宁要绿水青山，不要金山银山，而且绿水青山就是金山银山。"进一步明确了在经济发展和生态环境之间发生取舍时，要将生态环境放在首位，以良好的生态环境促进经济增长。随着社会主义生态文明建设实践的不断深入，"两山论"话语的内涵也在不断深化，体现了生态环境在经济发展过程中的重要地位，深刻地揭示了为实现人类的可持续发展必须要协调"两山"关系。同时，"两山论"的已成为全国大力推进社会主义生态文明建设的基础性话语。

第二节 生态话语分析的内涵

在上文中，本书对于生态话语的类别进行了具体的分析，并且也带领读者对于什么是话语、什么是话语体系等内容进行了了解，相信通过这样的分析，读者可以对于生态话语有一个初步的认识。下面，本书尝试对于生态话语分析的内涵进行探讨，以期促使读者得到更全面的理解。

一、不同学者对于生态话语的分析

系统功能语言学家 Michael Halliday 在 1990 年第 9 届国际应用语言学大会上，针对语言意义的识解和生态要素之间的关系，发表了题为"表意的新方法：对应用语言学的挑战（New Ways of Meaning The Challengeto Applied Linguistics）"的演讲，他对语言中"增长主义""等级主义""人类中心主义"等的精辟论述，引起了人们极大的关注生态的兴趣。这种生态语言学的研究，主要关注的是语言如何影响环境，它被认为是生态语言学研究另一种范式的开始，称为生态语言学研究的"韩礼德模式"。它主要关注的是如何通过分析、研究和改变语言，以改变人们对待自然或环境的认知。

演讲中关于生态的精辟论述，引起了更多学者开始关注语言对生态环境问题的影响。根据 Halliday 的方法研究语言对生态或环境的影响的核心观点是：语言建构人们的意识形态和世界观，在改造和转换语言的基础上，形成新的生态意识，最终改变人们对待环境、生态的态度，这就需要对语言或话语进行深入分析。

Goatly（1996）回应 Halliday 的论述，对语言进行本体分析，认为名词化更符合生态观，同时探讨了盖亚理论（Gaia Theory），并在此基础上提出生态批评话语分析（Ecological Crntical Discourse Analysis，ECDA）的概念。他认为可以从语言的及物性分析、作格分析、隐喻分析等几方面着手，研究语言、改善语言，使语言更加符合当今的生态观。澳大利亚生态语言学家 Muhlhasler（1995，1996，2003）的系列研究，也将语言生态和对语言使用的批评性分析联系在一起，形成了生态语言学中"生态批评方法"（Eco-critical Approach），促成了 20 世纪 90 年代生态语言学的"批评转向"。基于系统功能语言学理论，批评话语分析为语言或话语的研究提供了一个独特的认识世界，建构经验的路径。因此，随着生态语言学的发展，"生态批评方法"或"生态话语分析法"日趋成熟，成为研究语言和生态之间的关系的主要方法，促使了生态语言学在研究对象和研究方法等方面向多元化的方向发展。

生态话语分析成为生态语言学主要研究方法的同时，其研究范围在不断延伸，研究内容也在日益丰富。Fill 认为生态语言学研究的任务包括：各种适当的语言理论；语言系统与语言文本；与生态问题相关的普遍语言特征；研究单个具体的语言；研究语言在获得"生态读写能力"方面的作用。因此，生态语言学研究已经从语言、生态的二元分析，转到研究语言、生态、环境以及语言与这些生态要素之间的关系，即生态语言学进入了多元化发展的阶段。

同时，学界对语言与环境之间的关系的讨论也在如火如荼地进行着。不同的学者持有不同的语言观，对语言与各生态要素之间的关系有不同的理解和看法，得出的将是不同的生态语言学观点。如 Doer & Bang（1996）、Steffensen（2009，2012）、Hodges（2010）、Fowler & Hodges（2011）、Cowley（2011）、Steffensen & Martin（2012）等学者先后对语言的本质、语言的功能，语言与各个生态要素之间的关系等主题作过论述。2014 年，《语言科学》（Language Sciences）出版专辑，对这方面的主题展开集中讨论，其中包括 Garner、Hodges、Bang & Trampe、Finke、Cowley、Doring & Zunino、Uryu、Steffensen & Kramsch、Steffensen & Fill 等在生态语言学领域较为活跃的学者的论述。这些研究从不同的层面，加深了解语言与各种生态要素之间的关系，生态语言学研究正在经历着一个多元化的发展历程。

黄国文（2016）指出，生态语言学研究的一个路径就是对话语采取生态视角的分析，然后结合生态哲学观对话语进行解释和评估。受系统功能语言学语篇分析理论和批评话语分析方法的影响，戴桂玉和仇娟（2012）、辛志英和黄国文（2013）、辛志英（2014）、赵蕊华（2016，2018）、黄国文和陈旸（2017）、黄国文（2016，2017）、黄国文和王红阳（2018）、何伟和魏榕（2017，2018）、何伟和张瑞杰（2017）、何伟和耿芳（2018）、张瑞杰和何伟（2018）等，将系统功能语言学的理论和方法融入生态话语分析研究中，致力于探索一套基于系统功能语言学的生态语言学研究方法和分析框架，旨在将"功能生态语言学"当作系统功能语言学的一个新的发展方向。

同时，黄国文和肖家燕（2017）引用"人类世"的概念对生态语言学开展研究，旨在通过这一领域的研究和生态话语分析，提高人们的生态意识，呼吁他们参与环境保护，构建和谐的人与自然的生态环境。还有其他很多学者（如何芳芝，2016；刘杨，2017；孟愉、刘国鉴，2017；齐曦，2017 等）将生态话语分析的方法，应用到生态环境保护、语言教学、写作等其他领域进行生态语言学的实证研究。自此，国内生态话语分析展现出多样化的发展态势，充分体现生态语言学在国内发展多元互补的特点。

生态话语分析的标志性成就则是 2015 年 Stibbe 的著作《生态语言学语言、生态和我们赖以生存的故事》。在该著作中，对于生态语言学的分析理论和分析框架，Stibbe（2015）坚持"可用"的观点，将批评话语分析理论、框架理论、隐喻理论、评价理论、身份认同理论等，融合到他的生态话语分析理论之中，并以环境语篇、广告语篇、新闻语篇、农业经济文件、生态系统评估报告、经济学教科书等大量语料为例,按照语料收集、语料特征分析、语料意识形态的揭示、话语特征与生态哲学的对照、做出生态判断几个步骤,开展生态语言学的四维话语分析(图2-2-1)。这种生态话语分析范式的目的在于,对照话语分析的生态哲学观,做出生态判断,区分出"有益型话语"(Constructive Discourse)、"混合型话语"(Ambivalent Discourse)、"破坏型话语"(Destructive Discourse),进而培养和提高话语或语言使用者的生态话语意识(Discursive Ecological Awareness),建构更多有益型话语,改造和完善混合型话语,抵制破坏型话语。Stibbe的研究充分体现了生态语言学的"多样性、开放性、包容性"特征。

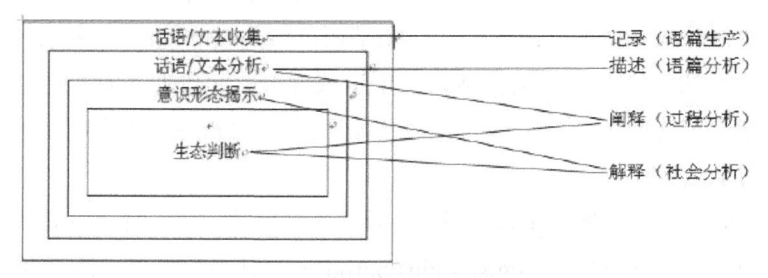

图 2-2-1　生态话语四维分析模式

总的来说,生态语言学产生于生态环境不断恶化、生态问题日益突出的大背景下,经历四十余年的发展,已经从最初的隐喻概念发展为一门"健全的学科"。目前学界普遍认为,生态语言学有豪根范式和韩礼德范式两大研究路径;同时,生态科学与其他社会科学结合也产生了丰富的新兴交叉学科,如生态文学、生态翻译学和生态话语分析等。而生态话语分析就是非常重要的一个研究方向,又可归属于生态语言学范畴,它是在生态语言学框架下进行的话语分析,主要采用认知语言学方法或系统功能语言学方法对话语中的生态意识进行分析,聚焦语言与环境的相互作用,关注语言生存和发展的生态环境,以期唤起人们的生态意识。

二、生态话语分析的多维度内涵

要对话语进行多维度生态分析,从哪些维度入手尤为重要。例如,赵蕊华(2016)在研究海洋生态评估报告时发现,对动物身份的构建是话语语义层、语域层和词汇语法层共同实现的。在生态报告中,对动物身份的构建反映出发话人的生态意识。多维度生态话语分析则是从话语的语类结构、及物性过程和态度系统三个方面对语料进行分析,讨论话语中的生态文明观是如何体现的。具体而言,分析的内容包括：(1)语料的语域和语类结构，体现生态文明观在话语层面的宏观特点；(2)态度资源的使用情况，体现生态文明观在词汇语法层的表现形式；(3)及物性过程，体现人们在生态文明建设过程中的经历与感悟。

（一）语域和语类

语域涉及话语范围（field of discourse，又称"语场"）、话语基调（tenor，又称"语旨"）和话语方式（mode，又称"语式"）三个变量。话语范围涉及"话题"（subject matter）和"场景"（setting），其中话题分为"技术性的"和"非技术性的"。话语基调包括指交际双方社会角色关系的个人基调和指话语目的的功能基调。其中，个人基调可能是亲密的或疏远的，功能基调可能是教导性的、说明性的、描写性的或说服性的。话语方式则指话语的渠道或媒介，可能是书面的或口头的，也可能是介于二者之间的"写来读的"（如演讲稿）或"读来写的"（如教师课堂话语中的听写）。

Hasan（1978）将语类（genre）定义为"语篇的类型"，Thompson（2008）则将其定义为"语域加目的"（register plus purpose），其中包括了"话语者为了达到交际目的所做出的话语行为和话语中语言事件的组织方式"。语类结构潜势是语类研究的一个重点，主要包括必备成分、非必备成分、成分出现的顺序和成分的反复出现等四个方面的研究内容。"语类结构能表明一系列语篇结构实现的最明显的特点。""语类是一个有阶段的、有目的的一个文化成员参与的活动，它表明人们如何通过语言完成一件事或一项社会活动。"语类结构表现了人们完成社会活动的过程，比如通过对新闻进行语类成分分析，可以看出作者对生态问题的态度。

（二）及物性

经验功能是指"反映客观世界和主观世界中所发生的事、所牵涉的人和物以及与之有关的时间、地点等环境因素"。而经验功能主要"是通过及物性系统来实现的"。

及物性（transitivity）是话语经验功能的一个重要体现方式，实现人们对现实或内心中各种经历的表达。及物性系统将人们在现实世界中的经历、感悟等经验划分为行为过程、心理过程、动作过程、关系过程、存在过程和交流过程几个类别，每种过程又涉及参与者（participant）和环境成分（circumstantial element）。

（三）态度资源

态度系统是评价系统的一个子系统。"评价关注语言的人际意义"，评价的内容是"话语中协商的态度、牵涉的情感强度和价值，以及与读者的联盟的形成方式"。态度系统对应语言的人际功能，而人际功能是发话人作为"参与者"的一种参与功能，通过这个功能，发话人表达自己的情感、态度、价值观，"并试图影响别人的态度与行为"。也就是说，在很多情况下，发话者的言语行为也可以对情景、人及他人的话做出评价。人的思维方式、习惯性的信念和价值观等"深深植根于话语之中"，并时刻影响着受话人的情绪和价值观。

"态度系统是评价系统的一个子系统，用于评价人的情感、行为及事物的价值。"因此，通过评价系统对话语进行分析，可以更加清楚地揭示话语背后的生态意识。

态度系统包含情感、判断和鉴赏三个子系统："表达感情的称为情感（affect），评估人物品格的称为判断（judgement），评估物体价值的称为鉴赏（appreciation）。"

情感属于心理范畴，是对客观世界在心理上做出的情感反应。情感意义分为肯定与否定，分别表达发话人正面积极或负面消极的情感反应。

判断系统"属于伦理范畴，是根据伦理道德的标准来评价语言使用者的行为"，其评价标准是社会主流价值观，正面含义的判断值得弘扬，负面含义的价值则应当谴责。

"鉴赏系统包含了处于美学这个大范畴下的价值。"鉴赏系统的取值同样有正负之分，并可以影响读者的情绪。

因此，态度系统分析可以看出发话者对某客观实体的态度，同时可以帮助我们了解语篇是如何影响读者价值观取向的。

（四）总结

通过上述分析可知，在新闻话语中，生态文明观蕴含于语域、语类结构及物性过程和态度资源的使用等方面。就《魅力沈阳》来看，话语的语场是生态修复举措给沈阳市带来的变化，这种变化以生态治理举措为转折点，通过对比治理前后沈阳生态环境的变化得出，所以在语类结构上安排了"历史状况""生态举措"和"现状"等必要成分。历史状况中重点介绍"人类中心主义"发展观对生态环境造成的负面影响，以负面的判断资源和鉴赏资源为主。"生态举措"和"现状"两部分介绍了生态改善措施及其对沈阳的正面影响，态度资源使用正面的判断和鉴赏，这样的对比体现了生态文明要求社会从"人类中心主义"的发展观转变成绿色发展观。而针对"人"的正面情感资源在体现人们对生态文明建设的认同的同时，也表达了"人的幸福生活离不开良好的生态环境"这一生态幸福观，这也进一步强化了生态文明建设的必要性和科学性。

由此可以看出，生态文明观并不是在某一方面孤立存在的，而是系统地体现在语域、语类、及物性过程和态度系统等多个方面的，这个"系统性"应当是有益性话语的一个重要特征。

除了系统性之外，生态性话语还应当具有其他的特征。本书发现的第二个特征是客观性。话语的语言对象是自然生态，而过度地强调人类在生态中的地位和利益有可能体现出过多的"人类中心主义"痕迹。

所以，生态性话语的小句中，及物性过程的参与者、动作过程中的施事，包括一些环境成分和属性，要以客观实体为主；整个话语的态度资源以鉴赏和评价为主，这样就避免了情感资源可能造成的主观性。话语中客观地介绍或描述自然生态，使得人人并非以"自然的主人"这样一种姿态出现，而是处于"参与者"的地位，自然生态的兴衰直接影响人类的发展与繁荣，这样的话语与"人类中心主义"的主张不同：它正确、科学地重新审视了人类的地位，而没有过度夸大人类的能力。

最后，正向性。这个特点是关于态度资源的取值。需要指出的是，生态性话语并不是完全排除态度资源的负向取值，只是在整个话语中要符合语场的要求。对于符合生态文明观的，态度资源整体呈正值：可能的态度资源取值为"＋×＋"的正面肯定的方式或"－×－"这样"双重否定"的取值方式。这样的取值方式表明了与旧发展观的决裂和对问题的认识，说明良好的生态是人类发展繁荣的重要前提，强化绿色发展观和人民的生态幸福。

总的来讲，新闻话语中的有益性话语就是以生态文明观为核心思想构建的。本书以一定的环境语篇为个案，选取我国权威媒体的生态新闻报道作为语料，从语类结构、及物性过程和态度资源等多维度进行了生态话语分析，采取有益性话语的生态话语分析方法，揭示了生态话语在多个维度的总体特点。但本书只是个案分析，结果需要更多的研究来进行检测验证，仍需结合更多语料和新媒体时代的传播特点做进一步的研究，这也是今后生态话语分析的一个重要研究方向，从而为今后新闻语类的生态话语生产提供一定借鉴。

三、生态话语内容细解

话语内容是指话语所要表达的思想内涵，是整个话语体系的核心，解决的是"讲什么"和"表达什么"的问题。话语主体在特定的时代语境及话语客体诉求反馈的基础上，将现有的基础话语概念与范畴等资源进行系统化、理论化、逻辑化地整合构成话语内容。也就是说话语内容并不是现成的，而是经过主体的整合和选择形成的。我国环境新闻中的生态话语的内容源于中国特色社会主义建设的理论与实践，是社会主义生态文明的真实写照，包含着党和人民的劳动成果，承载着中国生态文明建设的责任与担当，关乎着国家之间的长远利益。新时代，生态话语的内在核心是习近平生态文明思想，习近平生态文明思想有什么内容，新时代生态话语就应该呈现什么形式。

（一）生态话语内容的特征

生态话语内容要具有时代性。社会主义生态文明理论是在中国特色社会主义建设的历史产生的，是具有中国有特色的时代产物，富有鲜明的时代性。新时代生态文明话语内容涵盖了对"为什么建设生态文明""建设什么样的生态文明""怎么样建设生态文明"时代问题的解答。

生态话语内容具有理论性。话语内容是在思想理论的指引下建构的，马克思主义生态思想应成为生态话语内容的基础，中华优秀传统文化是生态话语内容的本来基因，西方的环境治理理念为生态话语内容的生成提供了重要启迪，习近平生态文明思想为生态话语内容提供了直接的理论指导。

生态话语内容具有实践性。"话语乃是由'实践'建构起来的，而不是由'概念'建构起来的"，话语是在实践中形成的。生态话语就是生态文明建设实践经验的生动体现和具体阐释，脱离实践的话语，是没有生命力且不具备说服力的，即使话语的内容再丰富华丽，都终将不被大众认可。

（二）生态话语内容的功能

话语内容是话语体系的核心，是话语体系赖以存在和实现的载体，具有传承功能、中介功能、载体功能。

（1）传承功能。生态话语内容的传承功能是指话语内容对生态文明建设的理论成果具有继承性。生态话语内容是宣扬生态文明思想的载体，这个载体不是临时的，不是全新的，而是在长期的生态建设实践中，对实践经验和理论成果的继承得以形成的。因此，话语内容的形成与发展要坚持创新性与继承性相统一的原则，要在继承已有的理论与实践的基础上再进行创新。

（2）中介功能。生态话语内容的中介功能是指话语内容是话语主体和话语客体之间连接中介。话语主体向话语客体传递生态建设的理论与实践成果，就必须将之转化为话语内容，通过话语内容的传输达到话语宣传的目的。因此，话语内容的中介功能为主客体之间建立起了沟通对话的平台，没有话语内容，主客体之间失去了桥梁，也就失去了存在的意义，生态话语体系的建构就不可能实现。

（3）载体功能。生态话语内容的载体功能是指话语内容是生态文明思想理论的承载平台，通过话语内容这一中介新时代生态文明思想才能得到体现。没有话语内容，生态话语体系蕴含的生态思想就失去了承载的载体，生态话语体系也就不能成立。

（三）生态话语分析与批评话语分析的区别

首先，从本质上来看批评话语分析研究的就是语篇之上的意识形态，关注的是社会意识形态在语篇中的实施和构建，该方法主要讨论人类群体、语言符号以及社会生态现状作为主体之间的关联与协同性。批评话语分析中所涉及的公众意识研究方向和生态话语分析存在交集，但后者的研究理论认为，意识层面的判断标准不仅包括社会公众所构建的共识标准，还应包括生态标准。通过上述研究可以发现，生态话语分析更倾向于研究人、语言和生态这三者之间的有机关系和相互作用，生态话语分析研究涵盖语言所处的现实环境，同时也囊括社会的生态环境。后者在生态话语分析的研究范围中占比稍多。虽然生态话语分析和批评话语分析在研究的侧重点上存在着交叉，但也绝不能将其简单地归入为批评话语分析的一个子范畴。二者既存在着共性，也存在着显著区分性。

从共性上来看，作者认为无论是批评话语分析还是生态话语分析，二者研究的出发点与落脚点都是为了帮助人类群体更好地认识世界的本质，进而认识自我在世界上所处的位置，并对指导人类行动的恰当原则进行概念化的描写与阐释，从而实现构建更美好的世界的目标。除此之外，二者对于语篇的研究走向都是一致的，都是对文本"由内向外"的一种分析。二者的出发点都不再拘泥于解释与分析文本本身，而是基于外在因素研究文本，这种外在因素包括人类意识形态，也包括生态哲学观。而且从研究者的角度来说，在研究过程中也不再是从语言到语言，而是能够提出自己的价值观念。

从区分性上来看，生态话语分析隶属于生态语言学研究的子范畴，而批评话语分析隶属于批评语言学的子范畴。除此之外，作者认为生态话语分析有其不同于批评话语分析的独特性。第一，生态话语分析并不是一种学科独立的分析，只凭借生态学知识或是语言学知识是无法有效完成生态话语分析的，通常需要借助不同学科的理论和知识，在多学科之间的进行交叉及融通研究，而且要求研究者依靠一种跨学科的知识体系，对其他学科的基本概念、理论特性及思维方法进行合理的借鉴与吸收，包括：人类学、历史学、生命科学等等。其次，生态话语分析对语言现象研究的"兴趣点"相对来说比较宽泛，并不局限于对话语的诠释，更多的则是针对语篇中关乎生态环境问题的不同观念进行挖掘与研究，这种生态观念或是积极的，或是消极的，或是模糊不清楚的。通过对这几种生态观的揭示来考察人类在所处生态环境中所需要的具象物质要素和抽象的精神要素。因此，环境话语并不是生态话语分析的唯一研究对象，其范围可以延伸至一切与生态直接有关或潜在有关的语言现象。其研究重点在关注人类文化社会的组成形式的同时也对人类物质社会历史演进方式、经济发展与个体精神状况、个体行为与生态环境变化以及人类发展实际需求等方面进行全方位的审视和研究。通过分析人类社会历史发展规律，规划现代与未来阶段人类社会发展的具体路径，并对人类的某些错误生态意识或形态进行修正，通过这种修正，生态话语分析意在构建一种视野更加广阔的生态价值观，一种着眼于自然、人类以及包含了自然和人类相互作用的整体的价值观，进而将生态话语分析对语篇的研究拓展至人类生存与发展全过程。因此生态话语分析与批评话语分析二者间既存在着共性也存在着差异性，不可将二者混为一谈。

四、生态话语主客体与载体表达的分析

（一）生态文明话语主体

话语主体是话语的制定者与实施者，即解决"谁在说话"的问题。这里的话语主体就是新时代生态文明话语的制定者和运用者，话语主体肩负着提升国家话语权的重要使命，生态文明话语的主体承担着宣扬新时代生态文明理论与实践成就的重任。随着党和国家对生态文明建设重视程度的提高，召开了一系列相关会议，制定了行之有效的政策制度，话语主体应在此基础上集合生态文明话语，建构大众认可的话语体系，向国内外民众讲好中国生态文明的故事。

新时代生态文明话语主体具有主导性。生态文明话语主体是生态文明话语体系的制定者和实施者，在整个话语体系中发挥着主导作用，主体的立场和思维方式对话语体系的性质具有决定作用。话语主体通过确定生态话语目标、设置生态

话语议题、生成生态话语内容、选取适当的话语表达方式等来决定新时代生态文明话语体系的意识形态、价值取向和表现形式，并以此主导新时代生态文明话语体系的建构进程与发展性质。

新时代生态文明话语主体具有目的性。话语主体的活动是有意识的、有预期的、有价值的追求行为。生态文明话语主体的目的是建立与综合国力相匹配的国际地位，在中国生态文明建设理论与实践的基础上，集合话语，生成话语体系，使中国特色社会主义生态文明建设得到国内及国际社会的广泛认可，破解西方国家对中国环境威胁论的不实解读，进一步提升中国的国际话语权。

新时代生态文明话语主体具有多样性。多样性是指话语主体涵盖了不同领域、不同层次，生态文明话语主体主要分为三个方面：政治话语、学术话语和公众话语。政治话语主体包括党和国家各级政府等官方机构，学术话语主体顾名思义就是指学者们对话语的关注与研究，民众话语主体是指民间 NGO 组织团体或者社会普通大众的发声，它们在不同领域、从不同角度对新时代生态文明话语进行传播。

（二）生态文明话语客体

有话语主体就一定有话语客体，话语客体是指"对谁说"，是话语内容传递针对的对象。话语客体是指话语的接受者，与话语主体相对应，是话语主体的实践和言说的具体对象，话语客体既是话语内容的传播者，也是话语成果的检验者和反馈者。

新时代生态文明话语客体具有客体性。话语客体与主体相对，在话语体系中是处于被支配的地位，话语客体作为话语的接受者，所接收的话语内容受主体传递的限制，因此在一定程度上体现了客体的受控性和可塑造性。但是，话语客体是有意识、有思想、有组织的群体或个人，在话语主体与客体的互动中，客体不会对主体输送的话语内容全盘接收，而是进行筛选和过滤后有选择性地进行整合吸纳。因此，话语客体的认可度是对新时代生态文明话语体系建构成果的检验标尺。

新时代生态文明话语客体具有主动性。在话语传播的过程中，话语客体接收到话语内容后会进行选择、过滤和加工，然后再将客体认可的信息反馈给话语主体，话语主体与客体的互动是一个循环往复的过程。客体的主动性进一步说明了话语的主客体之间并不同于普通主客体的关系，在整个话语体系中，客体并不是完全被动地接受主体的支配，它自身具有一定的主观性。它的信息反馈对主体主导性的发挥具有进一步的促进作用。当今时代，主体与客体之间的关系更趋于平等。因此，在新时代生态话语体系的建构中要着重重视话语客体主体性的发挥。

新时代生态文明话语客体具有差异性。新时代生态文明话语客体分为国内群体和国外群体。国内的客体包括地方政府、民间组织、企业单位与社会大众等，国外的客体包括外国政府、媒体、民众以及国际联盟组织等。国家与国家之间涉及意识形态的差异，客体之间的价值观念、宗教信仰、成长环境存在较大的差异，对话语内容的理解度和接受度也各不相同。因此，话语的传递应该关注受众群体的层次性与多样性之别，采取不同的内容传递方式，以更好地实现话语体系建构的效果。

（三）生态文明话语表达

话语表达是指对话语内容的传播，是话语主体有意识地将话语内容外化的一个过程，体现了"如何说""怎么说"的方式。话语的表达应有感染力，吸引力和影响力，否则再好的话语内容没有合适生动的表达方式也难以得到良好的宣传效果，相同的话语内容以不同的话语方式表达，效果也会大相径庭。话语体系在确定好"说什么"之后，就要解决好"怎么说"的问题，新时代生态文明话语表达要紧跟时代的发展，适应时代的变化，不能落后于时代，且与话语内容相匹配，如若话语表达方式与内容不相匹配，主客体之间将难以建立有效的联系。同时，在话语的表达中应注意实现主客体双向的交流，绝非主体一方的单向传达，只有双向交流，才能在循环往复的过程中检验话语的真理性。

新时代生态文明话语表达具有时效性。话语主体与客体之间的沟通，即话语内容的传递都需要在一定的时间内快速完成，否则话语内容就可能因为语境和议题的变更失去了原有的意义。话语表达就是在话语主客体之间建立起话语内容传递的桥梁与纽带，及时将话语内容传送给客体。因为新时代生态文明话语是不断更新的，所以话语表达必须与时俱进，不能落后于话语内容的生成。

新时代生态文明话语表达具有输出性。话语表达就是话语内容的输出，新时代生态文明话语主体通过生态会议的召开，生态论坛的举办，生态专题教育的开展，媒体的宣传报道等表达方式将话语内容输出给话语客体。如果没有话语的输出，话语内容将如同一洼死水，难以扩散。正因为话语表达具有输出性，话语内容才能实现流动。

五、生态话语分析的案例

（一）语料分析

1. 语料简介

《光明数字报》作为中央宣传部直接领导的官方媒体，在宣传生态文明方面必然以生态文明观作为其指导思想。所以，《魅力沈阳》是有益话语文本（beneficial discourse）的一个典型例子。本书参考了Stibbe对话语文本研究的路径，主要探讨新闻报道中生态话语文本的特点。

2. 语料的语域和语类特征

语域方面，《魅力沈阳》讲述了沈阳市的三条河流在生态文明建设前后的变化。它面向来自各行各业的普通民众，属于大众性的阅读材料，所以话题是"非技术性的"。个人基调是"亲密的"，功能基调是"描述性的"。话语完整地呈现了生态改善带给沈阳人民的积极影响，采用这样的话语基调有助于拉近作者与读者之间的情感距离，使得话语更容易被读者理解、接受的同时，也有助于让生态文明建设的目的通过沈阳市这个例子传达给全国读者，从而引起读者对生态文明建设的认同。《魅力沈阳》与以报道事件为主要目的的新闻话语在语类上有很大不同。该语篇中并非以介绍事件为主要目的，语类成分的出现顺序与新闻语篇也不尽相同。《魅力沈阳》是由四个次语篇构成，其中三个次语篇介绍了沈阳市三条主要河流的生态改善情况、每个语篇分别介绍一条河流。

（二）及物性

《魅力沈阳》介绍的是生态治理工作使沈阳市三河生态由坏到好、百姓乐享生态改善成果。在话语中运用动作过程，将三河治理工程和人们的活动作为主要内容进行介绍，而关系过程则用于介绍生态治理举措带来的变化和某时期特定的生态状况。最后，存在过程集中出现在语篇语类结构的"地理位置介绍"部分，用于介绍三河的地理位置。各及物性过程具体分析，如表2-2-1所示。

表2-2-1　及物性过程

过程类型	语言表达	含义和功能
关系过程	"沈北新区黄家街道的腰长河村是锡伯族聚集村"	一方面说明了生态治理的重要性，另一方面也暗示良好的生态环境是长远发展的前提和保障，体现了绿色发展理念。
动作过程	"排污口全部被掐断"	介绍治理工程和人们的活动。这些动作表明人们已经在行动上表现出改善环境的意愿。

续表

过程类型	语言表达	含义和功能
心理过程	"走一圈儿""集体入股"	人们的安居乐业或经济的蓬勃发展离不开生态良好这个前提。这些心理过程对前文起到一种"升华"或"衬托"的作用。
交流过程	"共同谋划、决策,决定集体入股"	大家一起做决定,共同为治理环境而努力。这种交流过程体现沈阳人民齐心协力改造出优良环境的决心。
存在过程	"浑河发源于抚顺清源县长白山支脉滚马岭"	介绍三河的地理位置,让读者大致了解三河对于沈阳市重要的地理意义。

（三）态度系统分析

语料中,7个评价主体为"人"的评价资源全部使用了"意愿类"的情感资源,用于描述人们在看到生态改善的好处后对继续投入生态文明工作的愿望和决心。例如:"沈阳人决心将混合两岸打造成具有国际影响力的城市发展新轴线""49户村民……决定集体入股"等。另外,这样的叙事方式有意隐藏了"人"的因素,从而突出了生态环境本身的主体地位和重要性,与7个评价"人"的情感资源配合使用,说明了人的发展和繁荣离不开生态良好这个前提,充分展现了绿色发展观。此外,人类/非人类态度资源的使用情况,积极/消极态度资源的使用情况,如表2-2-2、表2-2-3所示。

表2-2-2 人类/非人类态度资源的使用情况统计

评价主体（Hum/N-Hum）	种类数	使用次数
人类主体（Hum）	5（省委省政府、"你"、村民、沈阳人、年轻人）	7（9.72%）
非人类主体（N-Hum）	7（浑河、辽河、蒲河、三河、污染、腰长河村、沈阳）	63（90.28%）

表2-2-3 积极/消极态度资源的使用情况统计表

态度资源	积极	消极	总计
判断	11	20	31
鉴赏	23	4	27
情感	11	1	12
总计	45	25	70

上文提到，该新闻话语四个次语篇的语类结构包括"现状""生态举措""过去状况"等部分，而这几个部分的顺序排列对弘扬主题具有重要的作用。每个语类成分的功能都影响着这些成分中态度资源的使用，而态度资源则进一步巩固了这些语类成分的功能。

从语类结构看，"生态举措"成分是话语语义逻辑的转折点，是生态环境由坏变好的关键。所以，在其前面的"过去状况"部分，评价主体多为"人类中心主义"发展观的产物。值得注意的是，在语篇中消极的评价资源全部集中在这一部分；这些消极的态度资源以判断为主。此外，还有少量的情感资源和鉴赏资源，表现了人们对生态污染的厌恶，同时暗示了生态治理的决心。

"判断系统属于伦理范畴"（王振华）。在判断系统中，一个标杆便是法律规范和共有的价值观。语料中的负面判断用到的资源词很多都是"人类中心主义"的落后发展观对生态造成的消极影响。在"过去状况"语类结构成分中，这些消极的判断表达了对旧发展观的否定，说明社会中主流的生态伦理准则和价值观已经发生了转变，同时也表明了作者与旧发展观决裂的决心以及对绿色发展理念的认可和接受。相比之下，在"生态举措"和"现状"部分，以积极的态度资源为主。这种情况的一个典型小句是："数以百计效益低下、污染严重的企业被关停或迁走"。

第三节　生态话语分析的指导思想

一、Stibbe 的生态哲学观

根据 Stibbe（2015）的观点，生态哲学观（ecosophy）的核心可以高度凝结成一个词，即"生活！（Living！）"。需要注意的是，该词后所附带的感叹号并不是通常意义上的标点符号，而是具有指示的属性，用以表明该定义下的"生活"指的并不是普通意义上的生活方式，而是被重视的、赞扬的、尊重的以及肯定的生活类型。这个核心又可以进一步扩展为 7 个核心参量，包括：（1）重视生活；（2）福祉；（3）现在和未来；（4）关怀；（5）环境极限；（6）社会公正和（7）适应性。

第一个核心参量"重视生活"强调不仅要重视人类群体本身拥有的生活，还要重视现有生态环境中所存在的所有物种的生活。这种"重视"可以体现在从物质世界到经验世界的方方面面，可以是有意识的自觉进行"重视"，也可以是无意识的依据本能进行"重视",甚至也包括在盲目的情况下进行的"重视"。只有给予生活以关注和重视,人类才会变得热爱生活、感恩生命,才会对其他生命产生情感联结进而爱护生态环境中的其他生命体。

第二个核心参量"福祉"强调生活的幸福感。"生活!"的语义内涵并不等同于"活着"的语义内涵。现有的某些人类社会发展方式正在削弱生活本该拥有的幸福感,如过度开采、过度砍伐、过度放牧、建立有污染的工厂排放大量污染物等。人类谋求物质上的福祉并应该以牺牲生态环境为代价,生活的目标绝不是为了生存,而是为了高质量、幸福地活着。在强调人类福祉的同时也要关注其他物种的福祉,不要以牺牲其他物种利益的方式来谋求人类自己的福祉。

第三个核心参量"现在与未来"强调"生活"的时间属性。人类不能仅仅着眼于当下现有的生活,而是要以可持续发展的眼光对待人类的未来。发展方式既要满足于当代人类的生活需要,又要保证对后代的生活不构成危害,在达到经济发展的同时,保护好生命赖以生存的自然资源和生态环境。

第四个核心参量"关怀"强调平等地去善待各种生命体。现代文明的扩张不可避免地要以牺牲动植物的权益为代价,位于食物链顶端的人类也不可避免地要以消费动植物的生命来满足各类营养需求。诚然"物竞天择,适者生存",但人类也应该对那些因为自己在谋求福祉的过程中而为其他物种带来伤害的行为,抱有同情之心、悔过之心和感恩之心。同情之心要求人类意识到自己行为的灾害性,人类个体的行为不应该为其他物种的自然生活带来伤害或灾难;悔过之心要求人类常思己过,对于已经造成的伤害进行忏悔,避免扩大伤害的波及范围;感恩之心要求人类珍视赖以生存的生态环境,要懂得关爱自然保护自然,要在受恩与自然的同时施恩于自然。

第五个核心参量"环境极限"强调适度消费生态环境的重要性。人类赖以生存的自然环境并不是没有消费限度的,生态系统虽然具有一定的自我调节性和恢复性,但终究不是没有终点的,当人为的或非自然因素的干扰超出了环境负荷的极限,生态系统就会遭到严重且不可逆的破坏,进而无法再继续提供给人类可持续发展的生存条件。因此在环境极限内尽可能缩减生态消费是必要的。

第六个核心参量"社会公正"强调生存资源分配的公平性和公正性。所有存在于生态系统的生命体都有权利享受到平等的生态资源,无论贫富和阶级,无论种族和国别。从某种角度来看,实现社会公正就是在促进人与人之间的和谐,只有人类实现了内部和谐,才能更加顺利地达成人类与生态之间的和谐。

第七个核心参量"适应性"强调转变生产生活方式的必然性。严重的生态破坏已经存在，面对不可逆的环境问题，改变人类的生产生活方式迫在眉睫。要加快转变经济发展方式，积极应对生态问题所带来的挑战。

根据上述生态哲学观的七个核心参量，能够进一步将语篇划分为有益性话语（beneficial discourse）、破坏性话语（destructive discourse）和中性话语（ambivalent discourse）。有益性话语即那些符合生态哲学观的话语，值得人类去推崇、鼓励和践行；破坏性话语即那些违背生态哲学观的话语，需要人类进行质疑、批评和抵制；中性话语即那些引发人类争议的话语，既具有有益性，也具有破坏性，在具体识别时需要以思辨的眼光去分析。借助于生态话语分析能够揭露不同话语类型背后所隐含的意识形态，帮助提高读者的环境意识和生态意识，从而有效地抵制破坏主语，改进模糊话语，提倡有益话语。

二、马克思主义生态思想

马克思恩格斯生活于工业革命时期，虽然当时生态环境危机没有全面爆发，但已显露端倪。马克思在《巴黎手稿》和《资本论》等著作中均有对自然环境的阐述，蕴含着生态环境哲学思想。《手稿》中马克思通过对自然、社会、人的考察，指出自然是人类的"无机身体""人直接的是自然存在物""人靠自然界生活"，体现出自然界是人类赖以生存和发展的基础的生态哲学。《手稿》中指出动物与人的根本区别在于人善于发挥主观能动性，在满足自身需要的同时还能在遵循客观规律的基础上改造自然界，而动物只能一味地以自身的需求开展"生产"，这句话体现出人具有主观能动性，遵循客观规律改造自然界。马克思在《资本论》中对生态环境问题产生的原因、生态环境问题的影响、生态环境问题的化解三个层面均有阐述，其中蕴含的生态思想既是对前期著作中生态环境问题的继承与发展，也较为全面地体现了马克思主义的生态思想。建构新时代生态文明话语体系应始终以马克思主义生态思想为指导，坚持唯物论和辩证法对马克思主义理论中揭示的生态思想深刻厘析，继承与发扬马克思主义生态哲学，为话语体系奠定坚实的哲学基础。

三、全球环境治理话语体系

环境问题没有国界，20世纪60年代以来，国际社会清晰认识到环境问题产生的种种因果。为应对环境问题，全球环境话语体系开始建构，经历了"生存主义""可持续发展""生态现代化"三个阶段。20世纪60年代到70年代，国际环境危机、能源危机爆发，生存主义基于时代危机感、紧迫感，提出经济发展和人口增长将受到环境问题的制约，经济发展与环境保护难以两全，应该在两者之间做出取舍，对人类的发展进行统一管理。20世纪80年代至90年代初期，全球经济低迷，可持续发展话语体系指明制约不是绝对的，人类可以通过技术与社会组织有效的管理和改善来改变它；经济增长、环境保护与社会公正是相互协调可持续发展的，人类应树立整体思维，推动三者共同发展。20世纪90年代以后，全球化程度不断加深，世界上任何一个国家和地区都面临着严重的生态环境问题，生态现代化话语体系成为当下流行之最，它以现实、自信的态度指出经济增长与环境保护并不矛盾，政治经济的发展可以沿着更有益于环境的路线进行改善，而不是否定现有体制去寻求另一种完全不同的制度应对当前面临的环境危机。生态现代化对中国目前的发展影响最为深刻，对生态文明话语具有深刻的启示，为建构新时代生态文明话语体系提供战略行动的参考坐标。

四、习近平生态文明思想的指导

习近平生态文明思想的八个基本命题，构成新时代生态文明话语体系的基本理论框架，体现了生态文明建设的基本立场和理论方法，生动地展现了社会主义生态文明观的价值内涵。

第一，人与自然和谐共生。党的十九大报告创造性地提出"人与自然是生命共同体"，这一论断深刻揭示出人与自然是有机的统一整体，展现出荣辱与共的整体性，同时应清楚认识到人类社会的发展是依赖于自然，而不是征服自然，这一表述实现了马克思主义唯物论和辩证法的统一，为社会主义生态文明建设提供了本体依据。第二，生态兴则文明兴。习近平总书记提出这一科学论断，体现了社会主义生态文明重大且漫长的历史使命与责任，为社会主义生态文明建设提供了生态史观的依据。第三，绿水青山就是金山银山。这一基本命题揭示了生态与经济之间的密切关系，不能只追求高速度的经济增长，而要树立生产力发展与环境保护相统一的科学理念，为社会主义生态文明建设提供了辩证法的支撑。第四，良好的生态环境是最普惠的民生福祉。人类中心主义或是生态中心主义一直是生态环境领域关注的热点问题，习近平总书记旗帜鲜明地将生态环境建设与民生福祉联系在一起，为社会主义生态文明建设提供了鲜明的价值取向。第五，山水林田湖草是生命共同体。它们之间密切相关构成一个系统的有机整体，生态建设、环境治理是一个系统的工程，应树立均衡发展理念，为社会主义生态文明建设提供了方法论指导。第六，用最严格制度最严密法治保护生态环境。这一命题体现了社会主义生态文明建设的机制和保障，要求我们建立和完善生态文明制度和法律体系来保护生态环境，为社会主义生态文明建设提供了有力的制度保障。第七，建设美丽中国全民在行动。生态环境保护人人有责，权利与义务对等，既拥有享受生态文明建设成果的权利，也应该参与到生态文明建设的事业中去，为社会主义生态文明提供共建共享的有效机制。第八，共谋全球生态文明建设。地球人类共同的家园，国与国之间已经构成了你中有我，我中有你的命运共同体，世界各国应携起手来共同应对和治理全球环境问题。中国一直以来积极参与全球环境治理，为人类社会的可持续发展提供中国方案，积极应对气候变化，为改善世界环境提供了中国智慧和中国方案。

总之，习近平生态文明思想的基本命题集中体现了习近平生态文明思想在理论上的创新，构成了新时代生态文明话语体系的基本框架。习近平总书记在多种重要场合多次强调"讲好中国故事"，"传播好中国声音"，做全球环境治理的引领者，我们要时刻胸怀这样的高度和自信不断探索和推动新时代生态文明话语体系的建构，立足于国内外对中国生态话语体系建构的诉求，从马克思主义生态思想，中华优秀传统文化与西方绿色话语中挖掘话语资源、借鉴建构经验，建构好新时代生态文明话语体系，增强中国的国际话语权，打破西方的话语霸权，为中国生态文明话语在国际上的传播谋求一条崭新的出路。

五、传统生态文化思想的影响

五千年来中华传统文化传承不息，底蕴深厚，是人类文明宝贵的精神财富，为社会主义生态文明建设提供合乎中国文化特征的价值内涵和实践方案。中国传统文化强调"天人合一"、"道法自然"的哲学理念，"劝君莫打三春鸟，儿在巢中望母归"的经典诗句，其中蕴含着丰富的哲学智慧，给人深刻启迪。儒道哲学中有"和实生物，同则不继"的朴素生态学思想，"子网开三面""里革断罟"的自然保护活动，"三时不害而民和丰年"的生态农业科学，"往来井井，涣其群吉"的水资源保护思想，"钓而不纲，弋不射宿"的动物资源保护思想，"草木零落，再入山林"的山林资源保护思想，"得地则生，失地则死"的土地资源保护思想。"天育物有时，地生财有限，而人之欲无极。以有时有限奉无极治愈，而法制不生期间，则必物暴殄而财乏用矣"提倡节约资源、保护环境的生态理念。中国传统文化中蕴含的生态智慧数不胜数，警醒教导人类要尊重自然、顺应自然，与自然和谐相处,不要试图违背自然规律,妄想战胜自然。中华优秀传统文化不仅为新时代生态文明话语体系的建构提供了丰富的生态哲学和生态智慧,输入优秀的传统基础,同时传统优秀文化中富含哲理性的表达也为生态文明话语的生成提供了珍贵的借鉴语料。

借助从多方面,如在中国传统文化、马克思主义理论、全球环境话语体系中寻找丰富而又哲理的生态思想,以开阔的视野和宽广的胸怀继承和吸收古今中外优秀的生态文明理念,为新时代生态文明话语体系的建构储备完善的理论基础与话语表达,进一步促使生态文明话语体系得到坚实的奠基。

第四节 生态话语分析的理论基础

媒体新闻话语的产生是一个复杂和系统的过程,它是一种跨专业、多学科协作的研究课题。媒体新闻话语需要不同领域的合作的研究,运用多学科的理论知识并结合多种方法,才能揭示它的本质。在生态语言学的视阈下研究媒体新闻话语的特征和功能,需要利用语言学、生态学、话语分析等领域的相关理论和方法。具体而言,我们将结合语言作为社会符号的理论,即系统功能语言学的理论和方法,将媒体新闻话语的参与者、语言使用、话语实践及其语境等构成的生态环境当作一个特别的社会生态系统进行研究。

在研究过程中,我们可以首先深入阐述系统功能语言学话语分析的理论和方法以及评价系统理论中与话语人际功能密切相关的分析理论和方法。

对于前者而言,我们重点讨论语境理论和人际功能理论,就后者而言,焦点在评价系统中的态度资源、级差资源和介入资源。然后阐释生态语言学中话语分析的主要方法,即生态话语分析,尤其是社会生态话语分析的方法,重点从深层生态运动的兴起、一些具有代表性的生态哲学观等维度,讨论生态哲学观在生态话语分析中的重要作用。

同时,探索社会生态系统的构成因子,并深入了解社会生态系统分析框架中各个组成部分之间的关系,明晰社会生态系统分析的思路,阐述社会生态系统分析的方法和步骤,并提出社会生态系统分析的框架和方法。

在生态语言学的视阈下研究媒体新闻话语的语言特征和社会功能,我们首先利用系统功能语言学描述和分析话语的方法,特别是人际功能理论中情态、语气、主语选择、呼语使用等相关理论,分析媒体新闻话语的语言特征。同时,我们将利用评价理论去探讨媒体新闻话语如何使用其话语把相关因素介入到相应的生态活动中，然后利用生态语言学中进行生态话语分析，尤其是社会生态话语分析的标准，即生态哲学观识别媒体新闻话语的生态属性。

一、系统功能语言学理论

系统功能语言学起源于希腊哲学家 Protagoras（普罗塔哥拉）和 Plato（柏拉图）等以人类学为本的语言传统研究，主要研究内容为语言在实际语篇中的运用。在经历了长时期的发展后，系统功能语言学理论逐渐完善，研究内容实现了从"词法"和"句法"层面的研究转变，为语篇与社会体系之间的关系以及语言使用者与语篇社会文化之间的关系研究提供了新的视角。

系统功能语言学以英国语言学家韩礼德（M.A.K.Halliday）为代表人物，该理论认为语言描写的是系统，毕竟社会、语言和思维不可分割。

环境创造思维，反之思维也在创造着环境，而语言则是这两个创造过程中的媒介和中间载体。因此系统功能语言学理论重点强调人们日常如何使用语言进行有效交流互动，并对此进行具体分析。由此可见，系统功能语言学尤其强调话语（语篇）分析，其重点研究内容为：语言实际使用中的话语（语篇）交际功能，阐明话语（语篇）为何会表达它所具有的意义和功能，根据特定的文化环境、情景语境和上下语境对语言使用的合适性来评估语言表达的有效性；为语言理论的构建寻找有力证据。通过语篇分析寻找和发现语言特点以及语言使用规律，并通过分析样品的语言特点对语言的系统和语言的全貌进行预测和判断。

因此，系统功能语言学将语言功能划分为三个：概念功能、人际功能和语篇功能。但系统功能语言学对语言使用者和语言使用的研究主要集中在特定语境类型与语言功能变体之间的约束关系，以及集中在句法层面对于语言有效性的分析。

总而言之，系统功能语言学理论是一个庞大的语言学理论体系，它是一种普通语言学，主要包括系统理论和功能理论。同时，系统功能语言学是一门意义驱动的语言学，它不仅研究语言本身的意义，同时也研究语言外部的意义，它还是关注语言实践和应用的"适用语言学"。我们在生态语言学视阈下研究媒体新闻话语，聚焦在讨论这类话语在新闻这一特殊生境中的人际功能，因此在梳理系统功能语言学理论的时候，着重考察系统功能语言学宏大理论体系中的人际功能理论和语境理论。

（一）语境理论

系统功能语言学认为，所有语言都是在语境中互动的产物。以 Halliday 为代表的系统功能语言学家，继承了 Malinowski 和 Firth 的语境思想，对语境因素的种类及其对语言系统的选择和使用所起的制约作用，做了深入的研究。Halliday 的语境思想形成于 1978 年，他认为语境包括两个层面：情景语境和文化语境。语境变量可以分为三类：话语范围、话语方式、话语基调。话语范围是指话题以及与话题有关的活动；话语方式指的是话语活动所选择的交流渠道，是口头的或是书面的抑或是声音文字兼有的形式；话语基调指的是讲话者和听话者之间的社会关系以及讲话者的交际目的等。这些变量分别决定语言的三大元功能：概念功能、语篇功能、人际功能，而这三大功能又分别支配说话者在语义系统中的及物性系统、语气情态系统、主位信息系统中的选择。

从情景语境来看，媒体新闻这一生态活动主要发生在社会生态系统之中；就文化语境而言，媒体新闻的生态活动，特别是以叙事为主的话语生态活动，主要发生在主流文化和其他文化构成的文化语境之中。文化悖论造就人的观念、人格的二重性，文化是决定人们行动的主要因素。新闻媒体者对多样的文化都会在某种程度上兼收并用，因而学会在什么语境或什么场合，使用何种文化的语言及表达方式。因此，环境、生境或语境决定使用何种价值和何种语言。

（二）人际功能理论

为了能够全面描述话语的特征，阐释话语的运作机制，考察它们在特殊语境下运用的效果，从语法、语义、话语三个维度，描述话语。语法指在交际中，用于表达意义的小句形式；语义指参与话语的主体在交际中协商的态度和评价；话语是指通过交互系列，对以上意义的动态协商。这三个维度都与参与话语的主体的人际关系密切相关。因此，媒体新闻话语的人际功能，将作为媒体生态系统中的核心因子成为本书的具体对象，我们将在研究中对其进行深入阐述。

人际功能主要通过"语气"系统、"情态"系统和"语调"系统得以体现，反映的是语法关系，强调"话语基调"。实现人际功能的手段，主要包括语气、情态、人称和评价。构成语气结构的核心要素是主语（Subject）和限定成分（Finite）。主语作为小句的核心参与者，主要指的是与命题有关的人或事，系统功能语言学中的小句遵循"主语负责制"的原则，没有主语的参与，也就无法构成意义的协商。限定成分是小句中动词词组部分，通常是表达时态、情态、语态的这一部分，有时（如一般现在时或一般过去时中）这一部分与动词合为一部分。

语气系统主要包括直陈语气、感叹语气、疑问语气和祈使语气，体现人际功能中的话语角色关系，构成陈述、提供、提问和命令四种言语功能。语气类型由主语和限定成分的顺序决定，主要包括行使不同言语功能的小句：陈述句＝主语＾限定成分；一般疑问句＝限定成分＾主语；特殊疑问句＝主语＾限定成分（特殊疑问词做主语）限定成分＾主语（特殊疑问词不做主语）。除此之外，还有感叹语句和祈使句，正常的感叹句中主语和限定成分的位置是：主语＾限定成分。祈使句主要用于交换物质或服务，其主语是"你""我""你和我"，大多数祈使语气的主语是第二人称"你"，在小句中常被省略。除了这些主要的小句类型外，还有附加问句、小句的省略形式、非限定小句等。

小句中除了构成语气部分的主语和限定成分外剩下的部分，在系统功能语言学中称为剩余成分（Residue），通常包括1个谓体、1—2个补语、多个状语。谓体涉及小句的行为和过程，由动词或动词词组体现；补语通常是一个名词词组、代词或名词，是小句中最有可能成为主语的成分，通常将主动语态变成被动语态的过程中就是将小句中的补语变成被动语态的主语；状语虽然不是小句的核心成分，它确是一个比较多元、复杂的成分，包括环境状语、人际状语、语篇状语，状语可以理解成为小句添加额外信息的成分。

语言人际功能中的情态是介于肯定和否定（归一度）之间，表达"一定的度"的概念。情态可以分为情态（化）和意态（化）两种，前者是说话人对命题可能性和频率所做的判断，用于缓和或调适交互信息的范畴本质，通常由情态动词或一些人际功能状语来体现，情态的度有"高、中、低"之分。

意态是说话人对命题的可希望性的判断，用于缓和或调适相互之间意愿的直接程度，它主要包括义务、倾向、能力三种资源，通常由情态动词或一些被动结构来实现，意态的度也有"高、中、低"之分。

语调系统是由音系层的声调体现，即"升降曲线"，是指声调的连续上升、下降或平行运动。声调的基本单位是"调群"，调群由"音步"组成，音步又包括"音节"。一个调群便是一个信息单位，其中总会有一个重读音节，即"声调突出"，是传递信息焦点的手段。语调系统与语气系统和情态系统关系密切，通常陈述语气、感叹语气和祈使语气用降调，疑问语气用升调；肯定用降调，不肯定用升调。

如果要研究媒体新闻话语的人际功能，就要聚焦于该类话语的语气系统和情态系统，重点从这两个维度，考察这类话语的人际意义，判定话语构建人际意义的效率，即话语如何构建了系统内的人际关系，构建了怎样的人际关系，在何种程度上起到了既定的作用。语调系统不作为研究的核心内容。

总的来说，需要认识到，之前韩礼德对于语言使用的研究以语篇运用分析为着眼点、以小句的语法词汇层面对样本进行语言分析，研究内容主要集中体现在语气和情态这两个子系统及其与话语基调的对应关系上。但是系统功能语言学对语言使用的分析却忽视了词汇所具有的人际功能，也就是情感要素。系统功能语言学认为"人际功能"是指语言除具有表达语言使用者的亲身经历和内心活动的功能外，还具有表达语言使用者的身份、地位、态度、动机和他对事物的推断、判断和评价功能。而词汇所具有的人际功能则是指词汇不仅具有语境的约束限定关系外，词汇自身还存在着情感、判断、评价和鉴赏。换句话说，语言使用者可以通过使用含有情感、判断、评价和鉴赏的词汇来实现和达成协商和调节人际关系的目的，而这也是语言的价值。

二、评价理论

语言不仅能够描述经验（语言的概念元功能），还能建立和维持社会关系（语言的人际元功能），表达讲话者的身份、地位和对事物的判断。

话语作为语言的一种较为普遍的应用形式，其最基本的功能就是建立话语参与者之间的人际关系，协商话语表达的意义。

在这个过程中，话语参与的一方或多或少都要表达一些对话语参与的另一方或其他参与者以及对世界的一些态度。这些态度意义在语义层，主要通过词汇选择表达。

评价系统和介入系统，是构建和展示话语参与者之间亲密程度、团结协作程度的重要的手段和策略。话语参与者之间的团结协作程度，直接影响到话语推进的进度及其运作的目的和效果。

Martin & White（2005）提出评价理论之前，Biber&Finegan（1989）将英语中的"视点或站位（Stance）"定义为表达态度、情感、判断或责任的词汇语法形式，并列举了英语中识别视点风格的范畴。评价分析主要用于考察话语中表达态度意义的词汇。

本书这里主要考察与研究内容密切相关的四种评价范畴：鉴赏、情感、判定、增强，这些评价范畴经过概括和抽象，发展成为评价系统，包括态度系统（情感、判定、鉴赏）、介入系统（自言、借言）、级差（语势、焦点）系统三个子系统（Martin & White，2005），如图2-4-1所示。

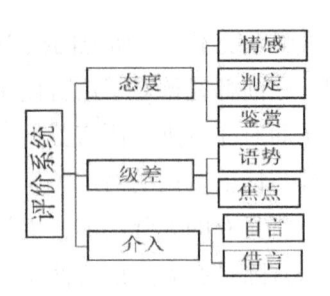

图 2-4-1　Martin 的评价系统理论。

马丁（Martin，J.R.）和怀特（White，P.R.R.）是评价理论的创建者。1991年至1994年间，在对澳大利亚新南威尔士州的中学和其他场所的语文水平进行研究时，马丁和怀特对韩礼德（Halliday）为代表的系统功能语言学派提出的语旨和人际意义展开了细致研究，在此基础上提出了"评价体系"理论（The Appraisal Theory），包含"态度（Attitude）"、"介入（Engagement）"和"级差（graduation）"三个维度。

系统功能语言学的关注点为语篇层面，"概念"、"语篇"和"人际"是语言的三大功能。但系统功能语言学派基于社会学而建立，主张从社会交际角度去分析语言；强调基于语篇内的连接词来分析和探索语篇之间的连贯语意，但系统功能语言学却忽略了词汇本就存在的文化交际意义。有鉴于此，马丁对系统功能语言学的"人际层面"进行了更为细致的阐释。马丁认为人际功能可以通过"态度""介入""级差"三个层面对语言使用者之间的人际意义进行评判。

因此马丁及怀特将"评价"定义为"语言使用者对其所讨论或创造的文本材料及该文本材料的预期目的对象之间所产生的态度、立场、认知和价值等方面的分析和判断"；是基于语用学话语中三个意义模式下对系统功能语言学中人际关系的进一步发展和扩展，并将"评价理论"下的分析框架描述为"探索、描述和解释语言评价方式的特殊方法"。

评价理论是系统功能语言学的进化发展，是对系统功能语言学人际功能研究的扩充，对语言学的研究起着非常重要的意义。正如韩礼德所说的那样："马丁教授的词汇评价研究与系统功能语言学的人际语法研究互为补充关系。"

语言的评价意义是语言使用者表达自身对于所述事物认知、鉴赏和判断的重要手段，是语言的一个重要特征。评价理论建立至今，该理论是国外语言学家一直关注的焦点。在2005年，马丁和怀特合著的《评估语言》（TheLanguageofEvaluation：Appraisalin English）一书出版后，还陆陆续续地发表了相关研究成果作为该书内容的一种理论拓展研究：如怀特在 2006 年出版了 "Evaluative Semantics and Ideological Positioning in Journalistic Discourse"《新闻话语中的评价语义学与意识形态定位》一书。该书是对"评价理论"中人际意义研究的扩展，以期对资源评价和立场进行更为全面的描述。在本书中，怀特针对新闻话语的评价语义学与意识形态定位提供了一种新的分析框架，他认为"新闻报道是一种话语修辞方式，具有极宽泛的语言意义。其话语意识形态能够明显地影响媒体观众读者对于世界的认知、假设与信仰。而因为新闻报道具有不同的目标受众以及不同的主题与介质，所以新闻报道具有了不同的评价机制。故此怀特认为通过对这种新闻媒体话语评价机制的定位，能够分析并研究社会媒体构建了什么样的一个特定的社会秩序与道德秩序"；同时还有一些学位论文对此观点也进行了更进一步的研究，如英国伯明翰大学 Bratschi（布拉奇）在 2010 年所撰写的论文《英语和德语报纸评论语篇中人际资源使用的对比研究》。作者在论文中采用了人际分析形式，以英、德两国的报纸评论为研究对象，分析了两国报纸评论所使用的语言和修辞资源对文本人际关系定位的影响，尤其是对读者定位的方式。此外，马丁与怀特还分别建立了专门的学术网站来交流"评价理论"及其相关研究成果，通过学者们的互动来增加和丰富该理论的体系和内容。

根据上述文章、著作的归纳以及现有研究表明：首先西方学者针对语言评价功能的相关研究成果主要从以下八个视角展开，包括哲学视角、心理学视角、叙事学视角、语用学视角、语法学视角、语料库方法、语言言据性、篇章语义学视角；关注的语篇类别可概括为七类：古今文学作品、音乐书籍与音像作品、学术论文、新闻媒体话语、总统选举演讲、法律语篇、儿童语言。其次，虽然国外学者们对其一直十分关注，并对其展开广泛研究，但这些研究分析的文本仍主要是英语文本（original writing in English），而鲜少用于翻译的分析上；并且评价理论在评论层面上的对比研究很少，对比语篇分析一般都将重点放在新闻报道文本上。

由此不难得出，目前国外对评价理论的运用也还是主要是在新闻、政治等文体中，针对历史文本和语篇对比层面的研究成果鲜少，因此该理论还有较大可拓宽的空间。

纵观国内，2001 年王振华（马丁的学生）发表了《评判系统及其运作——系统功能语言学的新发展》一文后，标志着马丁评价理论正式进入国内学者的视野之中。王振华和李战子认为：系统功能语法把人际意义的讨论局限于语法范畴、语气和情态方面，对人际意义一带而过，未关注通过语言去判断语言使用者或语言目标者对所述内容观点和立场的反应，因此评价理论在此基础上进行扩展，关注语篇中可以协商的各种态度，为系统功能语法的进一步完善。此后，国内学者对评价理论纷纷开展研究，年均发文量20余篇，这不但呈现出欣欣向荣的景象，同时也为评价理论的发展做出了宝贵的贡献。

据现有研究统计表明，国内学者对于评价理论的研究热点集中在：人际意义、评判系统、介入系统、评价理论、态度系统、评价价值、人际功能、情感、翻译、态度、情态、动词、语用预设、意识形态、局部语法、生态语言学、语料库语言学等等。现有文献主要关注评价理论本身的探讨、评价理论的跨学科交叉研究（语言学、文学理论以及哲学等其他领域）、评价理论外语教学中的应用、评价理论在话语（语篇）分析中的应用；以及不同语篇中的评判资源特点，包括英语文学作品语篇、英语新闻语篇、英语演讲语篇、司法、商贸活动中的英语语篇、英语科技和学术语篇等。

可以发现，评价理论是一个横纵交叉对语言使用者与文本分析和鉴赏的综合理论体系，是由表面文字到深层价值、由上到下的综合性文本的评价理论依据：以事物或文本的即整体性或全局为对象，以"评价"为目的，以这个事物或文本的语言为切入点或媒介，并通过对文本的表层现象（词汇、文法和修辞）进行分析，从而进一步深入得出该文本的语言使用者对其所述事物的态度、情感、认知、立场、评判，以及该文本对社会所产生的意义等的综合性体系。

换句话说，评价理论是一种更加倾向"去其糟粕取其精华"的语言评价体系。因此，评价理论的运用就需要考虑多方面的因素以及多因素彼此之间的交叉关系和逻辑作用，这样也就意味着评判系统具备了阐释性的特质。由于态度子系统是整个理论中最核心的部分，因此也是运用评价理论对作品样本进行研究时，最需重点描述和阐述的部分。这也就意味着评价理论并不局限于文本事物的某一个点，而是基于这个点向面进行扩延：可以从具体已知的一个点（词汇和文法）延伸到另一个抽象的深层面（社会意义、人物和文化建构）的延伸。由此可见，该理论具有较强的灵活性以及较大的知识覆盖性。

因此，本书将基于评价理论，结合该生态哲学观，对于新闻话语的功能等内容进行深入的分析。

三、生态哲学观

生态语言学研究的主要方法和路径就是对各种话语或语篇进行生态话语分析。

与批评话语分析、积极话语分析等话语分析范式不同的是，生态话语分析是具有明显价值取向的话语分析模式。在进行生态话语分析的过程中，需要参照一套原则或标准，即生态哲学观，判断话语的有益性、破坏性、混合性三种生态属性，并而将话语相应地区分为有益型话语、破坏型话语或混合型话语。生态哲学的提出是深层生态运动发展的必然结果。

（一）深层生态运动与生态哲学

生态运动是为了解决生态危机导致的一系列生态问题而发起的运动。在20世纪60年代的生态革命中，广泛深层生态运动几乎同时作为哲学和科学的社会运动和政治运动出现。这一运动的关注点引发了一种包括认知、价值观和生活方式等的范式转变，它也是重新认识现代工业增长中生态破坏的道路。深层生态运动的主要特征就是从人类中心主义，转向生态中心和环境积极主义的运动。

广泛深层生态运动或深层生态（学）这一术语，来自挪威哲学家Naess（1973）的一篇名为"The shallow and the deep, long-range ecology movement: Asummary（浅层、深层、广泛生态运动总结）"的总结性文章。浅层生态运动和深层生态运动在当时都引起了人们的广泛关注，前者虽然只是一种改良型的生态运动，但它的影响超过了深层生态运动。

Naess在文章中就两种生态运动的特征进行了详细阐述。

深层生态运动的源头可以追溯到世界各地的原始人类的生活方式、生态中心的宗教、道家思想、圣弗朗西斯教、19世纪源于斯宾诺莎的浪漫自然中心的反文化运动、佛教禅宗等。

其中"道常无为，而无不为。侯王若能守之，万物将自化，化而欲作，吾将镇之以无名之扑。镇之以无名之扑，夫将不欲。不欲以静，天下将自定"（《道德经》第三十七章）的道家思想就道出了我们不应该干涉万物，应该让万物自由发挥的生态哲学思想。"道"常无为，而万物有为是生态自然发展和保持平衡的具体规律。

深层生态运动主要受多名环保先驱和生态运动的影响：一是提倡回归本心，亲近自然的超验主义代表人物亨利·戴维·梭罗的思想和早期环保运动的领袖，美国环保组织塞拉俱乐部（the Sierra Club）的创建人约翰·缪尔的生态中心理论（the ecocentric theorizing）的产生；二是美国海洋生物学家，《寂静的春天》（Silent Spring）的作者蕾切尔·卡逊的生态科学（the science of ecology）的兴起；三是20世纪60年代的生态革命运动。

Naess（1986）在名为《深层生态运动》（The Deep Ecology Movement）一书中，

指明了深层生态运动与浅层生态运动在以下问题的各个方面存在差异：污染、资源、人口过剩、文化的多样性、合适的科技、土地与海洋道德、教育与科学事业。

　　Naess 还指出了深层生态运动的几个特征：一是深层生态运动的精髓在于质疑更深层次的问题的过程，这一过程就是环保积极主义的一种精神，即从最基本的哲学和宗教的生态哲学行动采取非暴力的行动；二是深层生态认为生态中每一种生命形式都有它自己活着和绽放的权利；三是它是一种从长远的视角看待问题，特别是关于战争与和平的问题的视角，因为在所有人为的灾难中，战争，尤其是核战争是最具破坏性的一种。

　　总之，深层生态一直在朝着与自然认同的方向不断努力，其目标是形成一种个体、社团和自然之间的一种新的平衡与和谐。深层生态运动是一种生态中心主义，是一种社会和政治的运动。浅层生态运动则不同，它是一种人类中心的环境技术的运动，主要关注污染、资源枯竭和发达国家人民的健康和财富。

　　自 20 世纪 60 年代以来，生态运动，特别是深层生态运动受到广泛关注，引起了不同领域的学者从不同的视角对它进行讨论和阐述。其中杰出的瑞典哲学家 Arne Naess 就从哲学领域阐述了他对生态、生态运动的看法，提出了生态哲学（Ecosophy）的概念并区分了普通哲学与生态哲学之间的差异。他还结合自己作为哲学家身份和经验，创建了一种称为"生态哲学观 T"的生态哲学，并以此为例告诉人们如何根据不同的个人、群体、行业的实际情况，创建一套符合各自相关领域的生态哲学或生态哲学观，使之成为个人、群体或行业行为的价值判断标准来指导他们的行为，特别是生态行为。

　　总之，深层生态运动所寻求的"并不是将关爱从人类转向非人类，而是将关爱延伸和加深"（Naess）。

1. 生态哲学的缘起

　　作为一位著名的挪威哲学家，有 50 多年的时间里 Naess 的名字几乎与挪威哲学是同义词，家喻户晓。Naess（1995）认为，随着生态革命的兴起和生态运动的深入，"当今我们最需求的是广泛延伸，称之为生态哲学中的生态思维"。在深层生态运动过程中，Naess 将其哲学研究的领域拓展到了生态学领域，称之为生态哲学研究。

　　Naess（1995）最早使用"生态哲学"这一术语，他将生态的哲学（Ecological Philosophy）缩写为生态哲学（Ecosophy），用于描述包含生态思考的哲学原理。他认为生态哲学是一种关于生态和谐、生态平衡的哲学，是一套开放的标准，包括规则、假设、价值优先声明和当前事态的假设。

Ecosophy 中的"-sophy"来自希腊语的"sophia",表示"智慧(wisdom)"的意思,它与道德、标准、规则、实践相关联。因此,生态哲学或生态哲学观是生态话语分析中判断所分析话语生态属性的参照标准和规则。

作为一名哲学家,Naess 的研究领域主要包含语义学、科学哲学和对斯宾诺莎哲学和甘地哲学的系统阐释。

Naess(1989)认为哲学能够为混乱的生态灾害开辟一条解决这一危机的道路。因此,他一直致力于从哲学的视角寻求解决生态危机的办法,这也是生态哲学产生的内在动力和起源。

对于解决生态危机的思路,Naess 认为我们可以首先找到生态问题,然后用哲学的方法对生态问题进行研究,这就是生态哲学。具体而言,就是应用生态科学的基本概念,如复杂性、多样性、共生等,通过寻找一个整体观(斯宾诺莎哲学思想)的过程,澄清和摆正我们人类这个物种在自然中的位置,从而正确处理人类与其他物种以及周围环境之间的关系。

生态哲学或者深层生态涉及从科学向智慧的转变,即上文中说到的范式转变之一。生态哲学不仅仅是对"智慧的热爱",而且是与行动有关的"智慧的热爱",没有这种蕴含智慧的行动是无用的行动。

随着哲学家对生态研究的深入,生态哲学的发展出现了两个方向:一是发展成为生层生态的哲学(develop a deep ecological philosophy),继续对生态学中的一些基本理念以及它们之间的关系进行阐释;二是为国际深层生态运动提供支撑。

还可以在生态的哲学层面,研究一种特别的观察世界的方法,这些方法引导不同的个体通向一种诸如深层生态平台的地方。

Naess(1989)将研究生态和哲学普通问题的哲学,称为生态的哲学(Ecophilosophy)。生态的哲学和生态哲学观之间既有联系,也有差别,它们之间的关系如表 2-4-1 所示:

表 2-4-1 生态的哲学与生态哲学观

分类	涵盖范围	关注与自然的关系
一个研究领域	哲学	生态的哲学(Ecophilosophy)
一种站位或观点	一种哲学	生态哲学观(Ecosophy)

Ecophilosophy 和 Ecosophy 之间的差异显而易见。其中,"哲学"包含两层意

思：一是一个研究领域，一种获得知识的路径（an approach to knowledge）；二是个人自己的价值信条和对世界的看法，这种看法往往会引导个体做出决定。当哲学的运用涉及一些我们自己（人类）和自然的问题的时候，我们就将哲学的第二层意思称为生态哲学。总体上看，哲学是一个更大的研究领域，它包括不同的哲学便是不同的个体站位或观点。与哲学作为一个整体研究领域相对应的是生态的哲学，它是所有与生态相关的哲学的总称，而不同的生态学家和生态学者所持有的不同的生态观或生态站位便是生态哲学（Ecosophy），即前者（Ecophilosophy）是一个与自然或生态相关的一种哲学的整体，后者是构成前者的个体或部分。

2. 生态哲学的本质

从构词法的角度看，Ecosophy是一个复合词，由前缀"eco-"和后缀"-sophy"构成，其中"eco-"的含义与economy和ecology中的"eco-"表达的含义一致，"-sophy"的含义与哲学（Philosophy）中的"-sophy"一样，表示"见解"或"智慧"的意思。从词源学的角度来分析，Ecosophy由含义为表示"家园"的"oikos"和表达"智慧"的"sophia"构成。但是"oikos（eco-）"的含义远远超出了家庭、家园、社团的意义。

Ecosophy（生态哲学）是一种哲学的世界观抑或由生态圈中的生命条件激发的系统。普通的哲学强调理论的概括性和抽象程度，而生态哲学（观）更加关注的是决定和行动，即生态哲学（观）不但强调决定，同时还要将所做的决定付诸实践，生态哲学（观）就是一种行动的哲学。

Naess（1995）在使用生态哲学这一术语描述包含生态思考的哲学原理的时候指出：我认为生态哲学的意思是生态和谐的哲学……是一种包括标准、规则、假定、价值优先声明和当前事态假设的开放性规范……由于不但与污染的事实、资源、人口等相关，而且与价值优先相关，导致明显的差异，某种生态哲学的细节表现出很多变化。

从这一描述我们可以看出生态哲学（观）本质上就是一些指导行为的"标准、规则和假定"，同时它还包含了"价值优先的声明"。因此，生态哲学（观）中不存在一种"普世""正确"的，所有生态学家都共享和遵守的原则。同时，Naess对生态哲学（观）的描述，明确了生态哲学"价值取向"和"开放"的属性，不同的生态学者、个体、机构，可以拥有一套与他们自己的实际情况相符的生态哲学或生态哲学观。

(二)几种有代表性的生态哲学观

生态哲学(观)是一套每个生态语言学家用于判断"故事",反映谈话的价值(观)和优选(权)的哲学原则。由于不同的生态语言学家信奉的"故事"并不完全相同,导致他们所创建的生态哲学(观)也不完全相同。

Naess(1989)在阐释了普通哲学(Philosophy)和生态的哲学、生态哲学之间的关系的基础上,创建了一种他称之为"生态哲学T"的生态哲学(观),这一生态哲学(观)包含四条标准:生物多样性、生态的复杂性、进化、生物多样性的内在价值。

Naess 以他的"生态哲学T"为例,阐述了生态哲学的本质,并将其作为他自己的生态观,用于指导他的生态语言学研究,向其他生态语言学研究者展示如何创建自己的生态哲学原则。

生态哲学(观)就是一套在做事或者行使某种权利的时候参照的标准,每位生态语言学者都有一套自己的哲学原则用以判断"故事",在故事中反映他们的价值观和优先权。

生态话语分析需要生态哲学思想做指导。Stibbe 将他的"生存!"的生态哲学,应用到生态话语分析中,揭示我们赖以生存的故事,从生态学的视角质疑和挑战这些故事,目的在于在我们面对的世界中寻找能够繁荣的故事。Stibbe(2014)在对各种语料进行生态话语分析时,参照他提出的"生存!"生态哲学观,将分析的话语赋予有益型、破坏型、混合型的生态属性。

Steffensen 认为分析者可以建构一套属于自己的生态哲学观(ecosophy),然后将这一套哲学观与语言学理论相融合,建构出一个适合话语分析的模式。生态哲学观或因生态系统而不同,或因个人、群体等而不同,比如 Stibbe(2015)针对西方国家经济活动与人类生活的话语提出了"生活"(Living)之生态哲学观,旨在促进人们保护赖以生存的生态系统;另外还有一些具有代表性的生态哲学观,如 Bang 秉持的生态哲学是"生态语言学在于促进局部和整体文化的合作、分享、民主对话、和平、非暴力、日常生活每个方面的平等和生态的可持续性"。

Larson(2011)的生态语言学分析隐喻的哲学框架是"社会生态学的可持续性",同时考虑"我们所选用的隐喻是否有助于可持续性还是将我们引向别的地方",对可持续性用伦理的视野进行如下描述:

"我们追求的不仅仅是生态的可持续性,而且是更具包容性的社会生态的可持续性。我们需要一种在人类与自然界之间的可持续关系,而不是不包含人类的持续生态系统，它对于我们大多数人而言，是一种失败……我们为社会生态选择的隐喻有效吗？"

考察国内对生态哲学的研究，发现它们受中国传统哲学"天人合一"世界观以及儒家、道家"和"的思想影响，吸收"顺应自然""无为"的生态哲学与智慧，提出了包含"和谐"思想的生态语言学理论或生态哲学观。基于中国儒家文化，黄国文（2017）提炼出了生态话语和行为分析的一个假定和三个原则，即"以人文本"的假定和"良知、亲近、制约"的原则，并将其用于中国语境下的生态话语分析。何伟和魏榕（2017）在总结和比较不同学者的生态观之后，基于中国传统文化和外交理念，提出"和而不同，互爱互利"的生态哲学观，用于对国际生态话语的研究。

黄国文（2017）针对中国语境下的政治、经济、文化等话语提出了"和谐"之生态哲学观，目的是促进中国语境下人与人、人与自然之间的和谐；何伟、魏榕（2018a）针对表征国际社会生态系统即国际关系的国际生态话语提出了"多元和谐、交互共生"生态哲学观，旨在维护国际社会生态系统的良性发展。

总而言之，生态哲学在生态语言学研究，特别是生态话语分析中是不可或缺的部分。不同的生态语言学研究者，根据其不同的研究对象和研究目的，采用不同的生态哲学观判断生态话语的属性，衡量生态行为的价值。上述各个领域的生态哲学的提出，为他们的生态语言学研究和生态话语分析提供了可参照的标准，使其在这一领域的研究更具有可操作性，加深了生态语言学的研究。

由于个体不同，群体各异，行业规范的差异以及每位生态语言学家自己的价值取向和价值优先标准也不一致，生态哲学中不存在一个唯一"正确"的所有生态语言学家共享的普世生态哲学。

Naess（1989）认为生态哲学观是一种指导行为系统的哲学，但是他的兴趣不在于建立一种普世的哲学去解释所有的问题，而在于告诉我们如何以我们自己的方式形成我们自己的生态哲学系统。

因此，生态哲学观就是一种个人的系统和个人的哲学，即生态哲学观是一套个人化的哲学系统，需要我们从传统文化中提取焦点观点并加以重建，这一点明确阐述了生态哲学的"开放性"属性。

与其他哲学关注抽象性和概括性不一样的是，生态哲学观更加关注个体的"决定"和"行动"层面，生态哲学观就是一种"行动、行为"的哲学，因为这种哲学不但强调做出决定，更加强调将我们的决定付诸实践。

生态话语分析有必要借助于相应的生态哲学作为判断分析话语生态属性的标

准,生态语言学研究是一种具有明显价值取向的研究。具有价值取向就得对研究进行甄别和判断,在甄别和判断的过程中,须有一套可以参照的常模,生态语言学研究中用作判断的参照就是生态哲学。

四、社会生态系统观

(一)社会生态系统

生态语言学最初的研究对象主要是语言、自然生态以及它们之间的关系等问题,关注的焦点是自然生态。但是曲仲湘等(1982)认为,生态系统不但包括自然生态系统,也还包括社会生态系统,即以人类活动为中心的各种生态系统。社会生态系统和自然生态系统同样重要,生态语言学的研究对象包括语言的社会环境和社会的生态环境,社会生态同样是生态语言学研究的对象之一。

美国政治科学家 Roger Masters(2000)的职业生涯,主要关注生物环境对个人行为和社会产出的影响,他分析了来自美国联邦调查局有关犯罪数据以及工业铅和锰等矿物质的排放信息,在控制了收入和人口密度等变量的情况下,发现环境污染似乎对谋杀、严重伤害、性侵犯和抢劫等暴力犯罪率有很大影响。

因此,环境或生态问题,特别是环境污染的问题,不再完全是自然生态的问题,也是严重的社会问题。自然生态与社会生态并不是两个完全独立的问题,它们是同一问题的两个不同的层面,与人类的可持续发展紧密相关。

人类仅仅是复杂的社会系统生态系统之中的一部分,是其他系统中的一个子系统。虽然人类在生态系统中有其独特的位置,但是他并不是生态系统中唯一的组成部分。

作为个体或物种,人类也应该为系统做出其独特的贡献,不能通过意识、宗教或其他人类所喜欢的东西与动物区分开来(Stevens,2012)。也就是说,无论人类怎么特别,他所组成的系统仍然属于生态系统中的一部分。

同样,主要由人构成的社会生态系统,也是生态系统中的重要组成部分。因此,我们对生态系统的研究,有必要从自然生态延伸到社会生态,通过研究社会生态系统促进整个生态的整体和谐与平衡。

社会生态系统是人类社会群体与其生存环境的有机结合,是自然生态系统进化的必然产物和最高形态。具体而言,社会生态系统主要分别由三种环境要素和社会要素构成(图2-4-1)。

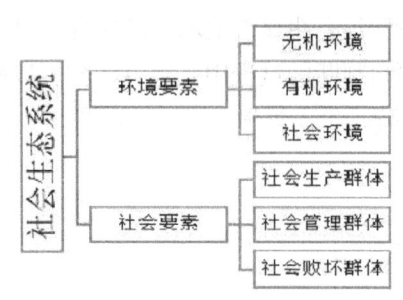

图 2-4-1　社会生态系统

（二）社会生态系统分析框架

研究社会生态系统中的各种生态活动，抑或研究社会生态系统中各子系统之间的关系，需要一个更加具体的社会生态系统研究框架。

社会生态系统由很多子系统组成，这些子系统内部包含很多不同层级的变量，它们的关系正如有机体由很多器官组成，器官又包括很多组织，组织又包含很多细胞，细胞又是由蛋白质组成。社会生态系统中最重要的一个要素就是自我组织能力。

Ostrom 构建了一个多层嵌套的框架，用于分析社会生态系统（Social-ecological systems，SESs）内所取得的结果，如图 2-4-2 所示：

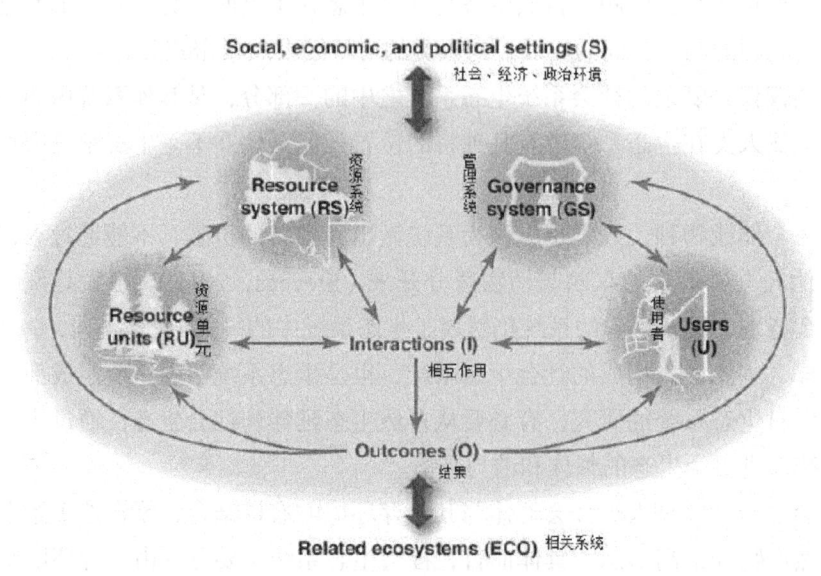

图 2-4-2　社会生态系统分析框架

图中描绘的是一个分析社会生态系统总体框架，显示了社会生态系统中第一层级包含的四个核心子系统：资源单元、资源系统、管控系统、使用者以及四者之间相互影响、相互作用的交互关系。

这四个核心子系统运作的基本原理和过程是：四个核心子系统相互之间通过相互的双向交互作用，产生一个核心子系统的交互结果，这些交互结果又为上述四个子系统提供信息反馈，然后子系统会根据交互结果的反馈，调整系统内因子活动的方式，继而影响它们之间的相互交互的过程，旨在保持系统正常运转。

第一层核心子系统运作的结果最终与核心子系统外和其他相关生态系统（Relatedeco systems，ECO）以及社会、经济、政治环境（Social, economic, and political settings）又构成一种相互影响、相互作用、互为生态的交互关系，形成一个范围更广，涵盖子系统更加丰富的社会生态系统。

总的来说，在生态语言学视阈下研究媒体新闻话语的特征和功能，它属于社会生态的问题，已经超越传统生态语言学研究的语言与自然生态之间的关系的问题。

这是一种系统、复杂的跨学科研究，需要借鉴系统功能语言学、评价系统等方面的理论，结合生态语言学的相关知识展开研究。媒体新闻话语是一种特殊的机构话语，对其特征和功能的研究重点在于探讨它为各个生态因子之间构建的人际生态。

在生态语言学视阈下研究媒体新闻话语的语言特征和社会功能，需要充分考虑到该类话语活动发生的特殊语境。借助系统功能语言学的语境理论，研究媒体新闻话语构建的语境之下的人际生态，然后结合评价理论和生态哲学观，对媒体新闻话语进行社会生态话语分析，描述媒体新闻话语的语言特征，判定媒体新闻话语的生态属性，评估其效能。

五、生态语言学的其他理论

（一）语言观

无论是国内还是国外，相比于其他语言学的发展历程来看，短暂的生态语言学背后，也有着与生态语言观相联系的理论。值得一提的有两位著名的语言学家曾经提出的观点，一个是德国的施莱歇尔所提到的将语言视为一个有机体的观点，另一个是著名的语言学家乔姆斯基所提出的语言习得机制的相关内容，种种迹象表明，在生态语言学的理论框架完整建构之前生态语言观的思想及其相关理论运用就早已渗透在语言学的研究中了。

生态语言学研究最早的源头可以追溯到20世纪70年代初美国著名语言学教授豪根，1972年其首次提出"语言生态学"这一概念，大部分的研究者也都将其论文视作真正意义上的生态语言学研究的开始。在其论文集《The Ecology of Language》中，首度将语言环境与生物生态环境作隐喻类比，对生态语言学的理论做出了系统、完整地论述。其笔下的"生态"实则是在隐喻我们当下所生存的社会环境，更加强调语言在各种生态环境中所起的作用，以及对社会所造成的影响所带来的环境问题，这里的"环境"更多地是指人类生存的社会文化大背景，类似于"语境"。

Halliday在他的一篇论文中论证了生态环境的变化发展可以从语言学角度进行研究，把关注点放到了语言与环境之间的相互关系上，同时他也更加强调语言对人类社会的影响，这种影响可能涉及政治生态、文化生态、教育生态等各个方面。

20世纪西方的哲学家们开始由认识论转向语言学，德国著名哲学家海德格尔的语言论尤其是其后期的展开的对语言的追问成为一个主要命题。面对日益严重的生态问题，海德格尔对语言的探究在此引起了人们的注意。海德格尔曾称人类将"从大地上连根拔起"，他的语言观中蕴含着生态思想，强调的是"生态在说话"即生态言说，海德格尔的语言观启迪着人们的言说方式将是生态言语，生态言语会进一步促进生态文化的发展。

21世纪生态文明建设的最主要目标就是在一定程度上促进人与自然的和谐相处，荷兰著名语言学家艾布拉姆·德·斯旺不认同将语言与自然割裂开来进行研究，认为语言与自然甚至是整个世界都存在一定的联系。艾布拉姆论证了有身体感觉的动物和人一样是有语言的，如果将整个世界比作身体，那么语言就是处于身体之中的，人与世界有着紧密的联系，同时人又是语言的创作者和使用者，以此类推，语言必定是属于世界的，是存在于世界这个"身体"之中的。艾布拉姆的语言观结合了当今的生态学观念，这样一种语言观也正是一种"生态语言观"。

（二）语言全息论

生态语言学中的一个基本理论是语言全息论。在《语言全息论》的绪论部分，桂诗春指出语言是人类进化的产物，随着观察语言视角的不断扩大，语言学该如何通过吸收交叉学科的研究成果形成新的语言学学科体系，成为当代语言学家一项重要的任务，而钱冠连在书中所阐述的语言全息论的两个理论基础即是为语言学研究探索了新的范式。《语言全息论》是用生物全息律、宇宙全息律与系统论对各种语言性质和语言理论进行思考,从而"以大自然的规律解释语言现象"。钱冠连谦称这本书的完成也许只是一次家庭作业的提交,这本书也只是在完成索绪尔提出的语言学的任务之一,那就是找出一条规律,一条能够概括具体历史现象的规律。

语言全息论结合了全息律与系统论,利用全息律和系统论的相关原理去分析并解释语言的全息状态。语言的多种性质成为语言全息论的主要研究对象,因此,语言全息论的范畴可以说包含了一切与语言性质相关的内容。语言全息论的主要脉络是根据语言内全息状态和语言外全息状态来构思的。首先通过观察语言结构来论证语言内全息状态;其次观察语言与文化的关系从而发现语言外全息状态。语言始终是无法独立存在的,离不开其创作者和使用者,也就是说,语言是不能离开人的生命状态而存在的,这也是为何众多语言学家开始关注生态语言学的重要一点。

生态语言学另一个基本理论是生态位理论。生态位理论又被称为"利基理论"或"区位理论",这一理论基础已经成为近30年来生态学研究的热点。生态位最早是在美国密执安大学教授Steere考察鸟类分离而居的现象时被提出的。随着社会的进步,生态位理论的应用变得越来越广泛,逐渐形成了强有力的理论分析工具,这为各领域的研究发展提供了一个新的视角。娄策群在生态位相关概念中展开了对信息生态位的研究,提出了三个维度:时空维度、资源维度和功能维度。

时空维度即时间维度和空间维度,是一个复合型维度。资源维度指的是环境中人占有和利用资源的状况。当某些资源不是出于共享状态时,就需要去获取、占有以及利用。功能维度是指人所充当的角色及其承担的社会职能。同一个人可以充当不同的角色,但一个人在同一时期充当的各个角色有主次之分,也就是说功能维度限制了人对信息资源的需求。

第三章 媒体新闻话语生态性分析框架

本章的主要内容是媒体新闻话语生态性分析框架,主要对于"媒体新闻话语与意识形态""'多元和谐,交互共生'的生态哲学观""生态语言学视角下的评价系统"这几方面的内容进行了深入的分析,希望促使广大读者对于媒体新闻话语生态性有所认识。

第一节 媒体新闻话语与意识形态

新闻有的时候是一种跨文化行为,如何在新闻中更好地展现自身代表的文化成为媒体新闻从业者面临的一个重要命题。全球化的加剧与人类命运共同体的构建更是让当今世界迫切需要去了解并学习不同民族的文化。媒体新闻具有非凡的传播价值,其学术价值和传播价值早已引起译界的关注,从不同的理论视角对译作进行了深入的解读。媒体新闻可以被翻译成多种语言。面对相同的源文本,不同译者翻译的译本往往存在较大的差异。到底是什么原因导致这种差异一直以来都是译界关注的热点问题。受前人研究的启发,本书拟从评价理论视阈对环境新闻话语进行解读。

一、环境传播中的媒体角色

媒体作为一种推动力,向公民提供必要的零碎信息,以评估国家和世界的社会、环境和政治状况。环境信息的专业性催生了环境传播中的沟通机制——媒体作为沟通公众与政府、专家、非政府组织之间的桥梁。媒体与环境传播的关系由来已久,19世纪美国媒体掀起的扒粪运动将感性阶段的环境议题文学表达推向了理性阶段的环境新闻报道;到1993年,美国三分之二以上的大中型报纸都有专门报道环境问题的记者。当下,环境问题依然是大多数大众媒体的主导问题之一。

媒体影响着公众对环境状况的"风险感知性"。媒体对于公众了解世界发挥着核心作用，特别是在公众没有直接知识或经验的领域，而环境风险的专业性和延时性恰恰是公众不具有知识和经验的领域。媒体可以通过报道环境事件改变读者的态度，形成读者的意见，使他们能够积极主动地行动。Happer 和 Philo 通过实验法，构建电视报道和报纸文章，补充受试者在气候变化方面的新信息，结果发现观众态度发生了转变：不再认为气候变化是一个理论和"模糊"的问题，而是一个可能对他们自己和他们的社区产生真实和严重后果的问题。

不少西方学者将"报纸"视为环境领域媒介教育的典型渠道。Susmita Dasgupta 等人认为媒体提高了环境意识的水平，报纸是公众，特别是发展中国家最主要的环境信息来源之一。Tsekos 等人认为报纸是一种非正式的环境教育手段，强调记者的重要性，而科学家对报纸文章的贡献微乎其微。

长期以来，传统媒体（报纸）被作为一种环境议题教育的"工具"而不是一种环境议题沟通的"平台"，受众处于失语一方。在媒体转型的浪潮当中，我们不得不去思考新的媒介形态对环境传播的重塑和影响。相比于报纸报道，环境网站讨论更广泛的环境风险因素，并且提供这些议题更为细节的讨论，更好地整合了科学专家和名人支持者（Stoddart&MacDonald，2011）。在新媒体平台上，公众在参与环境决策、环境保护与环境监督方面表现出更多的积极性和主动性。

报纸媒体的环境议题呈现相对全面，各个议题比例较为均衡，而新媒体的议题呈现存在一定的偏颇性。然而，报纸媒体面临"事实再现与低阅读率"的困境。我国的主流纸媒报道环境风险议题的原则表现为"政治化"的环境风险议题建构、"官方信源"的强化使用、"媒介失语"的制度归因。传统媒体这种强调告知与说服的环境"宣传"不断陷入"飞沫化"的困境，花费大量资源进行环境报道却无读者关心。新媒体和传统媒体存在核心议题相互偏离、话语结构自成体系、叙事策略冲突、主题角色错位等问题，实现环境传播的媒体合力尤为重要。

在上述学者对环境传播领域的传统媒体和新媒体的比较研究中，一方面，没有考虑到环境议题的专业性和特殊性，媒体对其他议题的报道也可能呈现出相似的差异。此外，并未从环境专业的角度去思考媒体报道与实际状况的差异，缺少比较的基准点，容易流于对媒体的刻板印象而使对比的科学性受到质疑。本书并未仅仅停留于归纳传统媒体和新媒体对环境议题的报道差异，而是通过比较基准点——《中国环境状况公报》的引入，进行三角对比，探究两家媒体建构的拟态环境与真实环境之间的关系如何，究竟何者更接近真实的环境状况，从而更好地定位两类媒体的角色，以实现媒体合力。

二、媒体在环境新闻建构中的责任

大众传媒对于环境议题的责任与大众传媒的社会功能密不可分，美国学者C.R.赖特在《大众传播：功能的探讨》中指出大众传播具有以下四个方面的功能：一是环境监测功能，收集并向受众传递来自特定社会的内部和外部的信息以满足社会公众的信息需求。二是解释与规定功能，除了向公众单纯"告知"信息之外，伴随对事件的解释，提示人们应该采取什么样的行为反应。三是社会化功能，也是大众传播的教育功能，向公众传播知识、价值以及行为规范，是现代人的社会化过程的重要环节。四是提供娱乐，满足人们的精神需求。大众传媒的社会功能也同样赋予了其在环境问题的社会构建中承担的责任。我国环保事业的开拓者曲格平先生曾说过："没有大众传媒的推动作用，就没有今天的环保事业"。环境新闻作为大众传媒进行环境传播的重要形式和载体之一，在环境问题的社会建构过程中承担着以下的责任。

（一）传递环境信息

在环境议题成为社会议题的初期，客观存在的环境问题如何进入公众的视野，最初要完成的是详细的描述这个最初发现的问题，为问题命名；确定这个主张的科学、技术或者道德、法律基础；判断由谁来负责采取改善行动。由于环境问题的专业性，这一阶段由科学领域的专业人士来完成，然而同样鉴于环境问题的专业性，专家的解释对于普通公众而言在理解力和接受度上都存在障碍，在这一过程中，大众媒介所起到的就是将较为艰涩和专业的环境主张通过新闻工作者的选择和解释，以通俗易懂的形式传递给受众，让受众能够了解和掌握这一问题。

与此同时，在对环境主张的解释过程中，大众传媒还承担着对脱离环境主张的行为的监督责任，这是大众传媒的社会责任所要求的。正如普利策所说，新闻记者作为船头的瞭望者，要在一望无际的海面上观察一切，审视海上的不测风云和浅滩暗礁，及时发出警告。在环境问题日益成为世界性问题的今天，环境破坏的难以修复性，使得环境的变化对人类的生存和发展所带来的威胁就如海面上的不测风云。大众传媒在这一过程中就时刻承担着"瞭望者"的角色，监测环境的变化，为受众提供信息。亚太环境记协主席冈布隆先生曾说，在各国乃至世界的环保事业中，大众传媒充当着监督者的角色，他们是政府和企业执行环保政策、履行法律责任的监督者。在对环境问题进行信息传播的过程中，大众传媒的舆论监督功能，能够有助于在社会中形成强大的舆论监督的氛围，并引导舆论，在较短的时间里扩大舆论空间，引起受众对问题的关注，推动政府、企业等相关部门对于环保问题的有效解决。近几年来，随着新闻媒体社交平台的不断发展，大众传媒在环境问题中的舆论监督功能得到了更好的体现。从厦门 PX 事件到番禺垃圾焚烧发电项目受阻都充分体现出舆论的监督功能，在大众传媒的有效引导和监督下，环境污染项目最终被搁置。大众传媒的舆论监督能够以更为明确的方式向受众传递哪些是偏离环境主张的行为，哪些行为是对环境主张有益的行为，从而更好地将环境主张传递给受众，使其理解和接受。

（二）构建公共话语空间

环境问题要成功完成社会建构过程，重要的一点即是能够有效地吸引公众的注意力，同时能够将环境主张合法化。而在这一过程中，大众传媒不仅能够借助其广泛的传播范围和视觉的、听觉的多重冲击力来使环境主张得到公众的关注，同时大众传媒为不同的利益群体提供了意见交流和表达的空间，多元化的意见交流能够有效地实现对环境主张的辨析和说明，而大众传媒自身对环境主张的框架选择又潜移默化的影响公众的选择和思考，在此基础上引起公众的共同关注形成社会舆论，借助强大的舆论压力来给政策的决策者施加压力，完成对于环境主张的合法化。

德国社会学家哈贝马斯在其 1990 年出版的《公共领域的结构转型》中指出具有操纵力量的传媒影响了公共领域的结构，同时又统领了公共领域。大众传媒的公开性、开放性、互动性的特点赋予大众传媒天生的公共性。处于信息时代的我们生活在大众传媒所营造的"拟态环境"中不仅受其影响和操控，同时通过对于信息的接受和反馈，影响现实环境。在以互联网为代表的新媒体和社交网络的发展进程中，大众传媒为公众表达意见提供了一个平台，使得各个社会阶层的交流变得更加活跃，从而使得社会问题转换成社会热点话题的速度不断加快，对社会热点的讨论促成观点的自由市场的不断发育，从而促进民主政治进程的加速。

2003 年云南怒江反坝运动成为我国环境保护运动进程中的标志性事件，2003 年 6 月华电集团与云南政府签署协议，启动云南华电怒江水电开发项目，决定在怒江建设十三级水坝，但该项目遭到国家环保总局的拒绝。民间环保组织"绿家园"创始人汪永晨在得知这一消息后，连同云南河流保护专家和媒体记者向云南政府递交了反对建坝的意见书，但该意见书遭到当地政府的反对。由此，以国家环境局、NGO 非政府组织为核心的反对建坝一方和以云南政府、水电集团和以方舟子的新语丝网站为核心的主建方展开了辩论。在这一过程中，《人民日报》、《中国青年报》、《第一财经日报》、《21 世纪经济报道》等报纸都刊发了大量有利于反对建坝方的报道，形成了强大的反建公共舆论，在怒江反建运动阶段性胜利中发挥了重要作用。而这些媒体的报道又迅速在网易、新浪、搜狐等门户网站得到了传播，引起了关注。同时汪永晨绿家园官网站发起了"情系怒江"的活动，借助新闻、图片、论坛等掀起网友对怒江水电项目的讨论，以互联网为纽带，媒体、知识分子等各个阶层通过网络表达了各方的意见。与此同时，方舟子也同样利用新语丝网站对反建方提出的观点进行反驳，认为其观点缺乏科学依据。

尽管2006年怒江大坝的建设方案经过修改并得以实施，但在此次运动中我们可以看出，无论是传统媒体还是网络媒体都为公众意见的表达提供了充足的空间，为各方的观点辩论提供了市场，同时有效地动员了公众的参与意识和环保意识，为政府的决策提供了参考的依据，在这一过程中，政府的决策过程得以公开化和透明化，公众的知情权得到了保障，这些无疑都彰显出大众传媒对社会公共领域空间的构建作用，政府态度的转变也体现出大众传媒在对环境合法化中的贡献。

（三）设置议程进行社会动员

一项环境主张能够通过合法性的门槛，有效的被执行和实施过程并不会是一帆风顺的，会出现环境主张提出者和公众不间断的抗争，尽管这一抗争过程可能更多地体现在政治领域各个利益群体之间的不断抗争，但是大众传媒的议程设置功能依然是不可忽视的作用。大众传媒通过报道或者不报道某个议题，会影响到公众对于该议题的感知，而大众媒体对某个议题的突出强调，同样会影响公众对该议题的重视程度，这便是大众传媒的议程设置功能。大众传媒对其传播内容的选择和强调，决定该内容是能够成为热点话题，从而引起公众的注意力，大众传媒已经成为社会议论中心的重要提议者。随着大众传媒对于环境议题的不断传播和强调，促使公众对于环境问题的严峻性加以重视，从而提升公众的公共意识，使公众能够意识到环境保护的意义和重要性，从而形成对环境议题的参与和责任意识，起到社会动员的作用。

"中华环保世纪行"活动是能够充分展现大众传媒的议程设置和社会动员功能的经典案例。1993年开始由全国人大环资委会同中宣部、财政部、国土资源部等14个部门共同组织，由《人民日报》、新华社、中央电视台等28家中央和行业新闻媒体共同参加的"中华环保世纪行"的大型环保活动，每年围绕一个宣传主题，组织新闻媒体进行采访报道。在这一过程中，大众传媒的议程设置和舆论监督功能得到有效的发挥，解决了一批重大的环境与资源问题，提升了公众的环保意识和法制观念，推动了相关的立法工作的开展和实施。

（四）引导教育提升公众环境意识

社会学家沙莲香认为："大众传播媒介具有文化传递的功能，通过大众传播把文化传递给下一代，并不断教育离开了学校的成年人、社会成员共享同一的价值观、社会规范和社会文化遗产。也可以说这是一种教育功能，让一代代人在社会化过程中学习、认同社会系统、社会经验和社会知识。"借助大众传媒的舆论监督和议程设置的优势，大众传媒将环境意识和环境文化进行普及，成为社会主流价值观，以潜移默化的方式影响受众的观念意识，促进公众思维方式和社会实践的转变。

环境问题作为社会问题，不仅仅涉及环境本身，通常环境问题的出现背后涉及政治、经济、文化等多重问题，因此当环境问题出现时，不同的利益群体会出现不同的诉求从而产生分歧和矛盾，如厦门 PX 事件、福建紫金矿业污染事件等重大环境事件都体现出地方政府经济发展和环境保护之间的冲突，政府利益、企业利益、公众利益三者不同的利益诉求必然导致矛盾冲突的出现，公众为保障自身的生存权益，采取游行示威等方式给政府施加压力，甚至出现暴力冲突事件。在这一过程中，大众传媒常常为不同利益群体进行沟通协商提供平台。政府和企业借助大众传媒充当社会减压阀，安抚公众的情绪，引导公众理性思考。同时公众借助大众传媒表达释放民意，加快政府信息公开的政策制定的速度，从而实现各方信息的横向流动，促进社会问题的合理解决，提升政府的"善治"能力。

三、以 PM2.5 议题为例分析媒体责任的欠缺

（一）报道倾向凸显官方立场，公众立场缺位

新闻报道要能够呈现出多元化的信息和立场，要成为一个交换评论和批评的论坛，而不是以单一的立场来呈现和还原新闻事实，这是报刊社会责任论的要求，也是媒体在环境报道中搭建公共话语空间的责任。环境议题作为一个复杂的社会问题，通常涉及政治、经济、文化等多种因素，关系着多元化的利益群体。对于新闻媒体而言本着社会责任意识和新闻专业主义的要求，媒体对环境议题的建构应当呈现出多元化的状态，在报道立场上应当保持客观和中立的态度。但是通过我们的分析可以发现，在 PM2.5 议题的媒体建构中，报道的立场凸显出官方的立场，权威信源是环境议题框架的主要定义者，而公众和 NGO 的立场则出现缺位

的状况。

信源是报道议题框架的主要定义者，在 PM2.5 议题的报道中，微博平台的信源呈现多元化的局面，但是往往能够引起关注的来自微博中的意见领袖和传统媒体的官方微博，他们大多是各个领域中具有社会影响力的精英人士，因此可以说微博中的意见领袖是微博平台中环境议题框架的主要定义者。而传统媒体中，在我们对《人民日报》和《新京报》进行的报道信源分析中，政府官员和环境专家的信源占据了 80% 以上的比例，甚至《人民日报》几乎所有的信源都是来自于官方和环境专家。可以说权威信源成为 PM2.5 环境议题中主要的框架定义者，导致媒体在信息的传递中呈现的往往是来自官方和环境专家的声音，而难以看到公众和环保组织的身影。尽管《新京报》共有 11 篇来自公众信源的报道，并且通过"来信"和"观察家"两个栏目中刊登来自公众的评论和建议，体现出了媒体与公众之间的互动，传递出了公众的声音，但是无论是在所占的比重还是冲突性上都是较为弱化的。

以政府官员和环境专家等权威人士为主要信源的新闻报道能够保障环境议题报道的科学性和专业性，也是去除碎片化信息保障议题聚合的有效方式，但是单一的信源会导致在报道中呈现出立场一边倒的局面，对于公众声音的忽视，也容易产生媒体在环境议题中出现"失声"的局面。例如，2011 年 10 月底接连出现的雾霾天气引起公众对官方公布的环境质量状况的质疑，非政府组织的 PM2.5 自测行动在网络上得到来自各方的响应。但是政府迟迟没有做出回应。从《人民日报》和《新京报》的相关报道可以看出，传统媒体在对我国官方的数据和美国大使馆之间的数据争议的回应都存在滞后的现象，《人民日报》的回应出现在 2012 年 6 月 6 日的报道中，《新京报》出现在 2011 年 11 月 2 日的报道中，而具体的回应也呈现出"美国大使馆的数据在监测规范、监测方法、统计方法上都不符合我国国情"的整体基调，认为监测数据并不是夸张才显得认真。来自政府官员和环境专家的信源在一味地强调美国大使馆的监测数据不能作为我国空气质量的标准，但是对于连日的空气质量数据与公众之间的感知之间的冲突并没有明确的解释，这样的报道是难以满足公众的困惑和信息需求的，只能导致公众对政府和媒体的公信力的降低。

除了在报道信源上，传统媒体的报道信源以政府官员和环境专家这类权威信源为主外，在报道内容上也更多地呈现的是官方的立场，公众立场欠缺。在对样本进行的分析中，我们不难看出，关于政府如何推进和实施 PM2.5 的监测的制度化主题和责任框架出现的频率和所占比重都占新闻报道的主要部分，而关于

PM2.5 的成分、PM2.5 对公众生活和健康的危害则提及的较少或者说处于有意识的淡化中。在我们所选择的样本中只有在《新京报》11月3日的报道中提及"雾中有害物容易被吸入容易诱发或加重气管炎、咽喉炎、结膜炎等一些过敏性病症，雾中的一些病原体还会导致头痛，甚至会诱发高血压、脑溢血等疾病。"而但对于有研究者提出的在灰霾天气严重的年份后北京地区的肺癌患者增多的说法，《新京报》在 2011 年 12 月 13 日做了标题为《PM2.5 与肺癌率上升无明确因果关系》的报道。而对于环境总体质量状况，"奥运后空气质量未恶化""中科院大气物理研究所专家称，近10年监测显示，PM2.5 浓度逐年上升，但 PM10 每年下降 2%—3%""秋冬季节出现雾霾为正常现象，没有证据表明雾霾有多发趋势""空气含有害物质""不等于毒气"这些代表官方立场的信息被使用在标题中凸显出来，无疑也彰显出对官方立场的倾向。官方立场被凸显，公众的利益和诉求缺失，不仅反映出新闻媒体在社会责任意识和新闻专业性上的缺失，也反映出我国媒体在环境议题报道中所面临的困境。

（二）环境报道欠缺可读性，弱化公众认知效果

斯多金和伦纳德曾经总结过环境新闻报道的核心困境：环境故事是我们的时代最复杂和迫切的故事之一，它牵涉抽象和概率科学、迷宫式的法律、哗众取宠的政客、投机的经济以及个体与社会之间复杂的相互作用。大多数人认为它所关注的正是我们所知道的地球文明的未来。也许与绝大多数故事相比，它更需要细心的、比豆腐块长的报道和分析。约翰·汉尼根在《环境社会学》中提出要成功建构一个环境问题，需要必备六个必要条件，其中之一即是一个潜在的环境问题必须用非常形象化和视觉化的形式生动地表达出来。在西方的环境新闻报道中偏好于以争论和冲突为特色的故事，冲突性框架是其采用的框架，思想性往往让位于对轰动效应的追求，冲突性框架的使用往往能够提升环境议题报道的吸引力和可读性。从以上的论述中可以发现，对于环境议题的报道其可读性和深度是新闻工作者要追求的重要部分。但是，在 PM2.5 的报道中，《人民日报》和《新京报》在报道的灵活性和可读性上仍然存在着缺陷，在报道中仍然存在缺少有效信息的空洞表述。例如，以下这则消息，来自于《人民日报》2013 年 10 月 24 日第 9 版：

本报北京 10 月 23 日电（记者朱竞若、余荣华）10 月 23 日，由 6 省区市 7 部委协作联动的京津冀及周边地区大气污染防治协作机制在北京启动，这是贯彻国务院《大气污染防治行动计划》的一个重要举措。北京市、天津市、河北省、山西省、内蒙古自治区、山东省和环境保护部、国家发改委、工业和信息化部、

财政部、住房和城乡建设部、中国气象局、国家能源局的负责同志，当日召开了首次工作会议。

中共中央政治局委员、北京市委书记郭金龙表示，希望京津冀及周边地区大气污染防治协作机制这一平台不断丰富区域协作内容，逐步建立协作长效机制，进一步深化区域联防联控工作；交流各地的好经验、好做法，相互借鉴吸收，加强在信息共享、措施联动等方面的沟通；强化中央单位与地方以及各地方之间的互动。今后，在新机制下，按照"责任共担、信息共享、协商统筹、联防联控"的工作原则，北京等6省区市和环境保护部等国家部委，将执行一系列工作制度……

这则消息是典型的会议新闻的报道模式，在信息上缺乏有效性和时效性，整个报道中缺乏具体的实施措施，在可读性和信息上都是欠缺的。

除了在可读性上的欠缺之外，在报道的深度上也存在问题。通过《人民日报》和《新京报》对于PM2.5环境议题的主题进行分析，关于PM2.5的议题报道主题主要处于PM2.5的科学常识和制度化进程的信息告知层面，但是环境议题本身所包含的政治、经济、文化等复杂的因素，以及所涉及的多元化利益群体决定了在环境议题的报道上应该做到从表象到本质的转变。除了进行基本的信息告知之外，应该从关注公众的利益角度出发，探讨PM2.5形成的因素，与整个社会的经济发展模式存在怎样的关联，在治理PM2.5的过程中所涉及的汽车、能源等污染物排放较高的产业有怎样的反应和对策，国外关于PM2.5的治理经验和措施等等都是能够挖掘的素材和进行深度报道的内容。在报道的视角上，也可以将报道视角的范围进行扩大，打破PM2.5议题本身和政府层面的限制，从公众的视角出发，反映公众对PM2.5的应对和在此过程中的环境意识的转变，树立典型性来实现对公众的动员，也能够增强环境议题报道的可读性和人文情怀。

（三）公众环境意识培养报道缺失

大众传媒的培养理论揭示了在现代社会大众传播媒介所展现的拟态环境对于公众所认知的现实世界的潜移默化的教化作用，大众传媒强有力的渗透性和广泛的信息覆盖面潜移默化地影响着公众的认知和行为，因此大众传媒对于公众环境意识的培养有潜在的优势。环境问题最终的解决需要依靠全社会的力量，公众日常生活中的环境意识决定了公众在面对环境问题时的参与程度，培养公众的环境保护意识，将其内化为公众的日常行为习惯，对于环境保护事业来说是至关重要的。但是，通过我们对文本的分析不难看出，大众传媒在对环境议题的建构中往往凸显的是该环境议题的成因和危害以及政府的应对措施,而在动员公众如何参与环境保护上则显得力度较小。大众传媒对于环境的报道往往呈现出阶段化的状况,以 PM2.5 议题为例,PM2.5 的报道集中在每年的冬春季节,并且多为现象的描述,有关动员公众参与环境保护方面较少。因此对于媒体而言,持续性的报道和有效的引导是必要的。

(四)对"深绿色"媒体建构理念的展望

在环境问题已经成为全球性问题的今天,环境的变化必然将越来越成为媒体关注的热点话题,那么对于大众传媒而言,也必然将面临如何更好地报道环境议题,更好地完成环境议题的社会建构问题。汉尼根认为,环境议题必须占据独特的故事生态位,而不是简单地与大量的现存主题领域——政治、商业、农业、科学和技术有交叉。对此,一种"深绿色"的报道理念应运而生。上海同济大学诸大建教授曾对"深绿色"做过如下定义:所谓"深绿色"理念,是相对于"浅绿色"的环境理念而言的,"浅绿色的环境观念"就环境论环境,较少探究工业化运动以来的人类发展方式是否存在问题,其结果是对旧的工业文明方式的调整或补充;而"深绿色"的环境观念,洞察到环境问题的病因藏匿于工业文明的发展理念和生活方式之中,要求从发展的机制上防止堵截环境问题的发生,因此"深绿色"环境报道更具有深刻性。对于大众传媒对环境议题的建构的展望也同样是基于"深绿色"的环境理念。

通过分析和讨论,我们不难发现,正如环境新闻报道在相当程度上是社会建构的,在这一建构过程中受诸多因素的影响。首先,政治权利影响媒体的环境议题建构。在我国,大众传媒与政治生态系统有着千丝万缕的联系,体制的制约是大众传媒所面临的最大外部控制力量。作为党和政府的耳目喉舌,传媒的首要任务被赋予宣传党的路线方针的职责,因此不可避免出现在大众传媒构建的环境议题中制度性主题和框架占据主导位置,使得大众传媒在面对环境议题时,难以深入挖掘其背后所隐藏的政治和经济因素,对环境议题的报道陷于表面的浅层次报道的困境当中,而难以发挥大众传媒舆论监督的功能,最终导致环境议题难以真正被纳入政策领域,落到实处。

另外,大众传媒在市场化的过程中公共性的缺失导致在环境议题的建构中缺少社会责任意识和人文关怀。大众传媒在市场化的过程当中,为维持自身的经济利益加速了与资本的联姻,而资本则成为侵蚀媒体公共性的重要成分。为争夺受众扩大利益市场,大众传媒逐渐放弃大众传媒所应具有的公共性,在环境议题的构建中缺少对公共性的维护的自觉意识，而新闻工作者也在这一过程中逐渐丧失对于新闻专业性的追求。

对于环境议题而言，同社会新闻等其他类型的新闻类别相比，有鲜明的专业性和社会性，这就要求新闻工作者能够同时具备社会责任感和在环境领域的专业性，做好环境信息传播的把关人，能够将环境议题的全貌客观科学的展现给公众，秉承为公众负责的理念，抓住环境议题的本质和核心，从而引导公众进行全面的思考和理性的行动。对此，作者认为可以在以下几个方面做出努力：第一，在环境议题建构中，大众传媒应当遵循新闻专业主义和社会责任意识，真正从公众的视角出发，从"以人为本"的角度关注环境与人的生存状态和公众的利益诉求。这就要求新闻从业者能够深入基层，关注公众的生存状态，在新闻报道中体现来自公众的切身体验和声音。第二，加强舆论监督，对环境议题中所存在的问题进行披露，做好社会的"瞭望者"。在舆论监督过程中，媒体所要担负的不仅仅是对浅层次的揭露，同时要担负起对该问题产生的根本原因，如来自制度问题、企业本身的问题或是全社会该担负的责任问题的深入剖析，进行深度报道和持续性报道。只有找到根本的原因，才能真正提出解决的措施，由此避免在舆论监督过程中呈现媒体报道问题，相关单位保证限期整改，之后再无下文的断头式调查监督报道。第三，在报道策略上可适当地运用情感诉求和恐怖诉求的方式，来提升公众的环境意识，告知公众所存在的环境风险，从而真正调动公众的参与意识。恐怖诉求的方式，即告知公众该环境问题有可能给公众的生存带来的风险问题，例如对于PM2.5议题报道，PM2.5存在导致公众患癌的潜在风险，此类恐怖诉求能够将环境议题纳入公众切身利益相关的框架议题当中，实现调动公众关注的目的，但是在这一过程中要保证对该风险的报道的科学性和适度性，避免因不科学性导致谣言的滋生，增加公众的心理压力。第四，将环境新闻纳入学科体系，培养专业化的环境新闻报道队伍，也是提升环境新闻报道，实现环境议题的媒体建构的有效方式。对此，美国密歇根州立大学对环境新闻学专业人才的培养为我们提供了很好的案例，该校1994年创办环境新闻中心，创办者吉姆·德特金（Jim Detjen）本身来自于业界，奠定了该新闻中心业界与学界密切合作的基础，在与世界各地环境保护组织密切联系的基础上，该中心开设野外生存与环境写作、调查性报道、批评性环境新闻报道、环境、健康和科学冲突报道等课程，该课程同时面对新闻学、数学、生物、化学和土地专业等学院的学生，以此保证了环境新闻学人才的专业性。第五，加强与政府以及非政府组织的协商和沟通，提供开放、畅通的信息平台，有效地连接公众、政府、非政府组织之间的关系，推动三者之间的平等对话和合作，从而实现全社会对环境议题的参与和推动，以构建更为和谐的环境保护框架。总体上讲，对于环境议题的媒体建构是一个复杂并需要为之长时期努力的课题。

四、媒体新闻话语是意识形态的体现

（一）"人类中心"：思想观念和意识形态上的体现

从世界观、价值观、意识形态上看，一般新闻中所使用的词语均表征人类的活动对自然、社会以及其他人的影响，凸显的是人类对自然的支配，因此其所表达的是以人类为中心的世界观。价值观是人们对待客观世界的看法和评价，这些词语所表征的行为尽管是暴力的、不和谐的，但是依旧被认定为合理的、能够被接受的，同样也能够表现出一些新闻工作者在一定程度上依旧持有"人类中心"主义的观念。意识形态来自于社会存在，同样也能反映社会存在，张琳和黄国文指出话语生态分析要先揭示语言特征所体现的意识形态，因为意识形态影响人们的思想和行为。比如环境新闻标题中暴力词语的存在表明其能够为人类带来潜在的利益，如"砍""宰""射落"可以表示人类对自然界其他事物或者对他人的暴力行径，并且能够为自身带来实际的好处，在此意识形态表现为人类利益优先。黄国文指出语言反映的是人的意识形态，而意识形态又影响了人们的所思所想和所作所为，一旦对此产生认同，便会用它们指导自己的语言实践和行为。在媒体新闻空间中，蕴含在语言中的思想观念和意识形态会随着新闻传播逐步扩大其影响力，因而"人类中心"主义思想和人类利益优先的意识形态构成的思想体系所产生的破坏性话语势必会进一步破坏网络生态的文明和社会的和谐。

其实，从本质上来看，批评话语分析研究的就是语篇之上的意识形态，关注的是社会意识形态在语篇中的实施和构建，该方法主要讨论人类群体、语言符号以及社会生态现状作为主体之间的关联与协同性。批评话语分析中所涉及的公众意识研究方向和生态话语分析存在交集，但后者的研究理论认为，意识层面的判断标准不仅包括社会公众所构建的共识标准，还应包括生态标准。通过上述研究可以发现，生态话语分析更倾向于研究人，语言和生态这三者之间的有机关系和相互作用，生态话语分析研究涵盖语言所处的现实环境，同时也囊括社会的生态环境。后者在生态话语分析的研究范围中占比稍多。虽然生态话语分析和批评话语分析在研究的侧重点上存在着交叉，但也绝不能将其简单地归入批评话语分析的一个子范畴。二者既存在着共性，又存在着显著区分性。

（二）主流意识形态传播作用

在意识形态方面，媒体新闻话语最重要的作用在于：做好主流价值传播。做好主流价值传播可以形成社会规范、塑造社会共识。新闻方式传播主流价值是普遍方法。根据有关符号学理念与方法，认为主流价值传播既离不开前台新闻话语操作，也离不开后台"元语言"控制引导。主流价值传播实现路径是说好新闻故事，建好元新闻话语，用好新媒介。

实现主流价值传播有多种路径，新闻报道是常用的办法。用新闻事实传递主流价值，既通俗又隐蔽，较理论、文艺之方法更有优势，进而成为宣传惯用手法。本书主要运用符号学、叙事学理念及方法来探讨两个问题：新闻传播主流价值的实现机制，以及在当下新媒体语境下新闻传播主流价值的实现路径。

1. 主流价值传播的实现机制

就价值传播而言，媒体新闻话语表面上传播的是信息，实际上是依靠主流价值观来传播主流价值观。其一，新闻用事实来传播主流价值观；其二，新闻是在更高一层的价值规范即"元语言"支配下用事实传播主流价值观。

（1）新闻既指称事实又表达意义，反复传播就达成主流价值观

按照索绪尔的意思，新闻文本中的意义、价值判断等抽象观点不是现成的，而是通过新闻叙事话语建构出来的。同一幅名贵汽车图片，有人只看到汽车，进一步能出读出财富与地位，在一定的语境下可能代表的是物质至上的意识形态。这都是叙事或修辞的结果。巴尔特用符号学解释更为详细，称此为"意指化"在不同层次的结果。"意指化"过程大致分为三个环节。首先，将新闻事实作为分析单位或叙事对象，包括新闻事实中时间、地点、人物及行动过程等要素，假定它们是可以核实的透明的意义常量，也称为外延事实。其次，对新闻事实进行具体的话语操作，包括选择事实或聚焦事实，选择叙事框架和叙事视角等，如果是图像的话，则涉及选择不同角度、色彩、景别等。如此，被处理后的新闻事实中就隐含着一定的情感、立场与价值判断；再次，对类似隐含着不稳定的价值判断的新闻事实，进行反复传播，一个稳定的价值判断就此建构完成。巴尔特称这个环节为"象征"，反复传播也是宣传的技巧。经过这三个环节，同一个新闻事实，有人是看"山"是"山"，有人是看出意义，有人则看出抽象的理念或价值规范。新闻传播主流价值的要义，就是尽量让受众读出主流价值。

（2）后台"元语言"正确控制导向，新闻传播的价值观才正确

通过新闻话语操作，可以建构出稳定抽象的价值观点，但谁能对"话语操作"

进行操作，引导新闻事实按照一定的路径流向一定的价值模式之中？谁又能保证传播的价值观是正确的主流价值观？符号学认为，特定"元语言"或意识形态是背后推手。"元语言"是释言之言，是分层次的，可以是意识形态或价值观或新闻理念。它们是控制文本形成的意义植入规则，它们是控制文本解释的意义重建规则。将"胖"读成"美"，是发生在定义以胖为美的时代，将"富裕"读成"可耻"，是特定意识形态操弄的结果。巴尔特因此将，作为"元语言"的意识形态对前台"话语操作"的操作，形象地说成是"意识形态的修辞"。有学者干脆称此为"意识形态的实践"。元语言或意识形态，总是寻找并投影于新闻传播主流价值过程中，控制引导新闻表意的结果。因此，当我们在理解新闻传播主流价值时，不仅要看到前台，新闻叙事话语对新闻事实进行眼花缭乱地操作，进而传达主流价值观，更要看到包括意识形态在内的各种"元语言"，对新闻话语的控制与引导。

总的说来，新闻传播主流价值的实现机制，既有看不见的前台话语操作，也是看不见的后台"元语言"控制引导。因此，主流价值传播实现路径主要从两方面考虑：一是属于前台的新闻话语层面：说好新闻故事，评好元评论；二是属于后台的控制层面，包括元新闻话语建设，以及更高层次"元语言"建设。另外，连接传/受者的新媒介，也是价值传播"传播"层面上不可或缺的要素。

2. 熟悉主流价值传播的叙事话语

说好新闻故事，前提是所叙新闻事实是真实的，其次才是叙事。

（1）新闻报道必须真实

新闻方式传播主流价值，由于主观态度介入，并使用修辞话语，人们常常误认为新闻报道无须真实。实际情况正好相反。新闻传播的是主流价值，但前提是报道的新闻必须真实，新闻事实中各个要素要经得起核实。新闻叙事过程或"意指化"过程的每个环节，都要建立在新闻事实的基础上，以新闻真实为第一权威。新闻事实是"皮"，皮之不存，则以之建构的价值观则无处安身。另外，新闻真实是新闻方式传播主流价值观的优势所在、特点所在，主流价值观是意识形态以最自然化的新闻事实的形式向受众"征询"。较之，艺术的方式显得虚假，理论的方式显得枯燥，新闻的方式真实通俗、隐蔽有效。

（2）新闻叙事话语

小说家詹姆斯曾说：讲述一个故事有五百万种方式。每一种话语方式都会在读者身上唤起独特的阅读反应和效果。尽管新闻讲故事方式没有小说文体来得多，但特殊的叙事方法确实可以营造新闻语境，无声地"召唤"受众进入意识形态设置的价值模式之中。新闻叙事话语有叙事视角、叙事修辞、叙事时间、叙事结构等。主流价值传播，常用的手段是叙事视角和叙事修辞。叙事视角的应用，意味着新闻在展示外在客观世界时，并不是客观的、无知的、冷静的，而必然会精心选择一部分、过滤一部分、否定一部分、打压一部分。1997年香港回归，新华社、路透社、美联社对"中国政府恢复对香港行使主权"事件的报道，三条消息事实相同，但视角不同，报道字里行间透漏的情感迥然有别。因此，视角不同，被感知的方式决定哪个事件被看见，最能表现后台的立场观点，最易引导受众，从而叙述出一个"有意义的世界"，进而强有力地引领价值。如果说叙事视角涉及事实的选择，那么叙事修辞则关乎事实组合，其中背景事实，意味着对核心事实的解释。

（3）两种成熟的报道类型

主题报道与典型报道，是传播主流价值观惯用的报道类型。主题报道是由一件以上的事实经过综合、提炼而成，有鲜明主题。主题报道不是对现实机械、全面反映，而是有的放矢，从杂乱无章的现实世界中，有意识地选取最典型、最有意味的事实。使用的是一种"突出一点，不及其余"的戏剧化手法。主题报道还常常巧妙地借用宣传技巧：重复报道，即使用连续报道、系列报道等形式，以强化主题传播效果。典型报道也遵循主题报道的叙事手法。

3. 在评论角度站好立场

新闻评论有两个层次。一般新闻评论是针对新闻事件本身进行解读、评价与预测。更高一层评论，是对媒体报道或评论自身进行评论，即元评论或媒介批评，主要关注报道或评论的媒体动机与目的，报道或评论的合理性与正当性，如2010年福建南平校园血案发生后，多家媒体对此事件做了渲染报道，或发表评论。中国青年报对这些媒体"吃人血馒头"式的报道进行反思，发表元评论《少报道或不报道血案如何》，认为过度报道类似案件只能产生"示范效应"。传播意识形态的媒体自身，成为元评论的批评对象。

一般评论，在传播主流价值观方面，发挥重要作用。但在新媒体环境下，要关注更高一层次的元评论，评好元评论。大众媒体时代，主流价值观在"中心化"媒介传播下畅通无阻所向披靡，规范社会、框架共识，各种社会杂音无不应声倒下。而当下，人人都是麦克风、都是电视台，人人都可以对社会事件、新闻事件发表自己的观点与意见。一时间，舆论场众声喧哗、噪音四起。对此，除了对事件本身进行正确评论外，主流新型媒体更要利用元评论，揭露制造杂音的自媒体的话语动机、话语立场，揭示持病态立场的自媒体的话语合法性与正当性，为正常的主流价值观传播，排除舆论干扰和噪音障碍。同样是福建南平学案，案件发生后,有位作家在微博平台上将这起案件归因为"不要说杀人者精神有问题,个人精神问题大都传染自国家精神问题"。这种病态立场、社会杂音,很快得到一家晚报元批评的驳斥:《体制非屠刀挥向孩子理由病态舆论要负责》,直指对方"弱者即反抗,反抗即正义"的错误逻辑。

4. 指导主流价值传播的新纲领

新闻叙事和评论的过程与结果,能否正确传播主流价值,与后台元语言有关。元语言是分层次的,离前台最远的是意识形态,最近的是新闻理念。新闻理念,也可称为"元新闻话语",是人们谈论新闻自身而公开表达的观点。马克思主义新闻观是一种"元新闻话语",西方新闻专业主义,也是一种"元新闻话语"。"元新闻话语"最终是要受意识形态控制的,因此"元新闻话语"之间也是一种场域,存在争议或斗争的。国家不同、时代不同,元新闻话语的内容,存在差异甚至针锋相对。元新闻话语建设主要包括两方面内容:其一,新闻业应该为受众提供什么样的新闻内容;其二,新闻业如何为受众提供新闻内容。为了更好地探讨该如何建设"元新闻话语",我们将西方新闻专业理念和建设性新闻理念相比较,以便得到相关启示。比较的是上述的两方面内容。

(1)新闻业应该传播什么事实内容

新闻业应该传播什么事实内容,西方新闻理论已经发展出专有名词"新闻价值",报道的标准主要依靠事实的重要性、趣味性、争议性、异常性、时效性以及接近性。新闻价值标准有可取的部分,但其中"人咬狗就是好新闻""坏事情就是好新闻"等新闻理念,是建造在私有制基础上的西方新闻业遵循商业逻辑的必然选择。对于传播主流价值观而言,西方"新闻价值"部分标准应该果断抛弃。

建设性新闻是在"公共性新闻"理论框架之下的新发展,其不认为"正面新闻""好新闻"应该是在意识形态控制下传播主流价值的工具,而是公众之间相互交流协商形成价值观的工具。否定意识形态控制下主流价值传播是危险的。

(2)新闻业如何传播事实内容

新闻业如何传播事实内容,西方新闻专业主义概括为三点:客观公正、自由独立、服务公众。舒德森认为客观性是新闻媒体面对社会批评和不信任的一种理性选择。媒介社会学甘斯等人认为,客观性为新闻工作者提供一种保护。文化学者更为直接,认为是为了营造"真实"的一种修辞与叙事。与新闻专业主义将客观性原则视作圭臬相反,建设性新闻不仅承认新闻的主观性,更是强调"积极""参与"原则。记者不再置身事外,而是介入到社会问题的解决过程之中去,与公众一起协商,共筑美好生活。但建设性新闻在抛弃客观性上,似乎走过了头,忘记新闻业的边界,在"协商"的名义下,拒绝承担新闻媒体是应当承担意识形态"代理人"的角色。就价值传播而言,新闻专业主义,不承认作为后台的意识形态对新闻叙事的控制。不承认主体价值的介入,不承认新闻宣传、新闻引领价值。这表现出他们的"元新闻话语"建设的虚伪性。建设性新闻是直接否认,作为后台的意识形态对新闻叙事的控制,否认新闻媒体的意识形态"代理人"角色,表现为他们的"元新闻话语"建设的短视性与肤浅性。我们对新闻业的理念是:看重专业而非放任庸常,强调秩序而非消极自由,维护权威而非简单平等。最终,我国"元新闻话语"建设,就是要建成适应社会主义意识形态的新闻学,能胜任指导中国新闻实践,实现社会主流价值传播的新闻纲领。

5. 打通主流价值传播的新通道

主流价值传播,需要前台新闻话语操作,需要后台元新闻话语控制与引导,但最终要导向广大受众。内容的流淌,还得依靠物质的媒介平台支撑。当下,新媒介新特点,已是影响主流价值传播的新变量。适应新媒介新平台新身份,才能打通主流价值传播的新通道。

(1) 适应媒体新身份

"节点化"是用来描绘媒体在网络时代新身份的标签。网络媒体身份"节点化"是与传统媒体身份"中心化"相比照而言的。随着互联网登堂入室,以数字技术为元技术平台,将不同维度上的媒体重新整合在一起,形成一个全球涌动的网络空间,各种媒体都是网络空间的节点。曾经位于"中心"位置的传统主流媒体也不例外。"节点化"媒体,有个传播逻辑,即有位置但不必然有效力。即使贵为体制内有权力加持的主流媒体,在网络空间内,传播力影响力也不必天然大于自媒体,如短视频博主李子柒,以一己之力在油管上吸引粉丝量,甚至是某大型主流媒体各账户粉丝量总和数倍。李子柒的成功,是网络空间传播逻辑使然。

如何调整、适应媒体身份"节点化"的网络现状,要做的是无非有两点:其一,想方设法增强主流媒体的传播力影响力,将"节点化"媒体,变成主流价值传播"据点化"堡垒。"媒介融合"的议题对此探讨较多;其二,摒弃对大众传播时代主流媒体"中心"垄断身份的无限眷恋,要适应网络"节点"身份转型,改变话语方式。在网络时代,如果继续传统中心垄断的惯性,很容易导致舆情"翻车",如 2017 年,河南省一家公司发生火灾,有关部门应对及时。新闻宣传本可以表达:政府官员反应及时应对有力的事实,但官方微信第一时间发布新闻通报,却延续过往的套路。在这篇 263 个字的通报中,有 165 字都在介绍"各级领导重视"此事件的内容。而对公众更关心的事故原因和伤亡等情况,却仅有寥寥 14 字。

不适应新身份，引导舆论反倒引火上身。

（2）应用媒介新形式

"元媒介"是用来描绘媒介在网络时代的新标签。"元媒介"，就是媒介之媒介。"元媒介"从本质上讲是对传统各自为政的媒介形式，以数字化的方式重新"再媒介化"，从而统合现存所有的媒介形式与传播方式，并创造出眼花缭乱的媒介交互形式。从媒介再现的方式来看，元媒介重新整合了文本、图像、声音与影像；从媒介交互形式来看，元媒介创新点赞、转发、跟帖、弹幕等交互功能，甚至开发出更为高端的 AI/VR/MR/ 新闻游戏等交互功能；从传播模式来看，元媒介整合了一对一、一对多以及多对多的传播形态，被广泛地运用于主流价值传播之中。

面对"元媒介"技术赋能，主流新型媒体要创新报道形式，创新呈现手段，创新表达方式，如新华网推出的数据新闻作品《"征程"——红军长征全景交互地图》，通过视频加三维模拟技术衔接长征沿途各点，以基于卫星遥感图像的虚拟景观地图，呈现出长征过程中不同地区的地形特点及天气特点。作品全程融入互动、问答、直播、VR、无人机、影视剪辑等，让受众感受到长征强烈的历史感和红色精神。这种融媒体多模态呈现手段是单纯文字叙事技巧无法表达出来的。在创新表达方式上，网络社交媒体发展出的新闻文体既不属于消息、通讯或解释性报道等新闻报道范畴，也不属于社论、一般评论或新闻述评等新闻言论范畴，罗以澄将其归纳为"杂糅"类型，以适应新媒介环境下有效传播。

6. 万流归宗元语言

雅各布森总结的语言传播六功能模式，有个特点：六功能间两分对位又整体统一相互影响。新闻方式传播主流价值，境况大致如此。新闻在前台热闹非凡地叙事表演，是离不开媒介支撑、各类元语言控制的。新闻传播输出主流价值，既与受众共享，又要反哺元语言，同时走出系统与文艺传播、知识传播的主流价值相勾连。各要素间和而不同，但隐约间有个巨大的推手，在助力各要素携手完成以新闻的方式传播主流价值。跳出传播系统后发现，万流归宗，最高层次的元语言是中国社会主义意识形态。其集中体现我国主体的价值尺度和精神追求，是维护社会稳定、促进文明发展的根本思想体系。因此，主流价值传播，归根结底要建好中国特色社会主义意识形态。

五、新时代环境新闻生态话语建构的目标指向

进入新时代,中国生态文明建设取得了丰硕成就,走出了一条独特的中国生态文明道路,无论对中国社会生态环境的改善,或对全球环境治理都做出了巨大的贡献。中国的话语地位有了明显改善,中国特色社会主义生态文明话语体系的建构迎来了广泛的发展机遇,同时也面临是诸多现实挑战。

(一)反击西方强势话语的排挤打压

新时代生态文明话语体系的建构面临着西方绿色话语的强势压迫。西方资本主义国家发展较早,经历了工业革命的洗礼已经进入成熟阶段,发达国家凭借其国际地位奉行强势话语,将其占据的话语优势延展为一家之言的话语霸权。目前,国际话语仍以西方为中心,西强东弱的话语局势仍在延续。西方国家利用其话语霸权垄断国际话语,操纵着话语规则、话语议题与话语内容,成为国际话语的制定者,而发展中国家和落后的国家作为话语接受者,只能被动地获取话语信息。发展中国家的崛起必然会对西方国家话语霸权地位造成挑战,因此,一些西方国家总采取各种措施遏制发展中国家的兴起。伴随着中国综合国力的增强,其国际地位和整体实力有了明显提升,但是仍没有掌握国际话语权的优势。西方国家在国际社会中炮制"中国威胁论""中国崩溃论"等不实论调,利用其强大的传播平台和渠道控制信息流向,据统计,发达国家流入发展中国家的信息流量超过发展中国家流入发达国家的100倍。此外,西方国家以意识形态差异打压中国的话语权,制造一系列不利于中国发展的国际舆论,极力遏制中国的崛起,削弱中国在国际上的发声。

(二)建构为自己发声的话语体系

"中国环境威胁论"是阻碍新时代生态文明话语体系建构的最大障碍。西方资本主义国家为限制中国的发展,炮制出"中国环境威胁论"这一不实言论,将中国认定为全球气候变化的主要威胁者,将中国的高速发展归咎于对生态环境的严重破坏,质疑中国的发展方式,甚至对中国取得的巨大成就采取否定的态度,要求中国向发达国家一样承担"减排的责任"。西方媒体针对中国环境的典型问题进行大写特写的报道,批评环保工作中的不作为和官僚作风,指责国外的中国企业对当地的生态环境不负责任,谴责中国的产品环保标准低,对中国的良好形象造成极为恶劣的负面影响。纵然西方媒体对中国在生态文明建设的成果与努力也有报道,但往往寥寥报道持怀疑的态度。"中国环境威胁论"这一暴力话语严

重阻碍了新时代生态文明话语体系的建构，削弱了新时代生态文明的话语权。"中国环境威胁论"进一步印证了中西方话语结构的失衡，中国在回应这一言论时应化被动为主动，跳出西方话语的圈套，摆脱西方话语的羁绊，建构为自己发声的话语体系，树立良好的大国形象。

（三）增强生态文明国际话语权

西方国家在生态环境领域拥有巨大的话语优势和更丰富的话语建构经验，我国与西方相比，生态文明建设起步晚、经验少，也因此生态话语的发展与传播受制于西方。工业革命不仅为西方资本主义国家创造了巨大的物质财富，在发展中一系列环境问题也随之产生。这个时期，西方环境问题的爆发为人民的生产生活产生了恶劣影响，进一步催生了西方环境思潮与环境与运动的出现。与西方漫长的生态话语史相比，中国学术界对生态文明的关注与研究主要开始于改革开放前后，生态话语史相对较短，且中国生态文明话语的学术研究最初是追随于西方的，导致话语的原创性动力不足。新时代生态文明话语体系的建构应特别重视在借鉴西方生态话语的同时必须以本土性的原创内容为主，不应以西方的话语来指导中国的生态文明实践，避免削足适履，应争夺话语主动权。

第二节 "多元和谐，交互共生"的生态哲学观

上文本书也对于生态哲学观进行了一定的探讨。生态话语分析的生态哲学研究其实是生态哲学观的研究，是话语分析的伦理框架的研究。生态哲学与生态哲学观一同处于一个具有不同抽象程度的观念连续统上。

生态哲学在最抽象的层面讨论人与自然关系，生态哲学观则在此基础之上讨论如何建立一个语境化的实用框架。前者具有一定的去语境的客观性和普适性，而后者具有相对的主观性和语境化特征。在这个连续统的末端，还有一个抽象程度最低的成员——生态观。

生态观是一个或若干个存在于我们的大脑中的有关于生态的观点。这些观点可能是模糊不清、互相矛盾的，也可能是明确清晰、却说不清理据的。但是它们却指导着人们的行为。

生态话语分析的一项重要内容就是通过语言分析来揭示生态语篇中的观念，从而评价语篇的生态性质，即有益性或破坏性。在分析之前，分析者应该首先显化自己的生态哲学观，并保证它是理性思考的结果，是一系列明确、清晰、理据

充分的观念体系。虽然很多学者已提出生态哲学观在生态话语分析中重要性，在此领域专门针对生态哲学观的研究却不多。国外的主要研究者是 Stibbe，国内的主要学者有黄国文和何伟。下面，本书对于生态哲学观的具体内容进行一定的分析。

一、生存观

生态话语分析过程中必然或明确或隐晦地体现着研究者的哲学思想。由于生态话语分析以通过语言提高人们保护生态环境的意识，进而解决生态危机为使命，环境被视为与人类具有相同的（对于某些极端人士来说甚至是更高的）价值。

因此，多数研究者自发地采取了"生态中心主义"的价值立场。这促使各种研究虽然彼此的语言观点有所差异，甚至针锋相对，但其据以评价语篇的标准却是相同的，即语言系统或语言使用中体现人类中心主义思想及其衍生的"增长主义""阶级主义"等观念的语言想象应该受到批判。这种哲学观念在大多数研究中被看作是生态话语分析的一个预设，不但未被质疑，也未予以充分论证。其研究结果虽然呈现了语言学证据，却不免缺乏哲学上的系统和深度。

生态语言学的研究处处渗透着生态中心主义思想，然而对生态哲学（观）的专门研究却是近几年开始的。首先明确地提出生态话语分析的伦理标准的是 Stibbe。

Stibbe（201）从三个角度对生态哲学流派进行了梳理，提出生态哲学的三个连续体：一是伦理主体的人类中心主义——生态中性主义连续体；二是政治主张的新自由主义——社会主义、地方主义或无政府主义连续体；三是（对待经济发展和科技的）态度上的积极主义——消极主义连续体。这三个角度相互之间具有某种一致性。

保守的新自由主义流派倾向于人类中心主义，并对以科技解决生态危机充满自信。如政治保守派的"丰饶论"者（如 Lomborg，Ridley）相信，人类的智慧和发达的科技最终会解决生态危机和能源问题，人类应该为自己的利益而加速工业的发展。

激进的哲学和政治流派则倾向于生态中心主义，同时对科技和工业文明消极以待。如深绿计划（Deep Green Resistance，McBayetal）倡导者将工业文明视为使人类与其非人生物遭受苦难的罪魁祸首，主张精心策划以加速它的灭亡。

更为极端的生态中心主义是人类自愿灭绝运动（VHEMT）的支持者。他们悲观地将人类的所有生存活动都视为对生态系统的威胁，提出人类最好通过不再繁衍下一代来实现自我灭绝，以此来保护百万物种的生命。

显然，不是所有的生态哲学流派的主张都适于指导生态话语分析。Stibbe（2015）认为生态哲学的选择，或生态话语分析伦理框架的建立应符合以下三个条件：

一是可行性，不符合现实的主张不应进入研究者的生态哲学框架。如在所有地区追求经济增长是不可行的，即便是在最为富裕的国家也不现实，因为自然资源是有限的。

二是可接受性，生态哲学不应违背人类的本性。人类自愿灭绝运动要求每一个都放弃生育下一代是难以为人类所接受的。

三是一致性，生态哲学应符合现实，有理有据。

考虑以上条件，Stibbe（2015）在吸取不同哲学流派观点的基础上从以下七个方面提出了他自己的生态哲学框架：

（1）珍视生命（valuing living），爱惜包括人和非人的所有生物的生命。生命一旦产生便会并千方百计地活下去。保护生命是所有生物的内在需要。

（2）福祉（well-being），指活得有质量。人类（及所有非人生物）应该追求更加美好的生活，而不仅仅是维持生命。任何解决生态问题的方式都不应同时损害人的利益。

（3）现在和未来（now and the future），考虑的是生命的时间维度。我们要追求美好的生活，但是不能只考虑当下，还要考虑未来，还要想着子孙后代能幸福生活。

（4）关爱（care），对供养我们生命的生物心存敬意和感激。我们要幸福的生活，就要有吃的东西来满足我们，因此就会杀鸡杀猪杀牛来提高生活质量；这其实是人类为了自己的生存和福祉而伤害其他生命。对此，要有同情心和感恩之心，对杀害动物要感到遗憾，要认识到人类对其他物种的影响和伤害，要尽量把伤害最小化，通过爱护、保护生态来"反哺"供养着我们的生态系统。

（5）环境极限（environmental limits），指地球的自然资源是有限的，不是用之不竭的。人类不能过度消耗自然资源，不能严重破坏生态系统，不能浪费资源，尽力减少自然的消耗量。

（6）社会公正（social justice），强调要考虑他人的幸福。地球上还有很多人缺乏生存或维持幸福生活所需的资源。我们过度的消费或浪费，是以剥夺别人幸福生活为代价的。要想人人幸福地生活，地球上的各种资源就需要由富到贫进行重新分配。

（7）适应性（resilience），是指要适应环境变化，提高适应环境变化的能力。Stibbe（2015）认为工业生产导致的生态破坏已经发生，并且会不可避免地持续下去。人类必须寻求新的社会生活方式以适应每况愈下的环境。

Stibbe解释了这个框架中各个主张的来源，有深层生态思想（考虑非人生命的福利）、社会生态思想（关注社会公平）、可持续发展思想（关心后代的环境）、转型运动与黑山计划（承认环境变化）、女性生态主义（关爱生命）和生态动物主义（对非人生物的敬意和感激）。

以Stibbe梳理生态哲学流派的三个角度来看，这个框架在伦理主体上偏向生态中心，在政治主张谱系上倾向于社会生态主义，在对待经济发展和科技的态度上倾向于消极。Stibbe的生态哲学主张中有两点值得特别注意。

一是他的伦理框架表面上是生态中心主义的，但实际上是人类中心主义。黄国文（2017）也曾发表过类似的观点。他认为Stibbe的生态哲学观的出发点还是以人类为中心。它要求我们首先要重视人的生活（"重视生活"），而且要过得好（"福祉"），然后既考虑现在也考虑未来（"现在和未来"），也关心别人（"关爱""社会公正"），最终是要认识到地球所能提供给人类的资源是有限的（"环境极限"），因此必须提高对环境的"适应性"能力。这些要素基本上是围绕人的需要建立起来的。对非人生物的关照是出于它们在保持人类生活的环境方面的作用。当人类与非人类生命遇到矛盾时，人类生命是受到特殊眷顾的。

二是Stibbe虽然认为生态哲学应具有来自客观世界的证据，但是他强调生态伦理框架的主观性。Stibbe（2015）认为生态观复杂深奥，一个人的生态观随着其所接触的新观点及发现的新证据而获得的新体验在不断变化和不断演化。要概述一种普世的生态观非常困难，一个人的生态哲学观可能是不断变化的。他多次表明，不同的研究者的生态哲学（观）可以互不相同，并且是必然不同的。

二、人本观

黄国文是中国生态语言学学科发展的主要推动者。他在学科体现建设方面论著颇丰，同时非常重视生态哲学（观）的研究。他的生态哲学思想经历了由生态中心到人类中心的转变。黄国文、陈旸专门撰写了生态哲学（观）的文章。但是，在他们有关生态话语分析的早期作品中也曾表达出一些生态哲学层面上的观点。例如，在辛志英、黄国文（2013）的引言和结语部分分别进行了如下表述：

"人类中心主义终于退场，开始走向生态中心主义，探索自然与人的关系，探索如何守护我们的家园。生态中心主义的核心要义就是要唤醒人的生态意识，超越人类中心主义的狭隘视野，以全新的方式展现人与自然，把关注点从人的利益转移到整个生态系统的利益。人是自然的一部分，只有将自然生态的整体利益作为根本前提和最高价值，才能确保整个自然的再生性可能，才能确保人类健康安全地持续生存。"

　　这部分体现的"生态中心"思想相当明确。这种态度在黄国文、陈旸（2016）中有所转变。他们借 Stibbe（2015）和 Larson（2011）对生态可持续问题的讨论表达了对人类中心主义的支持，并指出要放弃人类中心主义而采取生态中心的观念起码就当前的状况来看是不可能和不现实的。

　　这种想法继而在黄国文（2017）中得到了比较系统的发展，那就是他提出的"以人为本"的假定和良知、亲近、制约三原则。"以人为本"的理念就是动物和植物的生命都需要得到爱护、保护，但在人与动物的选择上，首先选择的是人。

　　良知原则是指人要自觉、自愿地关爱自然，追求人与自然的和谐共处。亲近原则是人与地球上其他生命形式由于地理、空间、认知、情感和知识结构等方面因素而产生亲疏关系，应该按照这种关系对生态话语和行为做出判断。

　　最后，人的行为还应该受个人修养、社会约定和国家法规的制约，这就是制约原则。

　　这个伦理框架不再批评人类主体性，同时承认了人类利益的正当性，并且正视了生物圈的等级秩序问题，相当于认可了人类的特殊性。这与非人类中心主义的生态话语分析特征明显不同。这明显已经脱离了生态中心主义的基本立场。

　　在人本观的指导下，生态话语分析出现了不同于以往的特征。一是批判"增长主义"的同时认可人类的利益。黄国文（2017）认同 Stibbe 的"环境极限"的观点，同时提出根据不同地区和国家的经济状态而区别对待"增长"问题。判断是否应该"增长"要看能否保障人类的利益。二是在自然整体性背景下承认人类独特性。一方面，黄国文（2017）认为人的生存离不开自然。因此，人必须自觉、自愿地关爱自然，追求人与自然的和谐共处。另一方面，黄国文（同上）承认人与其他动物是有差异的，有等级的。在人与其他物种的选择中，人类优先。

　　Stibbe 虽然提倡生态哲学观应具有来自客观世界的证据，但是强调生态伦理框架的主观性。与 Stibbe 相比，黄国文提出的伦理框架更明显地倾向人类中心。

　　但在对待分析者所持生态哲学观的态度上，两个学者均一致地认同生态哲学思想的主观性。这在一定程度上为其他观念体系保留了介入空间。这也意味着不同的研究者尽可保留自己的哲学观而不应受质疑，因为既然主观性是合理的，那么差异就是必然的。

三、共生观

如果将主观性—客观性视为评价生态哲学研究的一个维度的话，何伟的观点则在这个谱系上倾向客观一端。不同于 Stibbe 和黄国文对生态哲学观主观性的强调，何伟等从其客观性出发建立生态话语分析的伦理框架。

何伟和魏榕（2017）认为生态思想的建构应根据生态系统的特点有所不同。针对不同的生态系统，分析者会持有不同的生态哲学观，如自然生态的"生存观"，人际生态的"心理生态观"，国际生态系统的"和平观""多样观""合作观"等。但是，针对同一生态系统，不同生态哲学观之间是有优劣、高下之分的。对于"和平观""多样观"等国际生态哲学观，他们并没有全然予以包容和肯定，而是指出它们从生态视角来说均不全面，并认为较为全面的哲学观不仅要关注生态系统中生态因子的状态和特性，而且要关注生态因子间的互动。

何伟和魏榕（2018）根据中国传统文化提出了"多元和谐，交互共生"的国际生态哲学观（本书简称"共生观"）。

在共生观中，和谐指的是国家之间和谐相处，万邦友好。并且，此"和谐"并非一元文化的和谐，也不是二元文化（非此即彼）的和谐。而是尊重各方利益、承认不同的多元和谐。

交互共生是国家之间互相补充、互施互化、彼此融合的相互交往模式。多元和谐和交互共生分别描述国际关系的静态和动态维度。"多元和谐，交互共生"的生态哲学观指导下的生态语言学研究的目的是"维护国际生态系统的动态平衡，推动国际社会的生态化"，从而促使国家变成具有生态意识的"生态国"，社会成为具有生态意识的"生态社会"。

生存观和人本观是关于生态系统中人与自然关系的观念体系。它们对生态系统的界定与生态学较为一致。一般情况下，生存观和人本观所谈的生态系统是自然生态系统。

共生观将生态圈分为自然生态和社会生态两个部分，认为人与人之间的关系是影响整个地球生态系统的重要因素，而国家作为由人构成的社会单位，也是生态系统中一个发挥作用的主体。但是，国家作为生态主体又与人作用的方式不同，因此需要不同的话语和行为规范。

总之，生态话语分析需要生态哲学思想做指导。Steffensen 认为分析者可以建构一套属于自己的生态哲学观（ecosophy），然后将这一套哲学观与语言学理论相融合，建构出一个适合话语分析的模式。生态哲学观或因生态系统而不同，或因个人、群体等而不同，比如 Stibbe（2015）针对西方国家经济活动与人类生活的话语提出了"生活"（Living）之生态哲学观，旨在促进人们保护赖以生存的生态系统；黄国文（2017）针对中国语境下的政治、经济、文化等话语提出了"和谐"之生态哲学观，目的是促进中国语境下人与人、人与自然之间的和谐；何伟、魏榕（2018a）针对表征国际社会生态系统即国际关系的国际生态话语提出了"多元和谐、交互共生"生态哲学观，旨在维护国际社会生态系统的良性发展。

何伟、魏榕（2018）指出，无论是哪种生态哲学观，也无论是关注哪种生态系统，均涉及生态系统内各生态因子之间的互动与协调；鉴于各种不同的生态系统相互联系，形成一个巨大的有关人类生产、生活和发展的系统网络，我们应该可以融合出一个普遍而适用的生态哲学观；该哲学观既应该是个人化的，又是社会化的，同时也应该是国际化或全球化的，能够促进整个系统网络的良性发展；这种生态哲学观应是具有高度概括性和普适性双重特点的"多元和谐，交互共生"，其汲取和融合了中国传统文化精华、传统哲学思想以及和平共处外交理念，崇尚系统因子的多元化、互动性以及和谐共生，不仅适于包括国际关系在内的各社会生态系统，也应适合自然及至整个生态系统。

该观点与潘世松（2017）从 Haugen 范式下进行生态语言学研究而提出的"语言生态伦理"概念异曲同工。"语言生态伦理"主张语言生态的自律或应当存在，强调语言作为生态位（即本书所提的生态因子）之间的和谐共生关系，在其指导下的语言现象研究提倡语言在发生、发展、传承等方面应具有律己德行，唯此，语言生态位之间才有和谐共生，这样才能促使生物多样性的可持续存在，也就是促使世界各生态系统及各生态因子之间的和谐共生。

鉴于"多元和谐，交互共生"生态哲学观的高度概括性和普适性，下文以该哲学观为指导，对原评价系统理论进行生态视角下的拓展和延伸。

第三节　生态语言学视角下的评价系统

评价系统这一研究成果是系统功能语言学在人际意义研究方面进行的扩展。可以说，评价系统是一个语义资源系统，这套理论适用于对语篇中语言使用者如何借助语言资源来进行评价行为、标示个体态度、描述语篇角色和安排人际关系等方面进行阐释与说明。

根据 Martin 的观点，评价理论由三个系统组成：态度系统，介入系统和级差系统，这三个系统又分别由不同的子系统所组成。态度系统扮演着三个系统的核心角色，研究的语言资源包括语言使用者在语篇中体现出来的情感反应、行为及价值判断，主要强调对人品或物值方面的评价。

一、态度系统

（一）态度系统概述

媒体新闻话语的研究属于社会价值的研究，而对社会价值的研究又是建立在对新闻媒体人员的态度和立场进行分析的基础上。因此需要运用评价理论中的"态度"子系统作为分析框架。

"态度"维度是评价理论中最重要的判断维度，是对语言使用者的情感、所述事物品质以及事物价值的评价和评判（valueofthing）。换言之，"态度系统"主要是指语言使用者或语言接受者在受到文本语篇对其产生的内在心理影响后，反之使其对文本内容及社会现象所产生的情感以及做出的判断和鉴赏。因此无论是情感的表达，还是人品的评判，或是事物价值的鉴赏，都可以分为正面和负面评价两种类型，并且也都同时具有显性和隐性的两种表达方式。

"态度"维度又包括三个子系统：情感系统（affect）、评判系统（judgement）和鉴赏系统（appreciation）。在这三个维度中，通过对"评判系统"与"鉴赏系统"的分析最终得出语言使用者对所述内容的"态度与立场"。只不过对于语言使用者进行这一系列的态度和立场的判断都需要读者依据文本中的语言使用来进行分析和解释而得出。

（1）情感系统是语言使用者使用情感类语言描述手法来表达自己对所述内容所产生的心理情感变化，进而从情感的角度对该内容进行评价，并根据事物情感差异分为褒与贬、强与弱。

表示情感类语言通常为情绪或感觉上的词汇，比如褒义类汉语语言资源有：开心、喜悦、棒棒哒、么么哒、很好、不错、眼睛放光、幸福、幸运等；贬义类情感词汇有：害怕、恐惧、颤抖、抓狂、沮丧、抓头发、怒吼、歇斯底里、嫉妒、眼睛喷火等。对应英文词语有：happiness, lucky, good, nice, mua, delighted, cool, sparkling, shining, fear, shaky, dull, jealous, scratch, hair-pulled 等。

此外，除了此类具有较为明显的情感意义的词汇来表达语言使用者的情感外，某一具体事件、该事件的名称或某事件的发生关系也同样具有明显丰富的情感。

（2）评判系统则是根据社会标准、社会伦理道德、规章制度或社会规范来对评价对象的：比如对于品质（有多不同寻常）、能力（能力有多强）以及意志坚定（内心思想或意志力到底多有坚定和果断）等进行判断；或对评价对象的某种行为或某些事件的社会伦理或社会道德方面进行判断。这两个方面的判断同样均有褒义与贬义、显性与隐性的体现，且依据这些社会法律法规来判断被评价对象或所述事物是否需要惩处，同级之下又分为社会评判（仅赞扬与谴责）和社会约束（赞扬、谴责并惩处）。

因此社会评判主要是指社会共识，也可以理解为是一种社会价值观和社会认同，无惩罚的结果。通常以口头的形式，在聊天、闲谈、笑话和故事中通过幽默的形式而非法律法规的方式对这种社会共识和价值观进行传播和告诫。比如2020年美国境内"黑人跪死案"所引发的国际社会公愤及对美国的谴责，就是典型的社会评判。

而社会约束则是社会评判的明文规定，是社会共识阶段的递进延伸，具有实际的处罚方式和结果。通常以正式文字形式出现（如教会和政府颁布的法令、告示、判决、昭告、规章制度和法律），以处罚为方法手段来传递某种意识和价值观以起到调整、约束和规范公众行为的作用。

比如国内知名女艺人范冰冰巨大数量的逃税及对其进行8亿人民币的处罚，就是典型的社会惩戒。

（3）鉴赏系统主要是对以下三个层面的分析和判断：

一是文本反应（文本对读者的吸引力或感情的影响程度）；

二是文本构成（文本结构的排列均衡和对称；以及文本是否通俗易懂）；

三是文本价值（通过社会标准来判断文本的社会价值）。

因此鉴赏系统主要探讨的内容是人们对于"事物或文本"价值的意义探索以及研究评估这些价值的方式。换言之，鉴赏系统主要用来解释语言使用者对文本或所述事物品格、意义及价值的欣赏，同样具有显性与隐性的正面和负面含义。

从某种程度上来说，评价理论态度子系统共分为：情感、评判和鉴赏。这三个部分均是通过词或句意来体现，均具有显性和隐性与正向和负面之别。其中"情感"是对语言使用者心理活动的描述，以人为分析主体；"评判"为基于社会标准、伦理道德和规章制度等对个人行为、个人品质和个人品德方面的判断，分为两个方面：无惩罚的社会判断，和有惩罚的社会约束；而"鉴赏"则是以美学观点对文本结构的分析和文本价值的赏析。

(二) Martin 态度系统的三分原则

基于不同的评价对象，Martin 和 White 又进一步将态度系统细化为情感、评判、和鉴赏三个相互交错的子系统。情感子系统关注语言符号的各种现象，可以用来解释语言使用者对行为、文本过程以及现象做出的情感反应，这种情感反应又可进一步细化为"品质"情感、"过程"情感和"评价"情感。情感子系统在整个态度系统中处于中心地位，也是评判子系统和鉴赏子系统的基础。评判子系统将伦理、道德标准或社会规章制度作为衡量语言使用者的行为的准则，这种评价借助社会认同和社会制裁来实现。鉴赏子系统是用来解释语言使用者对文本过程及现象美学品格的欣赏。该子系统可进一步细化为反应、构成与价值三个次子系统。

(三) 刘世铸态度系统的二分原则

刘世铸（2006）在对英语评价语法的模式类型进行研究的过程中发现，Martin 与 White 所提出的对于态度系统的三分原则具有一定的局限性，具体表现在以下几个方面：

第一，基于社会认知心理学现有的研究成果来看，态度这一概念具有两种不同的结构成分，"一个是认知成分，另一个是情感成分"。其中态度的认知成分指的是评价主体对于评价客体关于性质、意义等方面的认识、理解与评价；态度的情感成分是指评价主体对于评价客体的情绪状态和情感体验，例如喜欢或不喜欢，讨厌或不讨厌等。故评判和鉴赏均可划分到同一范畴之中，在成分组成上均属于态度的认知成分，因此不应将评判和鉴赏分解成为两个相对独立的子系统，这样会剥离情感体验的整体性和完整性。

第二，在 Martin 和 White（2005）的理论中，关于态度系统的划分主要基于评价客体的差异性。根据他们所持有的观点，情感是对个体情感因素方面的评价，评判是对个体行为方面的评价，而鉴赏则是对产品等方面的评价。需要承认的是，这一划分标准的确对评价对象这一客体成分进行了充分的考虑，然而却忽略了评价这一行为的本质特征。评价这种语言行为的核心应该是行为本身，评价客体只是促成这种行为的一种重要组成要素，评价的目标对象也是评价行为的接受者，只有将评价的核心确定准确才能够更合理地运用评价理论去分析实际出现的语言现象。此外，当评价主体发生鉴赏行为时，充当被鉴赏的一方不仅局限于客观存在的产品、货物，也可是人或人的行为，这些都可作为美学鉴赏的对象。

第三，对于 Martin 和 White（2005）所提出的关于鉴赏的两种诊断模式：（1）Person consider something APPRECIATION；（2）Person see something as APPRECIATION 来说，这两种识别模式在实际的语言现象中很难找到实证方面的支撑。而通过进一步研究发现，这两种模式并不能作为区分评判和鉴赏的直接依据。语料库的检索结果表明，在这两个模式中，鉴赏的意义占据很小的比例，出现在这两个模式的评价性词语大都表达着评判的意义。

（四）生态语言学视角下的态度系统

Martin 的评价理论，完善了语言的人际功能，但因其仅关注语篇中的语言资源，忽略了实际语境中语言资源体现的各种意识形态，如，"Thegirladoressmartapes."中的"adore"属于积极情感资源。若女孩身处自然，看到猿猴，心生喜爱，那么该资源传递了"人与自然和谐相处"等和谐生态意识；若女孩看到动物园中被训练的猿猴而心生喜爱，那么该资源违背了"人类尊重动物"等生态观，属于破坏性生态话语。因此，何伟、马子杰（2018）有机地将生态学和评价系统结合形成了生态评价系统。本书将围绕其中的生态情感系统、生态判断系统以及生态鉴赏系统具体分析。

1. 生态情感系统

传统的情感系统按照词汇本身词义将情感资源分为积极的和消极的。然而，从生态视角出发，同一情感资源在不同语境下、参照不同的生态观和情感来源，所传递的生态取向是不同的。因此，张杰瑞、何伟（2018）认为应更多关注情感资源背后所隐藏的情感缘起，即生态意识。基于此，何伟、马子杰（2020）提出了生态情感系统，并将其划分为情感种类、情感取向和情感缘起。情感种类、取向和缘起是合取关系，即情感资源传递出怎样的生态意识不仅取决于它的种类，取向还应考虑其情感缘起。同时，情感取向和 3 种不同生态意识是析取关系。在特定语境中，情感资源只能体现保护型、模糊型或破坏型生态意识，不存在同一个情感资源同时体现多种生态意识的情况。张杰瑞、何伟（2018）认为，若说话人的积极情感缘起于生态保护型意识，那么它值得传播和推广；若缘起于生态破坏型意识，则应加以抵制。

2. 生态判断系统

传统的判断系统是对评价对象进行肯定/否定、表扬/批评等二元对立式评判，也只关注语言资源本身所表达的正面和负面评价。但当判断标准不同时，即使判断资源相同，其结果也不尽相同。在生态视角下，判断标准更多考量生态意识、生态观等因素，如是否有益于生态或人类，即"自然本位"和"人本位"。由此，何伟、马子杰（2020）将生态判断系统分为判断种类、判断取向以及判断标准。判断种类、标准和取向是合取关系，即判断资源在某一种类内做出肯定/否定判断时必须要考虑其所选取的标准。同时，不同标准之间、取向之间是析取关系，即某一判断资源只能参照一个标准，表达一种态度取向，揭示一种生态意识。何伟（2018）认为，如果说话人以是否有益于生态作为判断标准，对有益于生态意识做出肯定判断或对生态破坏性行为做出否定判断，这种语言模式值得推广和学习。

3. 生态鉴赏系统

鉴赏系统是评价产品和过程的系统，同样可分为积极和消极鉴赏。其资源多以人类为中心，以人的价值作为重要参考，如考虑其人文价值、经济价值等，而往往忽略了重要的生态因素，如自然价值、可持续价值等。因此，何伟、马子杰（2020）对鉴赏系统作了补充，将其分为鉴赏种类、鉴赏取向和鉴赏对象。鉴赏种类、取向和对象是合取的关系，即鉴赏过程必须在考虑鉴赏对象的基础上对其做出积极或消极的取向。而种类之间、取向之间以及对象之间的关系又是析取的关系，即仅能对某个对象的某个种类做出积极或消极的取向。其中，生态鉴赏系统中的鉴赏对象则分为以人为本位的人文价值和以自然为本位的生态价值。当鉴赏资源以人为鉴赏对象，考虑人文价值、经济价值时，这样的语言模式我们不支持过多推广；反之，我们鼓励鉴赏资源以自然为鉴赏对象，考虑自然价值、生态价值。

（五）国际生态话语为例分析态度系统

我们以国际生态话语为例说明该态度系统的适用性。

（1）Despite doubts among some detractors, two CEOs of Western multinational corporations said they see substantial growth opportunities in China's Belt and Road Initiative, and are actively angling for a piece of the trade initiative in an attempt to win more orders.

（2）One of us is going to be a hegemon in 25 or 30 years and it's gonna be them if we go down this path.

（3）Trump simply threw away the single most valuable tool America had for shaping the geo-economic future of the region our way and for pressuring China to open its markets.

例（1）摘自 China Daily 于 2018 年 3 月 12 日刊发的一篇题为 "MNCs eyeing Belt Road benefits" 的报道。其中 angling for 意为争取、谋求，表达两位首席执行官响应 "一带一路" 倡议，希望与中国企业合作的意愿，属于评价系统中态度的情感子类，具体表达 "渴不渴望"。按照 Martin & White 对态度的标注，angling for 应为 affect：desire，简写为 +des。据此，原评价系统将 angling for 归为积极情感，而此归类依据的是 angling for 的单纯词汇意义，未涉及语境信息。

本书以态度系统为依据，对例（1）进行如下分析。首先，该例提到的 "一带一路" 倡议本质上是沿线国家共同合作的平台，强调 "共商、共建、共享" 原则，践行正确的义利观，以实现世界各国的和谐、相互借鉴、共同发展为美好愿景，是中国 "先人后己" 与 "己所不欲，勿施于人" 传统共赢思想的实践场。故而，话语发出者希望参与 "一带一路" 的各项具体实践，是遵循 "多元和谐，交互共生" 生态哲学观的表现。由此，该例对 angling for 的使用有益于国际社会生态系统的良性发展，属于有益性情感。

例（2）选自《FT 中文网》于 2017 年 8 月 18 日发布的一段题为 "'中美经济战' 进行时？" 的视频内容。该话语是白宫战略顾问史蒂夫·班农对中美经济关系的论断。依据 Martin & White（2005）对态度的标注，hegemon 为 judgment：capacity，简写为 +cap。显然，在原评价系统中，hegemon 不属于消极判断，但它与 powerful、vigorous 等积极判断词汇又不属于同类。这表明，原评价系统对评价意义进行的二分不够适用。霸权主义是经济、军事强国对弱国进行强行干涉和控制的外交主张，严重违背 "多元和谐，交互共生" 的生态哲学观。该话语声称美国和中国当中必将有一个会成为霸主。这是以己推人，缺乏中美经济关系互惠共赢意识的表现。从 hegemon 一词可窥见史蒂夫·班农只追求本国利益，不惜因此而干涉、压制他国利益，并对中国一再强调的绝不搞霸权主义和强权政治的主张充耳不闻，暴露其 "见利忘义" 的本性。这种认为国力强盛就会成为霸主，将前者看作后者的必要而充分的条件，是以利本位为判断标准的表现。可见，在 "多元和谐，交互共生" 生态哲学观视角下，hegemon 是破坏性判断，该话语属于破坏性话语。

例（3）出自 The New York Times 于 2017 年 6 月 28 号刊登的一篇题为 "Trump is China's chump" 的文章。其中 valuable 在原评价系统中被标记为 appreciation：valuation，简写为 +val，属于积极鉴赏。然而，该话语所指工具是奥巴马政府推动达成的泛太平洋战略经济伙伴关系协定（Trans Pacific Partnership Agreement,

TPP)。奥巴马在推动 TPP 的过程中，公开宣称全球经济规则由美国来书写，而不是由中国之类的国家来书写。TPP 不仅与贸易有关，也与地缘政治有关，是美日联合遏制中国的协议。美国对外经济战略的根本目的是调动和开发全世界的资源为美国的国家利益服务，继续保持美国的领导和领先地位。就 TPP 自身来讲，虽有助于减少濒危物种贩运、维护劳工权益等，但不同于不设排他性规则、不限国别、不搞封闭机制的"一带一路"倡议，TPP 以塑造排他性的、更高标准的全球贸易与投资新规则为主要内容，违背了"多元和谐，交互共生"生态哲学观。该例话语发出者将 TPP 鉴赏为 valuable，是就 TPP 可为美国带来私利这一特点而言的，完全不顾 TPP 具有损害公义的性质。话语发出者对 TPP 的价值做出高度赞赏，有害于国际社会生态系统的良性发展，属于破坏性鉴赏。

二、介入系统

（一）介入系统概述

基于交际的对话性，White（2003）提出介入系统，他将介入分为单声和多声两种介入方式，不同的介入方式由不同的介入词汇资源体现。"'介入'指语言学意义上的'态度'介入，也就是说，人们使用语言表达态度的时候，要么单刀直入，直陈所思，要么假借他人的观点、思想、立场等间接表达自己的思想、观点或立场"。某一话语只涉及一个来源，则为单声介入，亦称自言。一个话语涉及不止一个来源，则为多声介入，亦称借言。借言介入方式具有典型的对话性特征。借言之"借"，在于话语发出者允许不同于自己观点的声音存在。借言的两个子范畴———压缩和扩展体现了话语发出者对不同于自己观点的声音的允许程度。

本书认为，对介入的语境考察需要关注介入来源特征，将之区分为个人和非个人两类。个人不代表任何团体，仅代表个体；非个人包括组织成员、机构专家、政府官员、媒体记者等。刘世铸（2007）将评价主体分为个人、群体和社会，其中群体指一个集团、地区或国家，社会指人类历史发展不同阶段的民族或国家。而个人与非个人的分类更具可操作性，突出话语发出者的身份。值得注意的是，自言的介入来源系非个人。自言的介入内容是被普遍认同的，话语发出者选择自言介入方式则默认了全体大众认为其理所当然，故自言的介入来源是非个人，是最大的非个人集体。本文之所以对介入来源做个人与非个人的区分，是因为在对生态话语进行生态取向阐释时，同一介入内容由个人或非个人的介入可产生不同的生态效果。

同时，对介入的语境考察还离不开对介入内容所持态度的分析。概括地讲，明确地支持遵循"多元和谐，交互共生"生态哲学观介入内容的介入方式和明确地反对违背该生态哲学观介入内容的介入方式为有益性介入，同时介入来源不同，介入的有益性程度也不同；明确地反对遵循该生态哲学观介入内容的介入方式和明确地支持违背该生态哲学观介入内容的介入方式为破坏性介入，同样，介入来源不同，介入的有害性也不同；对无论是遵循还是违背该生态哲学观的介入内容进行保留地介入时，该介入方式为模糊性或中性介入。

事实上，本书探讨的介入是实现情感介入的介入方法，主要指如何使话语参与者比如从事新闻媒体工作的人员，通过各种话语手段和策略，确保接受新闻的对象积极主动接受。媒体新闻话语中的介入系统，不但可以推进话语的顺利进行，而且可能在话语中表达和协商各自的诉求。

本书中的介入是 Eggins&Slade（1997）提出的一个话语介入的语义系统，是话语参与者实现、构建、改变话语亲密度的一系列话语使用的方法或策略，主要包括称呼语、专业术语、俚语/反语言、污言秽语四种介入资源。这些介入手段更多关注的是如何使话语参与者积极、主动参与话语活动并参与话语意义协商，在保证话语活动顺畅进行的同时，尽量引导话语参与者接受话语传递的意识形态和思想观念，最终触发相应的话语行为的发生，达到通过话语传播新闻的功效。

1. 称呼语介入

在生态语言学视阈下研究媒体话语的特征和功能，主要研究对象是媒体话语产生与传播过程中使用的日常口语。上述四种介入资源中，称呼语，即直接称呼话语参与者的姓名或其他头衔引起对方的注意或参与话语，其作用是通过当前说话者指定下一个说话者的方式控制话语话轮秩序，保证话语顺畅推进，是保证叙事者和读者或者听众最直接和有效的方法与手段。因此，称呼语的使用者一般就是当前话轮的控制者，他通过指定下一个说话者的方式表明他们之间关系。这种使用称呼语的效果之一是将其他的话语参与者排除在外，它可能会引起话语摩擦。称呼语有多种形式，不同的形式表明不同的情感和地位关系。称呼语介入资源根据称呼的方式不一样，又可以分为"以姓名称呼"和"以其他称呼"两类称呼方式。

通过称呼话语参与者的姓名使话语参与者介入话语的方式，Pynton（1984）列举了六种以姓名为基础的介入话语的方法：含有积极修饰语的称呼语，如亲爱的＋姓名；含有消极修饰语称呼语，如讨厌的＋姓名；直呼名字（真实名字）称呼语；绰号称呼语；称呼名的称呼语；称呼姓的称呼语。除了上述称呼姓名介入话语外，Pynton（1984）还列举了不以姓名为基础的称呼语的介入方式：基于文化身份的称呼语；不基于文化，表达消极情感的称呼语；不基于文化，表达积极情感的称呼语。称呼语介入话语的各种方式之间的关系，如图 3-3-1 所示：

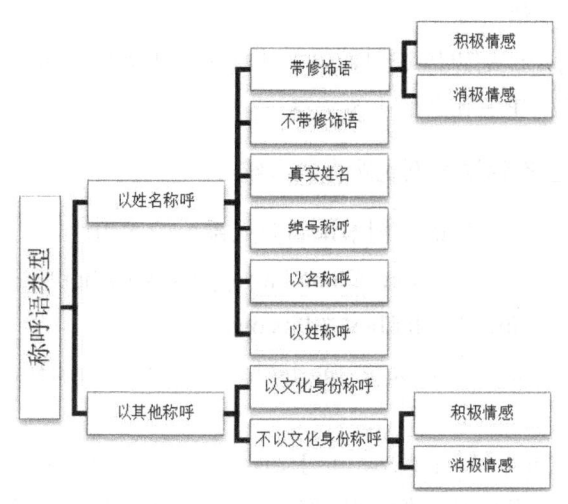

图 3-3-1　称呼语介入系统

2. 污言秽语和专业术语介入

在言语交际中，除了使用称呼语，保证话语参与者积极参与话语，专业术语或日常话语的使用，也具有纳入或排除话语参与者的作用。专业术语的使用直接影响到话语中权力的分布状况。

使用专业术语的"专家"，总是那些拥有机会控制话语的参与者，而不懂得术语者往往被排斥在话语之外。日常会话或话语中经常伴有不同程度的污言秽语，这类语言的使用要么以修饰语的方式融入其他语言之中，表达话语使用者的一种强烈的情感。话语中污言秽语的使用频次，标志着话语的随意或正式程度，不同的污言秽语频次建构和强化了不同的身份和地位。

3. 俚语和反语言介入

反语言是一种特殊的言语变体，Halliday（1978）最早使用这一术语描述"反社会"成员使用的话语方式，这一领域中罪犯话语是研究最为广泛的一种话语类型。反语言的特征之一就是创造多种不同的事物名称，根据话语使用的语境和话语使用者的目的指称同一事物，如有点新闻媒体对特朗普的称谓有好几种（如川普）。反语言传播的途径就是使用大量相关的同义词和近义词表达语言使用者对社会的一些情绪。俚语的使用也是一种人际资源。俚语的使用可以识别话语参与者之间的认同程度，与专业术语通过享有相同知识的认同方式不一样，俚语的认同方式是拒绝某种价值观或行为模式。俚语和反语言都能创造和示意某种协调与团结，也能创造和示意不平等的权势和排外关系，用于吸收或拒绝某些话语参与者参与或脱离某一话语活动。

评价理论将用于评估媒体新闻话语中体现了叙事者的态度；评判叙事话语是否为其传播的实施构建了和谐的生态关系。

（二）以国际生态话语为例说明介入系统

我们同样以国际生态话语为例来说明介入系统的适用性。

（1）Over the last few years, China has aggressively built up artificial islands, extending its military capability far beyond its own borders.

（2）I don't think it will be in the interest of any countries if their aim is to contain China.

例（1）摘自 Cable News Network 于 2017 年 5 月 2 日刊发的一篇题为"朝鲜核试验惹众怒，中美分歧点剖析"的评论。在词汇语法层面，该话语采用自言的介入方式，将中国在南海领域的所谓"不合法"行为表述为既定事实，不容任何异音的存在，该例介入取向十分鲜明。本书在"多元和谐，交互共生"生态哲学观指导下做如下分析：早在春秋战国时期《山海经》就对南海有描述，称其为"朱崖海渚"；近有《开罗宣言》恢复了中国对南海诸岛的主权。故中国政府在南海领域拥有行使主权的自由。例（1）的介入内容，即话语本身，脱离实事求是的原则，体现了其利本位的判断标准，故介入内容表达破坏性态度。话语发出者对该介入内容以明确肯定的介入取向来呈现，故其自言介入方式是破坏性介入。另外，自言的介入来源是非个人，是最大的集体，产生了极大的破坏性。

例（2）出自《FT 中文网》于 2017 年 11 月 1 日发布的一段题为"中国警告美国：不要试图遏制中国崛起"的视频内容。此话语中的 I....think 是引发扩展的借言介入方式，为可能存在的异音保留了话语空间；don't 是否定的压缩借言方式，关闭了异音的话语空间。根据原有介入系统，分析为：话语发出者坚持美国如遏制中国发展将有损两国利益的观点，但声明这是话语发出者个人的看法，蕴含了允许不同观点存在的人际意义。可见，原有的介入系统分析强调该例中话语发出者允许异音，这种介入方式巩固了与可能持相反观点的读者的主体间性，然而由于没有生态哲学观的指导，很难判断这种主体间性的强调是有益性的介入，还是破坏性的，或者是模糊性或中性的。而按照本书对引发介入特征的解读，此例中的 I...think 属于相对引发的借言，引发功能只是相对的，而介入来源就是话语发出者自己且介入取向明确，加之其后否定的压缩介入方式，故两个介入方式均传达明确立场，结合生态哲学观，其介入内容所持态度是以义本位为判断标准的生态有益性判断，该例中两个取向明确的介入方式均为有益性介入。由此可见，介入特征的精密化区分以及介入取向的范畴化是对话语的介入资源进行生态性解读时的重要依据。

若将例（2）表述为 It may not be in the interest of any countries if their aim is to contain China，则话语中的 may 虽同为引发扩展，但据前文所述，may 为绝对引发，介入取向保留，故为模糊性或中性介入。如果将该介入方式改为比原例（2）更具有益性的介入方式，鉴于该例的介入内容遵循"多元和谐，交互共生"生态哲学观，故可采用取向明确的断言介入方式，即可表述为 There is no doubt that it will not be in the interest of any countries if their aim is to contain China。

如上，在生态语言学视角下对话语的介入进行分析时，以对介入内容的态度判断为第一步，然后在词汇语法层面的介入方式分类基础上，做"明确介入"和"保留介入"的取向区分，并对介入来源做"个人"和"非个人"考察，最后结合生态哲学观揭示话语介入方式的生态意义。

三、级差系统

级差是语言态度意义中的一种根本属性，这意味着我们对某物或某人感受的强度。级差是情感、判定和鉴赏的基本价值属性，它同样也是介入系统的基本属性，主要表达介入的价值尺度，增强或减弱人们的态度。语言使用者（说话者或作者）用于增强或减弱其态度的方式有两种：

（1）运用态度增强词汇加强态度的力量，这种方法在级差资源中称为语势。态度增强词汇使人们对事物进行比较或分级成为一种可能，它可以分级描述的意义领域包括数量、方式、情态等。用于增强态度的词汇通常成为态度词汇，它们通常属于功能性词汇。

（2）使用语言加强（sharpening）或减弱（softening）经验的范畴，这种方法在级差资源中叫作焦点。与语势作为语言本身固有的属性不同的是，焦点本身不具有分级属性的事物具有了可分级的属性。焦点实际上是使事物的范畴界限具有可分级性的一种语言资源。

总之，级差系统（图 3-3-2）主要指话语使用中语力投入的尺度和语言聚焦的程度。因此，级差语义资源是评价系统的中心，它不但可以衡量情感的强烈程度，而且可以判断话语介入的亲疏尺度。

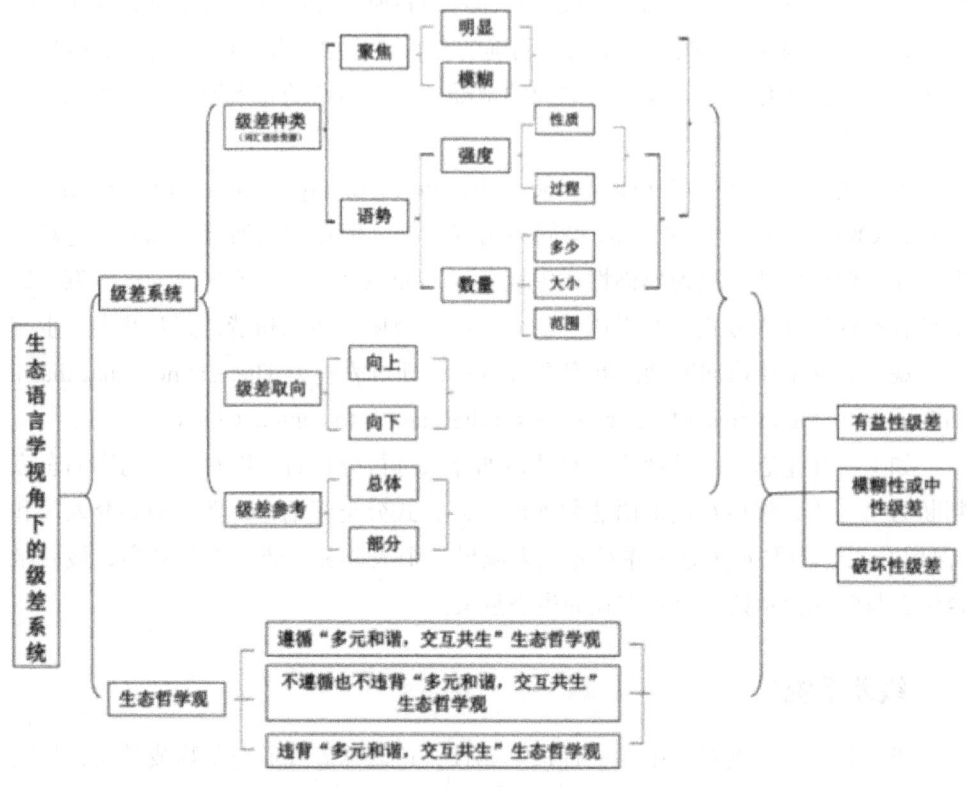

图 3-3-2　生态语言学视角下的级差系统

第四章 基于生态语言学的媒体新闻话语分析
——以环境新闻话语为例

生态语言学作为生态学与语言学的交叉学科，结合了生态学与语言学的研究方法，为传统的语言观注入了与自然相关的生态观思想。生态哲学观为指导，以及物性系统为理论基础，对环境新闻文本进行生态话语分析，有助于揭示环境新闻报道中传递的生态意识，为我国的生态文明建设做出贡献。

第一节 环境新闻语篇中的态度资源

一、态度资源的分析

态度（Attitude）资源是语言中表达情感的主要方法，Martin & White 在其评价系统理论中列举了情感、判断、鉴赏三种表达态度的方法。

情感主要与人们的感受有关，指人们对某种对象的好或坏的感受，它可以分为积极和消极两类，如我们感受到高兴或悲伤、自信或焦虑、有趣或乏味等。同时，根据情感的感受的方式，可以分为直接或间接两种。

判定主要涉及行为活动，它与情感一样也有积极或消极之分，可以是直接判定或者间接判定。不同的是判定具有对个人的判定或道德判定的区分，前者如我们对某种行为究竟是羡慕还是批评，后者指我们对某种行为是积极地赞美或消极地诅咒。

鉴赏指人们如何感受别人以及批评别人的行为，主要涉及对符号和自然现象的价值评判，也具有积极和消极两种标准。在情感、判定、鉴赏这一态度资源的子系统中，情感是基础和核心，它决定着人们对某一行为的判断结果，同样也影响人们对同一现象的鉴赏取向。

新闻是记者发挥主观能动性进行采访活动后的产物，因此当记者差异较为明显和突出时，新闻的质量也必然会随之产生相应差异。通常记者差异主要受到下列因素的影响：文化背景、身份地位、职业背景、研究领域、教育背景、思想认知等，因此本书试图探索并挖掘这些因素来寻找出现"态度维度"差异的原因及其内在联系。那么态度资源的分析应该如何进行呢，下面本书进行具体的分析。

语言可以使一个特定的过程、事件从众多个事件中凸显出来，并根据观察者的标准被赋予某种价值。但是观察者的标准是复杂、内隐并且千差万别的，不经分析和语言表述无从得知。所以，即使事件通过语言得到关注也可能被观察者赋予不同于说话者的价值，从而产生预料之外的态度。使人产生预期态度的最直接的语言形式是态度性语言。态度性语言所体现的态度意义较为稳定，具有较明显的极性，并且一般不因语境的转换而变化。例如，"腐败""懦弱"在多数语境中均体现消极评价意义，"美好""漂亮"体现积极评价意义。

态度性语言的分布可能受语域和语类的影响。语域可以根据不同的精密度阶进行分类，例如科技英语可再分为数学英语、心理英语等。环境新闻也可以按照话题（主题）再分为气候变化、空气污染、土地荒漠化、森林锐减、物种灭绝等。由于新闻媒体作为交际渠道不改变，语旨（读者与作者关系）也不会改变。

鉴于此，我们可以在语域上以环境主题为参数，在语类上以常见的新闻体裁为参数来描述和分析关于态度性语言的统计数据。

环境新闻语篇中情感资源、评判资源和鉴赏资源的频次比例大概为2∶4∶4。情感资源最少，这符合新闻语类力求"客观"的写作要求。从整体来看，积极评价词分布概率显著高于消极评价词。这是因为获奖环境新闻大多以正面事件为选题。即使是灾难性新闻，语篇也以政府、救灾者等正面人物为报道中心。由于消极情感与消极评判、消极鉴赏作用于读者的方式不同，态度极性在各子系统内部的分布有所差异。评判与鉴赏子系统的积极与消极资源分布比例大概是3∶1，情感子系统内部的积极与消极资源分布比例大概是1∶1。

态度资源的分布受新闻体裁影响。在消息体裁内部，情感资源最少，而评判与鉴赏资源分布大致相当。同时，情感资源集中体现在高兴和安全两个子系统上，评判集中体现于正当性和可靠性，而鉴赏则是估值。在通讯体裁内部，情感资源最少，其次是评判资源，鉴赏资源分布最多，三者之间存在显著差异。同时，消极情感资源较为集中，评判集中体现于消极的正当性和积极的可靠性，而鉴赏则是积极的品质和估值较为密集。这表明通讯突出地利用消极的情感资源和积极的鉴赏资源，同时在道德上趋向于批评，在可靠性方面趋向于赞扬。在评论/副刊内部，情感资源最少，评判与鉴赏资源分布相当。除了，情感子系统的消极资源有所提高之外，评论/副刊与消息的态度资源分布具有很多相同之处：情感资源集中体现在高兴和安全两个子系统上，评判集中体现于正当性和可靠性，而鉴赏则是估值。

语料库中被评价者大致可分为六类：个体被评价者、机构被评价者、人为被评价者、自然被评价者、局势被评价者和你我被评价者。个体和机构被评价者是有意识的行为主体，人为、自然和局势被评价者是无意识的主体。个人、人为过程（包括过程结果）被评价次数相对较多。可见，环境类新闻中被评价的核心仍然是人类。被评价的生态主体在各个新闻体裁中稍有差异。在消息中，机构和人为被评价者较为突出，而在通讯和评论/副刊中，个人被评价者最为突出。获奖环境新闻语料的七各主题中，个人被评价者在治沙造林和濒危动/植物保护两个主题中最集中。

情感资源类型及极性的分布受新闻体裁的影响。在各新闻体裁中，情感资源分布最少的是消息，其次是评论/副刊，最多的是通讯。消息中的情感极性趋向于积极，而通讯语篇则集中了较多的消极情感。可能的原因是通讯相比消息允许更多的具体描写，语篇关注的个人生态主体更多，可以对生态主体的情感进行全面和深入的挖掘。新闻各语类的情感者主要是有意识的人类主体。在人类主体中，消息关注群体的情感，通讯则从群体中凸显出个人的情感，评论/副刊则两者兼而有之。自然、人为和局势被评价者作为情感者的情况较少。自然被评价者成为情感者多是因为语篇对自然进行了拟人或比喻。因此，自然的情感者身份建构与人类情感是分不开的。

鉴赏三个子系统的分布频次大致相当。其中，积极的鉴赏资源占比最为显著。鉴赏资源的类型和极性分布特征在各新闻体裁内部差异并不突出，但在不同新闻主题中的分布差异较为显著。鉴赏资源在环保成果、环保与经济发展和自然灾害三个主题中的比重最高，均高过鉴赏资源在所有态度资源中所占的比例39.23%。此外，统计发现语料库中的人为、自然和局势被评价者是主要鉴赏对象。其中，针对人为被评价者的消极结构较多。针对自然主体的鉴赏资源较为集中于估值和反应—品质范畴，并且往往被赋予积极的评价意义。但是在自然灾害类语篇中也常常被赋予消极的估值意义。针对局势被评价者的鉴赏资源近50%相对较为结构资源（包括平衡和构成），并且消极意义较多。

评判资源中，可靠性和正当性分布最多，它们是各个语类语篇中都较为关注的意义。并且，可靠性多为积极，正当性多为消极。在各新闻体裁中，评判资源类型及极性的分布存在一定差异。消息以直接的道德评价为主，通讯则在保持新闻的"客观性"基础上尽量平衡情感与道德评价的比例，并且更多地着眼于道德问题的消极方面，而评论/副刊则着眼于积极方面。被评价者在语篇中的分布也有体裁上的差异。机构是消息的最主要被评判者，个人和你我是通讯和评论/副刊最主要的被评判者，自然和局势较少成为新闻语篇道德评判的对象。另外，环境管理类语篇较有可能使用更多的评判资源，而介绍环保成果的语篇则相对来说使用更多的情感和鉴赏资源。

二、案例语篇报道的态度资源分析

本书以 The Guardian 关于森林大火新闻报道的态度资源分析为例，展开对于环境新闻报道的态度资源分析

我们应该知道的是，对新闻报道的生态态度资源分析，有利于揭示新闻报道中的生态意识。因此，本书在 The Guardian 官网中以 "Australia'sbushfire" 为关键词进行检索，并按照时间先后选取 10 篇新闻报道，构建小型语料库，对其中的生态态度资源进行标注，然后按正面和负面评价对各类态度资源加以分类，最后定性分析态度资源背后的生态意识，以揭示西方主流媒体对此次事件的生态意识。

据统计，10 篇新闻报道中共有 412 个小句，使用态度资源共 269 次，占 65.29%。可见，态度资源在新闻语篇中应用十分广泛，新闻记者多通过态度资源来表达自己的情感、判断和鉴赏，以此来影响大众读者的生态意识。经过统计可得，如表 4-1-1 所示。

表 4-1-1 新闻报道中的评价对象及态度资源频率分布

评价系统	正面（评价次数—评价对象）	反面（评价次数—评价对象）	正面：负面	总计
情感	10-rain; 5-environment; 2-emergencyservice	21-fire; 17-situation; 13-climate change; Government; 9-policy; 7-smoke; 4-ScottMorrison	20：82	102 （37.92%）
判断	17-protest; 8-battle; 6-sustainablede-velopment	41-government'sreac-tion; 13-economy; 3-wayofburningwoods	31：57	88 （32.71%）

续表

评价系统	正面（评价次数—评价对象）	反面（评价次数—评价对象）	正面：负面	总计
鉴赏	11-attentiontoglobalwarming； 9-greeneconomy； 9-plantingtrees； 6-governmentfunds 2-earth； 2-ocean	11-Australiangovern-ment； 9-coalation； 8-incapabilityofoffi-cials； 7-fossilindustrty； 5-ignoranceofpublicideas	39：40	79 （29.37%）

由以上可知，情感资源共出现102次，使用频率最高，占总态度资源的37.92%；鉴赏资源共出现79次，使用频率最低，占29.37%；判断资源共出现88次，占32.71%。情感资源中，积极情感资源体现为对4类对象的正面评价，消极情感资源出现次数远多于积极情感。判断资源中，肯定判断资源共出现了31次，否定判断资源共出现了57次，都以3种具体形式展现的。鉴赏资源中，正面评价共出现了39次，而反面评价共出现了40次。下面本书将依次对其进行生态意识分析。

（一）情感资源的生态话语分析

情感资源共出现了102次，其中正面积极的情感20次，其主要评价对象包括4类，即"rain"及其下义词、"en-vironment"等与环境表达相近的对象、"firefighters"和"e-mergencyservice"。具体例句的生态意识分析如下：

（1）We're thrilled and so relieved…as the rain falls...

（2）Heavy rains make both the government and the public hopeful.

（3）People respect the power of environment.

例（1）和例（2）的评价对象都是"rain"，其中"thrilled、re-lieved、hopeful"等积极词汇表达了人们对于灾情期间降雨的欣喜、充满希望和宽慰，从侧面反映出了此次大火带给人们内心的不安、焦躁和恐惧。因此，记者似乎通过对降雨的积极情感来揭示生态问题的严峻性，反映环境恶化对人们造成的消极影响，从而警醒人们关注生态问题。例（3）中，对于"environment"，记者通过带有积极情感的"respect"心理小句表达了人们对自然和环境的尊重。诸如以上这些缘起于有益性生态意识，传递保护型生态意识的积极情感资源，都是值得传播和推广的。

反面消极的情感出现了82次，其主要评价对象包括7类，即"fire、

situation、climatechange、smoke"等。具体例句及其生态意识分析如下：

（4）People hates the horrific continuous vast bushfire.

（5）We feel pretty isolated when facing…

（6）Climate change brings bad emotions.

例（4）中，记者直接通过"horrific"等消极词汇及由"hate"构成的心理关系小句评价了"fire"，并在例（5）中运用心理小句"feelisolated"评价"situation"表达对大火和当时情况的消极情感，反映了大火带来恶劣影响。透过单一的森林大火问题，记者旨在揭示生态问题的严峻性，警示人们关注生态问题，提高环保意识。虽然语篇中均是消极态度资源，但其背后蕴涵着号召人们保护环境、关注生态问题等有益性生态意识。例（6）的评价对象是"climatechange"，记者表达了气候变化加剧森林大火的发展并影响人类生活，以此来揭示大火的根本原因是异常的气候变化，呼吁人们关注气候变化、提高保护环境的生态意识。因此，上述情感资源无论积极或消极都是缘于有益性生态意识，那么这样的语言资源和模式就是值得传播和推广的。

（二）判断资源的生态话语分析

判断资源共出现88次，占总态度资源的32.71%。其中，肯定判断资源共出现31次，具体体现为3类评价对象，即"protest、battle、sustainable development"。具体分析如下：

（7）Battle with fires is very encouraging that…

（8）one of the most important thing, which is massive tree planting.

（9）more attention to sustainable development is supported by the majority.

例（7）中通过"encouraging"一词，记者表达了对"battle"的肯定判断。但无论是人们抗议还是政府抗击疫情，追根究底都是因为人类利益受到了巨大的损失，记者正是考虑了这个因素才对以上对象做出肯定判断。例（8）和例（9）作者运用"important"和"supported"等正面词汇对"sustainabledevelopment"予以肯定。此时，对它的肯定既从保护自然的角度出发，又更多考量了人的具体利益。因此，本书认为记者对以上三类评价对象持肯定态度是无可厚非的，但是这些资源的判断标准多是考虑人类利益利弊而缺失对生态影响的考量，因此，本书认为这样以人为本位的判断标准是欠妥的、狭隘的。

否定的判断共出现了57次，分别有3类判断对象，即"government'sreaction、economy、wayofburningwoods"。具体分析如下：

（10）We need to recover the economy.

（11）We should preach against the use of forest fire.

（12）Burning in the old way is not a good thing.

例（10）中，记者通过"needto"这一正面评价表明了对"recovereconomy"的肯定判断，却忽略了恢复生态的紧迫性。可见，以上两种判断资源参考标准都是以人类利益为主。例（11）和例（12）中，记者通过使用"preach、criticize、notgood"等否定判断批判了非法砍伐树木用于燃烧、旧时燃烧树木等生态破坏性行为。本书认为，对于这种与和谐生态观相符，且以自然本位为判断标准的判断资源应该持肯定和支持的态度。

（三）鉴赏资源的生态话语分析

鉴赏资源共出现 79 次，其中包括正面的鉴赏资源 39 次，和负面的鉴赏资源 40 次。其中，正面的鉴赏对象为"attention、green economy、planting、funds、earth、ocean"；负面的鉴赏对象为"Australian government、coal、capability of officials、fossil industry、ignorance of public ideas"。具体分析如下：

（13）… global warming is lengthening… dangerous…

（14）It's important to understand how to develop green economy…

（15）Relief is here for the public with the government funds.

（16）Earth is an infinite source.

（17）Oceans like buffers help moderate the world…

（18）burning fossil fuel is so profitable and being a cheap energy source…

例（13）的评价对象是"globalwarming"，记者考量了自然价值，认为全球变暖所带来的恶劣影响不容小觑的，这就体现了记者对于生态问题的积极关注。例（14）记者通过"important"这一肯定鉴赏资源，表明"greeneconomy"，如提倡绿色经济、促进可持续发展持具有重要价值，但是记者实则是考虑其经济价值的重要性才做出的肯定鉴赏。例（15）中记者通过"relief"一词对政府补助做出正面鉴赏，也是充分考虑了它的经济价值。例（16）和例（17）中记者以人的利益为本位出发，使用"infinitesource、buffers"等资源鉴赏了地球和海洋，考虑了二者的经济、社会价值并做出了肯定鉴赏，传递出地球资源是无限的，可以为人所用，造福人民等有悖于和谐生态观的生态意识。例（18）中记者同样仅考虑化石燃料廉价且收益高，但燃烧所造成的环境问题、资源不可再生等问题都被忽略掉了。因此，此类语言模式是为人所批判的。

第二节　环境新闻语篇中的介入资源

一、新闻中介入资源概述

　　上文我们也简单提到过，结合交际的对话性，White 提出介入系统，他将介入分为单声和多声两种介入方式，不同的介入方式由不同的介入词汇资源体现。"'介入'指语言学意义上的'态度'介入，也就是说，人们使用语言表达态度的时候，要么单刀直入，直陈所思，要么假借他人的观点、思想、立场等间接表达自己的思想、观点或立场"。某一话语只涉及一个来源，则为单声介入，亦称自言。一个话语涉及不止一个来源，则为多声介入，亦称借言。借言介入方式具有典型的对话性特征。借言之"借"，在于话语发出者允许不同于自己观点的声音存在。借言的两个子范畴———压缩和扩展，体现了话语发出者对不同于自己观点的声音的允许程度。

　　White 根据话语发出者在话语中为某一观点是否留有对话空间、留有多少对话空间，对介入的具体方式做了自言/借言、压缩/扩展等分类，并对话语发出者对介入内容所持立场的鲜明程度就各类介入方式做了自下而上的描述。这种描述为探究话语发出者和接收者之间的关系提供了清晰的思路，但其精密度仍有待进一步提高。就此，李基安（2008）讨论了有关介入的部分情态词，明晰了话语发出者承担的责任。江晓红（2011）对借言的各子介入方式进行了考察，认为否认和宣称表示话语发出者明确的立场，引发表示立场模糊，设距表示立场比较模糊，承认表示客观。然而其研究没有涉及自言，准确度也有待商榷，比如应进一步细分引发所表示的立场，同时设距表示立场并非模糊。大众传播学界（比如 Calsamiglia & Ferrero 2003；Jullian 2011）在论证新闻不具客观性时，提及了记者利用"引用"在报道中表达立场的现象。Huan（2016）将新闻报道中的引用从介入的宣称、赞同、承认等角度对新闻作者之于信息源所持的立场做了研究。然而，传播学界就话语发出者对介入内容所持有的立场，即对介入取向的讨论不够全面。

　　本书认为，既然自言方式用于对被广泛认可的常识或真相的描述，那么对自言介入方式的选择是话语发出者最高承认度的体现，取向十分鲜明。采用压缩的借言方式，话语发出者承认异于自己观点的声音的存在，但明确坚持自己的观点。压缩分为否认压缩（包括否定和反驳，如 never 和 however）和宣称压缩（包括同意、断言和赞同，如 of course、really 和 X demonstrates that）。扩展借言方式情况较为复杂：摘引扩展中的承认一类，表示话语发出者陈述他人观点，自己持

第四章　基于生态语言学的媒体新闻话语分析——以环境新闻话语为例

中立的立场、保留的取向，如 X said、in X's view 等；摘引扩展中的设距一类，表示话语发出者在陈述他人观点时划清与"他人"的界限，自己取向鲜明，如 X claims that、it rumored that 等；引发扩展中带有如 must、almost 等词时，话语发出者虽允许了异音，但取向明确，如 I think、perhaps 等；而其他引发扩展则体现了话语发出者中立的观点、保留的取向，如 I hear、possible 等。本文将前一种引发称作相对引发，如 almost 表达很大的可能性，与自言相比，almost 在表示很大可能性的同时允许反例存在的可能，即引发不同观点，但与 may 相比，almost 允许反例存在的程度非常低，因而这种引发又是相对的。而将后一种引发称作绝对引发，如 may，其允许反例或异音的程度很高，是典型引发。

以上是就词汇层面对各介入方式所做介入取向的二分法解读：明确和保留。同样，对话语的介入分析只局限于词汇语法层面也是不够的，需结合语境阐释其生态特征。

此外，本书也提到了对介入的语境考察需要关注介入来源特征，将之区分为个人和非个人两类。个人不代表任何团体，仅代表个体；非个人包括组织成员、机构专家、政府官员、媒体记者等。刘世铸将评价主体分为个人、群体和社会，其中群体指一个集团、地区或国家，社会指人类历史发展不同阶段的民族或国家。而个人与非个人的分类更具可操作性，突出话语发出者的身份。值得注意的是，自言的介入来源系非个人。自言的介入内容是被普遍认同的，话语发出者选择自言介入方式则默认了全体大众认为其理所当然，故自言的介入来源是非个人，是最大的非个人集体。本文之所以对介入来源做个人与非个人的区分，是因为在对生态话语进行生态取向阐释时，同一介入内容由个人或非个人的介入可产生不同的生态效果。需要认识到，对介入的语境考察还离不开对介入内容所持态度的分析。概括地讲，明确地支持遵循"多元和谐，交互共生"生态哲学观介入内容的介入方式和明确地反对违背该生态哲学观介入内容的介入方式为有益性介入，同时介入来源不同，介入的有益性程度也不同；明确地反对遵循该生态哲学观介入内容的介入方式和明确地支持违背该生态哲学观介入内容的介入方式为破坏性介入，同样，介入来源不同，介入的有害性也不同；对无论是遵循还是违背该生态哲学观的介入内容进行保留地介入时，该介入方式为模糊性或中性介入。生态语言学视角下的介入系统，如图 4-2-1 所示。

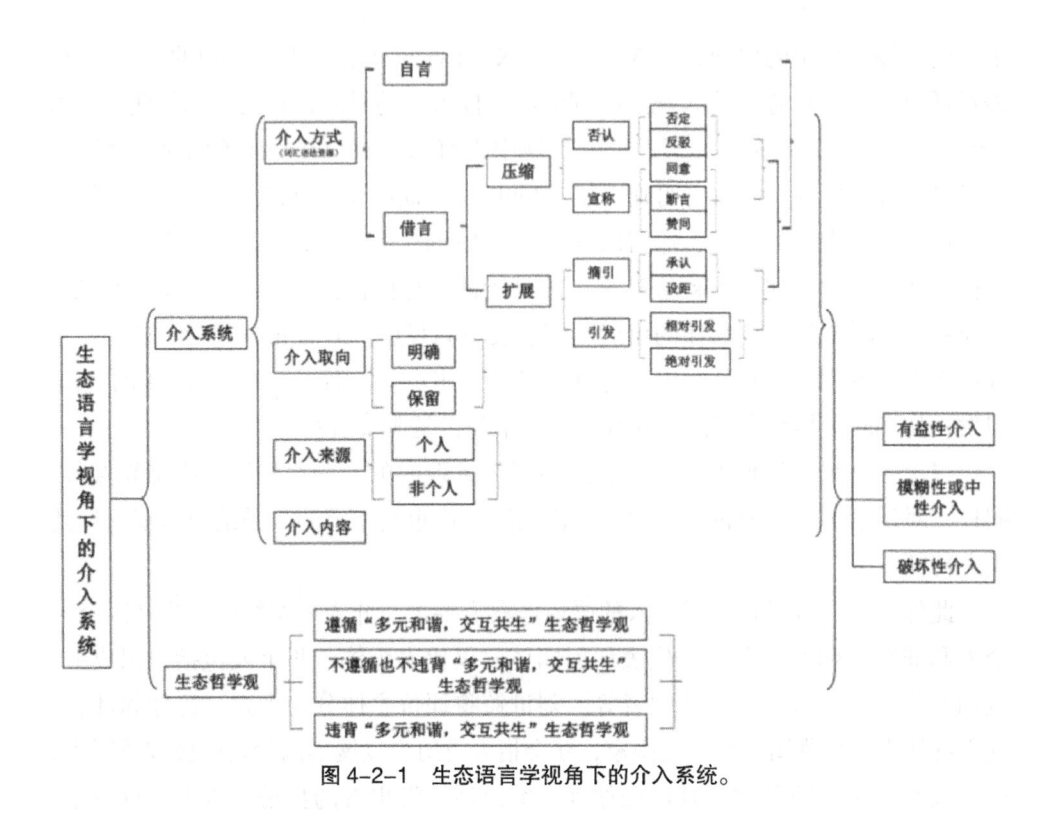

图 4-2-1　生态语言学视角下的介入系统。

二、案例语篇中的介入分析

（一）雷闯的演讲《一亿分之一的力量》

案例材料：[1] 因为这样的歧视，其实也发生了恶性的 [鉴赏：价值] 杀人事件。[2] 在 2003 年的时候，我后来查资料发现 [介入：借言 - 压缩 - 宣称 - 同意]，我的一个校友叫周一超，他成功地 [判断：社会评判] 考取了嘉兴市的公务员，但是很 [级差：强度] 遗憾 [情感：不满足] 他是乙肝病毒携带者，他被拒绝了。[3] 他觉得 [借言：扩展 - 摘引 - 承认] 非常的 [级差：强度] 不公平 [判断：社会制约 - 正当性]，为什么乙肝病毒携带者就不能考公务员，他拿刀冲到了政府部门，杀害了两名公务员，一死一伤……[4] 当时可能很多人都会在说 [借言：扩展 - 摘引 - 承认]，周一超杀人是不对的 [判断：社会制约 - 正当性]。[5] 但我在思考，如果给乙肝携带者平等的 [判断：社会制约 - 正当性] 就业机会，如果我们去反思，这个杀人背后不合理 [判断：社会制约 - 正当性] 的制度，可能就不会有这样的一些悲剧发生了 [介入：借言 - 扩展 - 绝对引发]。

第四章 基于生态语言学的媒体新闻话语分析——以环境新闻话语为例

案例选自亿友公益发起人、乙肝病毒携带者雷闯的演讲。乙肝病毒具有一定的传染性，但传染途径并不普遍，通常仅通过母婴传播、血液传播或传染给免疫功能低下的人。但由于人们目前对于乙肝病毒传播方式的认识不足，态度过于防备，许多行业限制乙肝病毒携带者工作，以至于许多人才失去了良好的就业机会。演讲内容为一个乙肝病毒携带者由于失去工作机会而走向歧途的真实案例，涉及乙肝病毒携带者与社会制度之间、与普通人之间的关系，属于社会生态系统。

在第一句中，说话人用"恶性的"一词对"杀人事件"进行了消极的价值鉴赏，由于该事件既违反了法律，也违背了社会公德和社会道义，说话人对违背生态哲学观的对象做出消极鉴赏，有利于人们正确认识杀人事件的性质，对社会生态系统有序、和谐发展有积极作用，属于生态有益性鉴赏。

在第二句中，"我后来查资料发现"属于宣称压缩的借言介入方式，即说话人承认其他观点存在，但明确坚持自己发出的观点。介入来源是已经经过证实的非个人集体，说话人用证据性的材料来证明"周一超杀人事件"的真实性和客观性，属于生态有益性介入。在介入内容中，"成功地"一词是说话人对周一超能力的积极判断，表达说话人的认可和肯定，与后面描述结果的"不成功"形成鲜明对比。接着，说话人用"遗憾"对"他被拒绝了"这一结果表达不满足、不满意的消极情感，从道义出发为周一超成功考取但却被拒绝而打抱不平。由于乙肝病毒携带者的身份而被工作拒绝，这事件是社会对疾病的歧视、偏见和不公正对待，不利于社会生态系统的良性发展。说话人从"义本位"出发，对违背生态哲学观的事件表达消极情感，属于生态有益性情感。并且，说话人用"很"在此情感态度的基础上增加表达向上强度的级差意义，增强了说话人情感的生态有益性程度，属于生态有益性级差。

在第三句中，"不公平"一词表达说话人对事件正当性的消极判断，周一超认为"乙肝病毒携带者不能考取公务员"这一现象不符合社会常规，其不仅是从保障自己的权益出发，更是从保障以其为代表的乙肝病毒携带者团体的权益出发，属于"义本位"出发的判断标准。此事件本身带有社会对疾病的歧视意义，不利于社会生态系统的和谐发展，说话人对生态破坏性事件表达消极判断，属于生态有益性判断。说话人还用"非常的"一词表达向上的强度语势，更增加了其生态有益性，属于生态有益性级差。此外，说话人用摘引扩展的借言介入方式，假借周一超的立场发出评价，即用"他觉得"表达说话人承认他人的观点，但是自己持中立立场、保留的取向。由此，说话人对生态有益性事件表达保留取向的介入，属于生态模糊性介入。

在第四句中,"不对的"与第一句中"恶性的"一词判断相同,都属于从"义本位"出发对事件正当性进行的生态有益性判断。说话人摘引他人的观点陈述"周一超杀人是不对的"这一观点,自己持中立立场、保留取向,属于生态模糊性介入。说话人自己对此事保留的观点体现在第五句中,其中"平等的""不合理的"都是从社会道德观念和社会公德标准对事件进行的判断,与第一句中"恶性的"一词判断相似,说话人从"义本位"出发,认为乙肝病毒携带者应该享有与常人平等的就业机会,这有利于社会生态系统内部的良性发展;而造成这种悲剧的缘由来源于公众的偏见,这种对疾病的歧视不利于社会生态系统的和谐与稳定。由此,说话人分别对生态有益性事件进行了积极判断,对生态破坏性事件进行了消极判断,都属于生态有益性判断。此外,说话人用"我在思考""如果""可能"等词汇—语法手段,表明介入来源是个人,仅代表说话人自身的观点,对异于其观点的声音提供了存在的可能性,属于扩展借言方式中的绝对引发。这在一定程度上降低了介入内容的生态有益性,但其保留的协商话语空间有利于建立良好的人际关系,故此介入方式为程度较低的生态有益性介入。

综上,在本段演讲中,共有两次生态有益性介入、两次生态模糊性介入、五次生态有益性态度、两次生态有益性级差,表明说话人一方面对周一超自身能力的肯定,并从社会公义角度出发多次对其受到的不公正待遇进行判断;另一方面也并未忽视从国家法律法规角度对其违法行为进行谴责,对疾病歧视现象所造成的恶劣后果进行客观评价。此外,说话人在介入评价内容时,多用较为保留的取向,一方面保证了某些介入内容的客观性,一方面为异于其观点的声音提供了话语空间,虽然在一定程度上降低了介入内容的生态有益性,但有利于说话人与听话人之间生态有益性人际关系的建立和维持。

(二)《野性的呼唤》话语分析

案例材料:He started to sleep out in the forest at night, sometimes staying out for three or four days. Once he was away for a week, fishing and killing animals for food. He ate well, and he grew stronger[判断:能力性]and quicker[判断:能力性]and more alive[判断:态势性].His golden- brown[鉴赏:反应]coat shone with health[判断:能力性]as he ran through the forest, learning its every secret, every smell, and every sound. "He's the finest[判断:能力性][鉴赏:价值]dog that Fve ever seen," said Thornton to his friends[借言:扩展-摘引-承认]one day as they watched Buck walking out of camp...After a few hundred meters he found the dead body of Blackie, with an arrow through his side.Then he found another sledge—dog, dying, with an arrow in his neck.Buck was near the camp now, and he could hear voices singing. Then he saw the body of Hans, lying on his face, with ten or fifteen arrows in his back. Buck was suddenly filled with a wild, burning anger［情感：不满足］.

这个案例选自《野性的呼唤》最后一章"野性的呼唤"。Buck 跟随恩主 Thornton 一行人走上了淘金之路，在扎营休息期间，Buck 经常有机会去森林中享受自由的生存方式，其身体状态越来越好，也逐渐找回了自己的野性。本案例涉及动物与自然环境之间、人与动物之间的关系，属于自然生态系统。

首先，说话人用 stronger、quicker、alive、golden-brown 以及 with health 这五个词汇语法手段对主人公 Buck 进行评价，其中 stronger、quicker、with health 属于对其能力性的积极判断，表明 Buck 在身体状况、敏捷程度方面都有很大提升；alive 属于对其态势性的积极判断，表明 Buck 的状态比往常更加活跃、有活力；golden-brown 属于鉴赏系统中的反应类别，表明说话人对 Buck 外形的积极鉴赏。以上评价产生的背景为 Buck 在森林中的时间越来越长，并开始以钓鱼和捕杀猎物作为食物。说话人从"自然本位"出发，对动物回归属于自身的生存环境后能力、状态等所发生的变化进行积极评价，遵循"多元和谐，交互共生"生态哲学观，属于生态有益性态度。

其次，作者假借 Buck 的主人 Thornton 的立场陈述观点，评价 Buck 为 the finest dog，其中 finest 既是对 Buck 能力的积极判断，也是对其价值的积极鉴赏。这两方面均为从"人本位"角度发出的评价，表明主人一方面称赞、认可 Buck 的能力，另一方面也在乎其为自己产生的价值，属于生态模糊性态度。并且，说话人虽承认这一观点，但自己持中立立场、保留的取向，属于生态模糊性介入。

最后，说话人用 with a wild, burning anger 表达 Buck 看到 Thornton 与同伴都被杀死的场景后极度气愤的消极情感。Buck 与 Thornton 等人之间已经建立了深厚的情谊，且 Thornton 曾对 Buck 有救命之恩，此处赋予了 Buck 主观能动性较强的角色，其情感缘起不再是"人本位"或"自然本位"，而是"义本位"。Thornton 等人被淘金的对手杀死，这一事件违背了"多元和谐，交互共生"生态哲学观，说话人对此生态破坏性事件藏消极情感，属于生态有益性情感。

综上，说话人首先用生态有益性判断、生态有益性鉴赏等词汇-语法手段表达动物与自然环境的相互依存关系，其次用生态模糊性判断、生态模糊性鉴赏、生态模糊性介入等词汇-语法手段表现人类对动物的复杂情感，最后用生态有益性情感表达动物与人之间和谐共处的关系。总体来看，其评价意义的取向为生态有益性，对自然生态系统中各要素的和谐共生、良性发展有积极的推动作用。

第三节　环境新闻语篇中的级差资源

级差资源具有介入的功能。通过级差可以磋商主体间立场，构建不同声音之间的关系。聚焦的清晰和语势的上扬体现作者强烈的价值立场和对读者的联盟倾向，而针对消极态度聚焦的模糊和语势的下降则常体现对持相反态度读者的联盟，或对相同价值定位读者的冷淡亲和。我们可以以国际生态话语为例说明级差系统：

例（1）：Though the bullet was small, the speed at which it traveled meant it slammed into her with tremendous force, producing a shock wave that obliterated surrounding tissue.

例（1）摘自 Washington Post 于 2018 年 3 月 10 日刊发的一篇题为"After the Las Vegas shooting massacre, survival can be excruciating"的报道。该报道记者对 2017 年 10 月 1 日发生在拉斯维加斯的一场特大枪击案中幸存下来的一名妇女进行了跟踪采访。根据 Martin & White（2005）的级差系统对该例中两个级差资源做词汇层面的分析：slammed 是对子弹穿过受害者身体时的动作过程的强度描写，属向上定位的语势；tremendous 是对射弹所带力量大小的描写，也属向上定位的语势。

两个向上定位的级差资源体现了记者对子弹冲击力所持的高程度投入。本书进一步对级差参考做考察：该例中两个向上级差所衡量的对象表面上是恐怖分子袭击一民众时所使用的子弹，而实质上是该袭击对民众所造成的伤害程度，并且对子弹威力程度的判断不是普通人，而是为这位幸存妇女在遭受袭击后 3 周内实施了 9 次手术的主治医生，也就是记者在采访该医生时，医生对这位幸存者所做的伤势评估是记者的参考样本。鉴于该医生救治了数十名受袭击伤害的患者，其对某一患者的伤势评估可以说具有代表性，可以认为该例子中对子弹力量和子弹造成的伤害的级差投入程度是以所有恐怖主义受害者所经受的痛感为参照的。两个向上定位的级差资源描绘出了恐怖分子的悚人行径，流露出话语发出者对无辜受害者所遭受的巨大伤痛的同情，以及对恐怖主义行动的恐惧和憎恶，符合"多元和谐，交互共生"生态哲学观，由此，例（6）中的向上级差 slammed 和 tremendous 属有益性级差，例（6）为有益性国际生态话语。

由上可见，系统功能语言学框架内的评价系统一直是学界进行话语分析的重要理论依据。然而，评价系统主要关注词汇语法本身，在被运用于话语的生态性分析时，不能充分揭示语境中话语所表达的生态意义。为了使评价系统在生态话语分析领域更具可操作性，本书在生态语言学视角下对 Martin 等提出及发展的评价系统做了生态调试。本书首先论述了"多元和谐，交互共生"作为生态话语分析哲学指导思想的适宜性；然后为评价系统中的态度系统增加了情感缘起、判断标准、鉴赏对象三个特征，为介入系统增加了介入取向、介入来源、介入内容三个特征，为级差系统增加了级差参考特征；同时将生态哲学观置入评价系统，把它描述为态度系统、介入系统和级差系统的一个合取特征。这样，本书就为生态话语分析范式描述了一个具有可操作性的评价系统。依据此评价系统，我们可开展各种生态话语分析，揭示其生态取向。

总而言之，评价系统关注语言系统内评价资源的本体意义，应用于生态话语分析时，需要在生态视角下进行拓展和延伸。

第四节 环境新闻话语的生态属性分析与评价策略

环境新闻的重要意义已经毋庸多言，本节对于环境新闻话语的生态属性与评价策略进行了分析，以期促使广大研究者能够有所参考。

一、进行生态属性分析和评价的诉求

党的十八大明确提出"社会主义生态文明"这一概念，生态文明建设被纳入"五位一体"的总布局以来，中国关于生态文明建设的理念不断丰富和完善。党和政府站在新的全面的角度回顾了五年来国家在生态文明建设方面取得的显著成就，中国成为全球生态文明建设的重要参与者、贡献者、引领者，指出建设生态文明是中华民族永续发展的千年大计，要加快生态文明建设改革，建设美丽中国，统筹推进"五位一体"总布局。然而，随着生态文明建设的深入发展，生态理论与实践脱节现象日益凸显，生态保护的号召和环境污染的现实相向而行，与美丽中国建设要求不相企及。同时，中国经济的快速崛起，一些西方国家关于"中国环境威胁论"的声音此消彼长，认为中国的经济发展是建立在不惜污染环境、无限消耗资源、荒漠化不断扩展的基础之上的。面对生态文明建设的内忧外患，中国迫切需要构建一套完备的话语体系以凝聚民心、指导生态实践、回应国外关于

中国经济增长的误读，增强中国在国际上的生态文明话语权，彰显中华民族负责任的大国形象。

（一）出于对生态实践的指导和关照

进行环境新闻话语分析的生态属于分析与评价策略探讨，不仅是为了丰富理论体系，更是对生态实践的指导和关照。当前生态建设面临理论无法解释现实、无法指导实践、无法预测生态发展趋势的难题。改革开放四十余年来，中国经济快速发展，导致现如今社会问题与环境污染集中爆发，人民在享受发展成果的同时遭受到了大自然的威胁。伴随着改革开放，中国 GDP 的快速增长依附于中国温室气体的排放逐渐升高，社会主义经济的转型发展面临的是一场激烈的环境战役，战斗对象是锐减的森林覆盖率。漫天的沙尘、融化的冰川、受到污染的河流、不达标的空气等一系列环境弊病。20 世纪 70 年代初发生官厅水库污染事件，党和政府意识到环境污染的严重危害并逐步开始关注环境保护工作，至今为止国家不乏有关绿色发展的理论研究与实践探讨。因此，绿色发展面临的突出问题是理论无法满足实践发展的诉求，二者之间出现断层，不易于绿色发展的深入推进。由此，建构新时代生态文明话语体系为绿色发展的现实诉求奠定坚实的根基。

（二）满足国家发展的需求

在全球环境问题突出爆发的大背景下，中国经济的崛起、综合国力增强推动中国参与全球化进程的加深，同时中国的作为与发声在全球环境事务领域受到越来越多的关注。一些国家认为中国的经济崛起消耗了过多的地球资源，甚至将全球环境恶化的罪魁祸首直指中国。西方国家关于"中国环境威胁论"的话语频频发出，中国的国家形象遭受到误读和妖魔化，在国际中消极的国家形象与中国在国际上面临"失语"的境地不无关系，中国的话语主动权没有掌握在自己手中。中国针对环境污染进行了强有力的反击，无论是国内生态环境的改善还是国际上生态治理的推进都做出了巨大贡献。尤其是党的十八大以来，国家高度重视生态文明建设，发展绿色产业和高新技术，逐步解决了经济发展带来的一些环境问题，太阳能、风能等全新的技术在中国广泛应用。目前中国在全球环境平衡，防止灾难性实践中不仅拯救了自身，还为全球生态治理贡献了中国经验和中国方案。在全球应对气候变化、治理环境等共识性活动中，中国始终积极参与并付诸实践，严格执行。可以说，环境新闻成为引导国际舆论、维护国家利益的重要力量，对树立中国负责任的大国形象，为国家赢得更为广阔的发展具有重要意义。因此，进行环境新闻话语的生态属性分析与评价策略探讨具有切实的意义。

（三）促进文化软实力的提升

随着全球化进程的加快，国与国之间的竞争日益多元化，逐渐趋向于对软实力的侵占与争夺。改革开放以来，世界对中国的瞩目与期望逐渐攀升，中国在国际事务中发挥的作用愈加凸显。在全球共同应对环境污染、生态破坏的努力下，中国提出了社会主义生态文明的原创性概念，这是党和国家回顾历史结合当下根据中国生态文明建设的理论与实践发展提出的，蕴含着古往今来中国生态哲学的独特精神风貌和思维结构，为应对国际国内生态环境问题贡献出中国智慧。环境新闻的生产归根到底旨在提升中华文化的传播力、辐射力和吸引力。通过增强在国际生态环境领域的话语权，将中国在生态环境治理方面可供借鉴的理念与实践经验为正在面临生态环境困扰的国家与地区提供中国智慧和中国方案。新时代生态话语的建构要顺应社会思潮的发展，有助于进一步提升中国在国际环境话语领域的话语地位，更好地向世界发出"中国声音"、阐述"中国立场"、讲好"中国故事"。

二、生态话语的属性分析

1. 有益性话语的生态话语分析

（1）有益性话语中的情感资源

为了探索环境新闻中有益性话语中的情感资源，作者搜集了一些环境新闻，并根据其中的有益性话语组建了有益性话语子库，在此基础上，作者运用国家语委十五科研重大项目——现代汉语语料库的建设及深加工所开发的分词软件与词频统计软件，对有益性话语子库中的语料进行处理，并根据出现频次的高低对检索出的情感词语进行降序排列，得出这些负载情感语义的词语在有益性话语子库中的使用频率如表 4-4-1 所示（这里仅列出位于前 10 的统计结果）。

表 4-4-1　有益性话语子库中负载情感语义的词语的使用频率

排序	词语	词语类别	出现次数	频率
1	被迫	情感	8	0.012
2	欢迎	情感	6	0.009
3	支持	情感	6	0.009

续表

排序	词语	词语类别	出现次数	频率
4	感谢	情感	5	0.0075
5	理解	情感	3	0.0045
6	担忧	情感	2	0.003
7	沉重	情感	1	0.0015
8	感激	情感	1	0.0015
9	鼓励	情感	1	0.0015
10	坚定	情感	1	0.0015

从其中的数据可以看出，在有益性话语子库中出现频率最高的情感词汇为"被迫"，共出现 8 次，频率为 0.012，其余依次为"欢迎""支持""感谢""理解""担忧""沉重""感激""鼓励"和"坚定"等。作者将负载情感语义的词语作为关键词，通过 Antconc 软件的索引功能在有益性话语子库中依次进行检索与筛查，进而对情感资源进行准确定位。

根据对检索结果进一步的分析，作者发现，出现在有益性话语子库中的情感资源，主要集中在写作者写的致辞部分以及在描述自然灾害破坏人类福祉的话语中。比如，就拿和环境新闻相关的气候报告来说，在一些环境气候报告中，秘书长致辞作为气候状况声明的前言往往起到开场白的作用，通常在开篇出现，是世界气象组织秘书长向全世界的读者说明近一年气候变化情况的第一步，具有重要的作用。其国际身份决定了其在构建语篇时预设的交际目标为对读者进行积极引导，对组织成员进行鼓励，对环保工作进行宣传，运用语言的力量，通过肯定气象组织付出的努力有效地调动并激发读者保护生态环境的积极性，以美好的前景振奋人心。例如：

例 1：我谨代表世界气象组织向所有为 WMO2009 年全球气候状况声明做出贡献的人表示感谢。（语料来自《WMO2009 年气候状况声明》）

例 2：WMO 欢迎会员就如何进一步改进全球气候状况声明提出建议，包括如何能更好地支持围绕巴黎协定、仙台减灾框架和联合国可持续发展目标而采取的行动。（语料来自《WMO2015 年气候状况声明》）

例 3：除了提供有关科学进步的信息，WMD 还致力于支持会员建立业务气候服务，从而提高气候抗御力和适应性。（语料来自《WMO2016 年气候状况声明》）

第四章　基于生态语言学的媒体新闻话语分析——以环境新闻话语为例

上述三个例句分别来自 2009 年、2015 年和 2016 年气候状况声明的前言部分。写作者通过使用"欢迎""支持"和"感谢"这样负载积极情感语义的动词能够使读者感受到世界气象组织对于生态保护工作所持有的积极态度，从正面在广大读者心中树立良好的国际组织形象，进而更好地催生读者更加希冀美好的生态前景。

在描述自然灾害破坏人类福祉的话语中，写作者运用情感评价手段更容易实现语言的联动效应，能够引起广大读者的反思，比如：

例 4：在南亚，包括印度、巴基斯坦和越南，强烈的季风雨和暴雨引发了山洪，造成印度 2600 多人死亡，1000 万人印迫转移。（语料来自网络上的环境新闻）

例 5：与气候相关的极端事件和灾害给人类福祉和国民经济的各个部门带来沉重打击。（语料来自网络上的环境新闻）

例 6：世界粮食计划署的一个担忧是世界上 R0% 以上的粮食不安全人口生活在易受自然灾害影响且环境恶化的国家。（语料来自网络上的环境新闻）

在例句 4、5 和 6 中分别使用了情感副词"被迫"、情感形容词"沉重"和情感名词"担忧"对受灾情况和严重程度进行了直接地描写，直击读者的心灵体会。通过这几个情感词汇可以让读者强烈地意识到，人类群体想要安稳地生存在现有的生态系统中，不仅要注重维护群体间的关系，更重要的是维护好人类与生态之间的关系。前者出现问题还可以修补，后者一旦出现问题便足以影响几代人的福祉和安危。一场泥石流或是一场台风，就足以使得人类失去脆弱而又珍贵的生命。该部分话语的交流感虽然减少，但能够更加强烈地唤起公共读者的环境保护意识。无论是资源能源的减少还是污染情况的加剧，种种负载生态变化语义的词汇都在触动着读者的认知与感觉，进而从内而外地引导读者更加深刻地重新审视自我与自然之间的关系，并将这种反思转化为实际行动。

（2）有益性话语中的评判资源

评判是讲话者或写作者对其描述对象的一种阐释资源，主要被语言使用者用来评价某种行为的道德合理性、可靠性和其他某些品质特性，如是否勇敢、是否成功等。依据 Martin 的评价理论，评判的衡量标准取自于人类发展过程中规约出来的道德标准，根据符合与违背道德与否来判断具体行为的性质，区分善恶。同样，运用分词软件与词频统计软件对有益性话语子库中的语料进行处理，并根据出现频次的高低对检索出的评判词语进行降序排列，得出这些负载评判语义的词语在有益性话语子库中的使用频率，如表 4-4-2 所示（这里仅列出位于前 10 的统计结果）。

表 4-4-2　有益性话语子库中负载评判语义的词语的使用频率

排序	词语	词语类别	出现次数	频率
1	严重	评判	309	0.4644
2	最高	评判	190	0.2856
3	高于	评判	174	0.2615
4	低于	评判	163	0.245
5	极端	评判	135	0.2029
6	最低	评判	122	0.1834
7	持续	评判	91	0.1368
8	异常	评判	91	0.1368
9	破坏	评判	65	0.0977
10	重大	评判	56	0.0842

从其中数据可以看出，在有益性话语子库中出现频率最高的评判词汇为"严重"，出现次数高达309次，频率为0.4644，其余依次为"最高""极端""高于""低于""最低""持续""异常""破坏"和"重大"。

根据对检索结果进一步的分析作者发现，出现在有益性话语子库中的评判资源在词语数量和密度上都远远高于情感资源，并且评判资源具有连续性与集中性，在一句话中往往连续出现多个负载评判语义的词语，如：

例1：中国遭受50年来最严重干旱，400多万人受干旱影响（2月）。（语料来自《WMO2009年气候状况声明》）

例2：这一年美国和东南欧发生了极端干旱，而西非遭受了之重的极端洪水。（语料来自《WMO2009年气候状况声明》）

例3：201了年上半年，意大利出现了最严重的异常事件，其经历了有记录以，来最干旱的1月至8月（接着是最干旱的一年，年平均降雨量低于1961—1990年平均水平26%）。（语料来自《WMO2009年气候状况声明》）

以上三个例句均分别为2009年、2012年和2017年气候状况声明关于干旱这一环境情况的表述。通过对比不难发现，在2009年的气候状况声明中写作者在描写干旱情况时选用的词语是"最严重"；到2012年的语篇中则变成了"极端干旱"；至2017年，语篇中描写干旱的情况演变成了"最严重的异常事件"。这里可以直观感受到，人类与自然的关系从2009年开始相对和谐的关系随着时间的

第四章　基于生态语言学的媒体新闻话语分析——以环境新闻话语为例

推移渐渐演变为2017年中冲突失衡的局面，干旱也好，暴雨也好，都脱离不开人类对自然环境的过渡侵害，这种侵害最后又降临到人类自己身上，给个体的生命财产安全带来了严重的损害。从本质上来看，自然灾害的发生与人类不正常使用自然资源有着很大程度上的关系，自然灾害就是自然环境在发生不良变异的过程中对人类过渡消费的生活系统所作出的直接反应。从语言符号本体的角度来看，这种"危害性"语义主要借助于负载评判语义的词汇来传达，从"最严重"，到"极端干旱"，再到最后的"最严重的异常事件"，仅在以上这短短的几个小句中就出现了语义密度很强的评判词汇，可以明显感受到这些词汇负载的语力一步步加强，使读者清晰地意识到旱情的严重程度在逐年不断加剧，且受灾范围也在不断扩大。

除了运用显性的评判手段外，在有益性话语中还出现了大量的隐性评判资源，诸如"高于""低于""增加"这些量化型词汇所占比例极高，如：

例4：巴西暴雨和洪水（亶月），受灾人口达150万人，并造成84人死亡，这是该地区历史上最惨重的天气惨剧。

例5：越南出现了重大农业损失，有的国土被评定为受到干旱或海水的影响，印度出现了缺水情况，而埃塞俄比亚需要人道主义援助。

例6：政府的报告中将此次事件描述为朝鲜建国以来最重大的自然灾害，据此报告，死亡人数达1%人、失踪人数395，毁坏房屋11600座。

在上述三个例句中写作者除了使用明显负载评判语义的词汇"最惨重""重大"和"最重大"外，还结合了具体的数据"150万""84人""83%的国土"和"1000万人"等来进一步补充说明灾害对人类的生活甚至生命所造成的不可挽回的后果，使读者产生深深的危机感。这种危机感并不是其中的内容直接凸显出来的，而是间接通过事实摆列与赤裸裸的数据对比产生的。那一组组刺目的伤亡数字，代表的不仅仅是数字本身，更是一个个鲜活的生命。如果说农业损失、房屋毁坏或是自然灾害还不足以引起读者在保护生态环境方面完全或绝对的意识觉醒，那么"死亡人数"这样的字眼则更能够直击心灵。在人类无节制的破坏生态的同时，自然也在做出极端的反馈，在"回赠"人类以苦难和灾害的同时，甚至能够轻而易举地剥夺人类最宝贵的生命。

通过结合情感与评判两种评价资源，有益性话语对于读者生态环保意识的正面推进分为以下三个方面：（1）"从无到有"，即通过陈述世界气象组织对于现有的在保护环境方面取得的成果持有积极的态度，并对各国成员的加入表示支持与欢迎，使读者受众从回避环境问题的被动者角色转变为关注环境问题的主动者角色。（2）"间接强化"，即通过客观的事实数据对生态资源的利用情况进行量化描写，将读者已有的环保意识在程度和深刻性等方面加深加强，以达到认知上的内化与认同，产生积极主动环保观念。(3)"主观能动"，即在读者环保意识的觉醒与深化的基础上，对自然灾害与生态危机进行直观阐述，使读者产生付诸实践的迫切感，从而具有以身作则保护生态环境的主观能动性。

此外，作者还对于过去几年的气候报告等环境语料进行了分析。根据生态话语分析框架，作者严格按照生态哲学观的定义将收集到的语料按照有益性话语、破坏性话语和中性话语进行了二次分类。统计结果表明（表4-4-3），在作者收集到的环境新闻语料中，2009年的报告全文中共出现有益性话语小句118句；2009年的报告全文中共出现有益性话语小句146句；2010年的报告全文中共出现有益性话语小句187句；2011年的报告全文中共出现有益性话语小句231句；2012年的报告全文中共出现有益性话语小句418句；2013年的报告全文中共出现有益性话语小句261句；2014年的报告全文中共出现有益性话语小句180句；2015年的报告全文中共出现有益性话语小句365句；2016年的报告全文中共出现有益性话语小句292句；2017年的报告全文中共出现有益性话语小句394句，其中2017年份的语料容量最大，2009年份的语料容量最小。

表4-4-3 有益性话语小句分布情况

年份	2008	2009	2010	2011	2012	2013	2014	2015	2016	2017
有益性话语小句数	118	146	187	231	418	261	180	365	292	394
字符数	4646	4323	6936	9660	15098	8620	6608	11662	13090	17629

由此可知，有益性话语在环境新闻话语中的比重是越来越大的。这启示相关人员在分析环境新闻话语的时候不应该忽视对于有益性话语的分析，应该对此部分加以充分重视。

2. 中性话语的生态话语分析

(1)中性话语中的情感资源

依据各年份气候报告，作者针对其中的中性话语组建了中性话语子库，子库容量为38913字符。之后，作者运用相关语料库处理软件对中性话语子库中的语料进行处理，并根据出现频次的高低对检索出的情感词语进行降序排列，得出这些负载情感语义的词语在中性话语子库中的使用频率如表4-4-4所示：

表 4-4-4　中性话语子库中负载情感语义的词语使用频率

排序	词语	类别	出现次数	频率
1	遗憾	情感	1	0.0038
2	羞愧	情感	1	0.0038
3	相信	情感	1	0.0038

从其中数据可以看出，在中性话语子库中检索到的负载情感语义的词语相比于在有益性话语子库中检索得到的结果在数量上急剧减少，符合条件的情感词语仅有 3 个，分别为"遗憾""羞愧"和"相信"，且出现次数仅为一次，相关例句为：

例 1：我们可以认为这些卫星是进行全天全球尺度土壤湿度观测的虚拟星座，但遗憾的是仍然难以直接比较来自不同卫星的土壤湿度资料。

例 2：如果把这些记录留在档案馆里积攒尘埃，那是令人十分羞愧的。

例 3：我相信，2012 年版的声明将会帮助这个系列报告更上一层楼。

在例 1 中，"遗憾"一词虽然是蕴含情感的词语，但这里的情感指向偏重于写作者所代表的机构本身对科研探索道路中出现的攻坚失败感到失望，并没有对读者自我生态观的建构起到帮助或是破坏的作用；同样的，在例 2 中"羞愧"一词的情感产生也不是因为对生态环境破坏的反思，更不涉及生态哲学观定义中七个核心参量所规定的参照范围，仅是用来表达写作者认为档案馆里相关记录应该公开的情感取向；而在例 3 中，"我"所"相信"的是新一年系列报告在行文质量与报告内容上相比于之前有所进步，在数据精准程度上更加完善，同样没有涉及读者自我生态哲学观建构这一层面。因此，虽然在这三例语料中都出现了负载情感语义的词语，但所表达的态度都没有映射到生态哲学观的建构上，既没有对读者的环境保护意识产生有益的影响，也没有起到破坏性的引导作用。

（2）中性话语中的评判资源

此外，作者运用分词软件与词频统计软件对中性话语子库中的语料进行处理，并根据出现频次的高低对检索出的评判词语进行降序排列，得出这些负载评判语义的词语在中性话语子库中的使用频率如表 4-4-5 所示（这里仅列出位于前 10 的统计结果）。

表 4-4-5　中性话语子库中负载评判语义的词语的使用频率

排序	词语	词语类别	出现次数	频率
1	低于	评判	81	0.3082

续表

排序	词语	词语类别	出现次数	频率
2	长期	评判	46	0.175
3	最大	评判	46	0.175
4	最高	评判	42	0.1598
5	最低	评判	40	0.1522
6	主要	评判	27	0.1027
7	上升	评判	23	0.0875
8	最多	评判	21	0.0799
9	不同	评判	18	0.0685
10	增加	评判	16	0.0609

由其中数据可以看出，在中性话语子库中出现频率最高的评判词汇为"低于"，出现次数高达81次，频率为0.3082，其余依次为"长期""最大""最高""最低""主要""上升""最多""不同"和"增加"。根据对检索结果进一步的分析作者发现，出现在中性话语子库中的评判资源在数量上同样远远高于情感资源，除此之外，作者还发现这些表征评判语义的词语，往往与学术性极强的专业词汇搭配在一起进行数据的比较，如：

例1：AO（北极涛动）和NAO（北大西洋涛动）在全年大部分时间处于负相位，在2009/2010年北半球冬季尤为如此，根据大多数指标，该冬季达到有记录以来季节性AO/NAO的最大负值。

例2：这些近表层的涛动，大部分被100米至300米更深的反向变化所抵消，而这一期间，0—2000米OHC（海洋热含量）在稳步上升。观测到的OHC上升意味着地球能量失衡几乎保持在0.65—0.80W/m2，以星球表面积的平均值表示。

例3：东北和西北太平洋洋盆的气旋数量都接近平均值，但强气旋相对较少，因而这两个洋盆的ACE9（累积气旋能量）值都低于平均值。

可以直观感受到，写作者除了运用"最大""稳步上升"和"低于"这样的负载评判语义的词语外，在上述三个例句中都出现了气象学的专业术语，如AO（北极涛动）、NAO（北大西洋涛动）、OHC（海洋热含量）以及ACE（累计气旋能量）。这些专业性极高的科学术语是专业人士之间用于交际的语言手段，从参与者的角度看，进行交际的双方所具备的信息应该是在同一水平线上的，这些专业术语的首要使用者应该是具备专业知识的专家或行家。换言之，写作者在选择使用专业术语进行描写时的基本预设是，读者具备相关专业的背景知识，能够理解专业术语的含义。虽然写作者解释了每条术语所代表的含义，但由于受众所具有的教育水平存在差异性，有些读者所具有的气象学知识与专业人员所含有的知识在占有量上存在着不对等的情况，大部分人很难理解气候状况声明所传递的专业信息，更无法理解过去一年各项环境指标的具体变化情况。在这样的情况下，读者作为交际的另一方就变成了外行人，专业术语也脱离了以学科系统为背景的语用环境，学科系统不仅包括相关知识，还包括一整套认知、思考的模式。外行人难以用专业眼光来理解和分析夹杂专业术语的语篇所传达的含义，那么相应的概念和描述也因此失去了准确性。相应地，读者对于"低于""高于""上升"和"下降"等评判词汇的语义捕捉便会出现认知上的偏差，从这个角度来看，这部分话语对那些外行读者自我生态哲学观的建构则产生了不利的影响。可能对于那些能够读懂专业术语的读者来说，这部分的话语为有益性话语，而对于那些无法读懂的读者来说，这部分话语为破坏性话语，因此作者在这里将这类话语纳入了中性话语范畴。

另外，作者对于过去几年的气候报告进行统计后发现，在 2008 年的报告全文中，共出现中性话语小句 88 句；在 2009 年的报告全文里，共出现中性话语小句 97 句；在 2010 年的报告全文中，共出现中性话语小句 127 句；在 2011 年的报告全文中，共出现中性话语小句 110 句；在 2012 年的报告全文中，共出现中性话语小句 156 句；在 2013 年的报告全文中，共出现中性话语小句 95 句；在 2014 年的报告全文中，共出现中性话语小句 87 句；在 2015 年的报告全文中，共出现中性话语小句 58 句；在 2016 年的报告全文中，共出现中性话语小句 79 句；在 2017 年的报告全文中，共出现中性话语小句 109 句，其中 2012 年份的语料容量最大，2015 年份的语料容量最小。

这说明中性话语的使用频率总体上还是上升的，在环境新闻话语中，中性话语的出现也是不可忽视的，对于新闻话语的影响是至关重要的。在这样的情况下，广大学者应该积极分析中性话语的出现情况，从而分析其中的规律，更好地把握环境新闻话语的内涵。

3. 破坏性话语的生态话语分析

（1）破坏性话语中的情感资源

结合相关的环境新闻语料，作者运用分词软件与词频统计软件对破坏性话语子库中的语料进行处理，并根据出现频次的高低对检索出的情感词语进行降序排列，得出负载情感语义的词语在破坏性话语子库中的使用频率如表 4-4-6 所示：

表 4-4-6　破坏性话语子库中负载情感语义的词语使用频率

排序	词语	类别	出现次数	频率
1	希望	情感	1	0.0324

从其中数据可以看出，在破坏性话语子库中检索到的负载情感语义的词语数量有限，仅出现了词语"希望"，且出现次数仅为一次。

例 1：巴黎协议增强了人们的希望，即国际社会保护地球的努力将加快，从而避免气候系统达到临界点。

"希望"这一词语所蕴含的情感内涵本应指人类心中最真切的期盼，但在该例句中，写作者赋予情感名词"希望"的语义内涵最终指向了"避免气候系统达到临界点"这一目标，换句话说，在写作者的笔下国家社会所承诺的做出的所谓的环保贡献仅是为了让气候变化不超过临界点，而不是在现有的基础上让气候系统回归到常态或是更好。在这里，写作者用寄托美好情感的词汇去掩饰国际社会有限的努力和承诺，有意识地去蒙蔽读者的认知。将本不应该作为真切希望的目标称之为共同努力的对象，进而美化和掩盖了话语的破坏性。

（2）破坏性话语中的评判资源

同样，作者运用分词软件与词频统计软件对破坏性话语子库中的语料进行处理，并根据出现频次的高低对检索出的评判词语进行降序排列，得出这些负载评判语义的词语在中性话语子库中的使用频率如表 4-4-7 所示（这里仅列出位于前 10 的统计结果）。

表 4-4-7　中性话语子库中负载评判语义的词语的使用频率

排序	词语	词语类别	出现次数	频率
1	主要	评判	9	0.2912
2	极端	评判	8	0.2588
3	升高	评判	7	0.2265
4	最高	评判	7	0.2265
5	低于	评判	5	0.1618
6	高于	评判	5	0.1618
7	上升	评判	5	0.1618

续表

排序	词语	词语类别	出现次数	频率
8	严重	评判	5	0.1618
9	增加	评判	5	0.1618
10	重要	评判	4	0.1294

从其中数据可以看出，在破坏性话语子库中出现频率最高的评判词汇为"主要"，共出现9次，频率为0.2912，其余依次为"极端""升高""最高""低于""高于""上升""严重""增加"和"重要"。根据对检索结果进一步的分析作者发现，出现在破坏性话语中的评判资源相比于前两个子库的检索结果在数量上有所减少，但词语类型的范畴较为丰富，涵盖了评判形容词、评判副词、评判名词和评判动词，比如：

例1：2010年是特别值得注目的，全球地表温度达到与1998年和20。5年相同水平的记录值，这与过去50年中经历的变暖加速趋势一致。（语料来自《WMO2010年气候状况声明》）

例2：2015年伊始，在阿根廷南部巴塔哥尼亚地区高于正常温度和低于正常降雨，这对发生阿根廷历史上最大野火之一提供了理想的条件。（语料来自《WMO2015年气候状况声明》）

例3：（当飓风"厄玛"登陆时，它给巴布达带来了风暴潮，高度近三米，其最大持续风速达到网5公里/小时，降雨量也创下记录。）死亡人数仅为一人，但估计有90%的房屋遭到破坏。（语料来自《WMD2017年气候状况声明》）

在例1中，评判形容词"值得注意的"用来表示写作者对于2010年持有的正面态度，从声明写作者的角度来审视2010年的全球温度是值得欣慰的，因为这一年的温度水平与1998年和2005年相同，读到这里受众自然而然地会觉得地球的生态问题得到了回转，然而对下一句"这与过去50年中经历的变暖加速趋势一致"的深入分析不难发现，全球的温度实则并没有发生良好的转变，而是在持续的加速变暖。在例2中，在描述野火的发生条件时所使用的评判形容词为"理想的"，进一步分析可以看出，"理想的"语义承载者为"阿根廷南部巴塔哥尼亚地区高于正常温度和低于正常降雨"，换句话说，巴塔哥尼亚地区的气候异常在写作者的笔下负载了一定程度的正面意义。在例3中，当提及死亡人数为1人时出现了"仅"字，来对句子中的数量成分进行限制，用以说明事故伤亡情况。虽然这是一条包含了真实的量的信息，但却附加上写作者的主观评价和态度。"仅"字在弱化了事故严重程度的同时，也减轻了读者对飓风登陆危害性的认知。

借助以上分析可以发现，在句子中使用积极的评判词汇或具有限定意义的词语能够在一定程度上转移读者的注意力，从而达到弱化认知的语言效应。从本质上来看，这种语言效应对读者生态意义上的建构起到了相反的作用。同样的情况还出现在涉及经济的话语中，正如 Gare 所言，"在众多被称之为破坏性的语篇中，经济类的语篇是最具有破坏影响力的。"比如：

例4：海面温度显著升高，部分地区高出平均温度达3℃，这说明海洋环境的物理、化学和生物状态发生了巨大变化，对于食物链和海洋生态系统以及对于有重要社会经济意义的渔业有了极大的影响。（语料来自《WMO2016年气候状况声明》）

例5：过去10年来，各类研究已经确认，海洋酸化直接影响着珊瑚礁的健康、水产养殖鱼类和海鲜的成功、质量以及口感。（语料来自《WMO2016年气候状况声明》）

例6：根据植被状况指数，截至2017年5月，在肯尼亚受旱灾影响的地区，干旱导致主要作物价格大幅上涨以及牲畜价格上涨，从而造成生计受到破坏并威胁到粮食安全。（语料来自《WM。2017年气候状况声明》）

在例4中，写作者将"渔业"描述为"有重要社会经济意义"，换句话说，写作者在这里仅仅关注了海洋生态环境恶化对渔业经济所带来的损失，而没有重视其对鱼类本身造成的伤害，鱼类等同于商品货物，具备经济属性而不是生物属性。在例5中，写作者着重强调的是海洋酸化对人类水产养殖产业的破坏，提及鱼类时使用的词语还有"质量"以及"口感"，在这里同样将海洋生物作为消费品和人类的食物。在例6中，写作者关注的是干旱对人类生产力和消费力的影响，将牲畜贴上了价格的标签，将其视作市场产品，而不是关注干旱对牲畜生长环境的影响。

通过以上分析不难发现，一旦话语涉及经济或消费相关主题，其他生物便自动沦为了可交易或可消费的商品或食品。这种话语不仅充斥着人类中心主义思想，将其他生物视为为人类服务的附属品，忽视其拥有的平等的权利，还处处以人类为中心，将利益的天平指向人类，潜移默化地影响着读者健康的生态哲学观。不可否认还会有一小部分群体存在这样的观点，如果不将动物作为食物那也不应该将植物等其他生命体作为食物，这样就会产生一种不可解的悖论。需要说明的是，人类作为食物链的顶端无可避免地会选择以其他生物为食，但同时需要意识到不仅人类在这条生物链上，其他生物也在这条生物链上，人类与其他物种共享同一个生态系统，也共生在一条生物链之上。人类享有了食物链顶端的种种福祉和权力，就有义务来承担更多的责任。在谋求生存和发展的道路上，人类不应该扮演破坏者的角色，而应更加努力地去做一名合格的守卫者和保护者。人类群体的价值导向和生态取向应该考虑其他物种的生存感受，靠破坏生态系统而谋求的利益是不可取也是不应取的。人类与其他生物既是竞争也是共生的关系。在承认和尊重其他物种主体性和权力的同时，也应该认识到人类的主体性与其他物种主体性的不同。人类的主体性要高于其他物种的主体性，因此在生态系统中要肩负更高的责任和使命，使人类既获利于生态，又还利于生态，在改造生态环境的同时又保护生态环境。

借助上述的分析可以发现：情感和评判是两种不可忽视的资源。破坏性话语在影响公众生态环保意识方面主要从以下这几个方面来实现：（1）"情感美化"，即通过使用传达积极意义的情感词汇去美化破坏性话语的负面语义内涵，借此掩饰国际社会在环境保护方面做出有限的承诺和努力；（2）"正面干扰"，即通过使用正面的评判词汇转移读者的注意力，在干扰读者对于语篇破坏性认知的同时弱化读者的环保意识；（3）"潜移默化"，即在经济类话语中将人类中心主义的不健康思想常态化，使读者自然而然地接受"牲畜为食物"，"鱼类为食物"等不利的观念。

此外，作者认为发现，在2008年的报告全文中，共出现破坏性话语小句18句；在2009年的报告全文中，共出现破坏性话语小句13句；在2010年的报告全文中，共出现破坏性话语小句9句；在2011年的报告全文中，共出现破坏性话语小句16句；在2012年的报告全文中，共出现破坏性话语小句7句；在2013年的报告全文中，共出现破坏性话语小句12句；在2014年的报告全文中，共出现破坏性话语小句11句；在2015年的报告全文中，共出现破坏性话语小句6句；在2016年的报告全文中，共出现破坏性话语小句9句；在2017年的报告全文中，共出现破坏性话语小句10句，其中2008年份的语料容量最大，2015年份的语料容量最小。

4. 环境新闻有利于生态意识培养

整体来看，环境新闻比较有利于生态意识的培养。语篇中的有益性生态话语多于破坏性话语。破坏性话语主要表现在：

（1）有些新闻体裁中生态主体的分布在时空维度上存在一定的不足。消息所关注的共时和局部主体中，仍然倾向于忽略自然生态主体。通讯为环境新闻语篇拓宽了时间维度上生态主体的范围，但是很多语篇没有利用这个语类优势。

（2）当人类受到地震、洪水、沙漠等威胁时，自然往往被建构为不道德过程的行动者，而人类是承受行为后果的受害者。读者在对受害者产生移情情感的同时与自然之间建立敌对的主体间关系，因为语篇已经把自然人格化为一个不道德的敌人。这不符合"以人为本"生态观的"求善"和"求美"原则。

有益性生态话语表现在多个方面，主要包括：

（1）获奖环境新闻语篇极力通过积极评价，尤其是积极的评判和鉴赏，在读者与个人、机构和自然之间建立亲和关系。这符合"以人为本"整体生态观对"善"和"美"的要求。

（2）充分利用消极情感在建构人际关系方面的独特作用。大量的消极情感资源在读者与语篇内生态主体之间建立"受害者—旁观者"关系，并且当消极情感具有明显的情感引发者（情感缘起）时，在读者与情感引发者（情感缘起）之间建立对立关系。对立关系虽然是不和谐的生态关系，但是有益于纠正破坏性行为。

（3）环境新闻语篇能够在语类允许的范围内，借助人类对自然的情感来激发读者的移情心理，如张大明对河豚的情感、造林人对家畜和树木的情感。这突出了人类对自然的情感依赖，在人与自然之间建立了超越物种的情感联系，符合"以人为本"整体生态观对"善"的要求。

（4）各新闻体裁在允许范围内，增加了鉴赏资源的比重，相对其他新闻语篇更加突出审美情感的作用。其中，环境新闻没有回避人类利益问题，对很多人造物、人类活动、局势和自然的考量是功利性的。根据"以人为本"的生态观，对人的利益应予以承认，尤其是在发展中国家，摆脱贫困仍然是人们获得幸福的重要因素。

（5）语篇对消极情感和积极鉴赏在级差上的上扬也属于有益性生态话语。因为移情情感是人类的本能反应，协商空间过于宽松反而使情感显得不确定而影响移情的唤起。因此针对消极情感和积极鉴赏较为紧缩的对话空间有益于积极主体间关系的建立和巩固。

（6）道德资源占比的相对减少，以及宽松的对话空间有助于联合更多的言语社团外部生态主体。新闻作为一种重要的传播形式，具有引导舆论和道德教育的功能。因此，新闻语篇的交际目的在于道德评价。可以说，新闻语篇中的情感表达与审美最终都要为道德评价服务。但是，直接的道德评价可能会给人道德说教的感觉，并不利于获得言语社团外部生态主体的认同。因此，适当增加情感、鉴赏资源，或扩展道德评价的协商空间不仅有利于建构和谐的"读者—作者"关系，也有利于建构友好的语篇内被评价者与读者间的关系。

最后，环境新闻语篇中还存在大量的中性话语，主要体现为针对人为和局势被评价者的消极鉴赏。有些语篇在描述环境问题时，将消极评价集中于人为和局面被评价者，通过"鉴赏—结构"资源将环境问题建构为结构问题，或通过评价局势，转移应该受到批评的主体。因此，在环境新闻中几乎没有出现移情"过度唤醒"的情况。这虽然有助于建构读者与语篇内生态主体之间的亲和关系，但是具有避重就轻的嫌疑。因为评价行为与评价行为者本人在效果上是不能完全等同的，两者之间还存在一定的距离，评价局势就更加无法明确环境问题的责任主体。这在一定程度上违背了"以人为本"整体生态观对"真"的要求。

三、评价策略

在分析评价策略之前，我们有必要对于评价理论进行深入的分析，本书上文中也对于评价理论进行了分析，但是还不够深入，为此，本书这里重点对于评价理论进行了一定的探讨。

（一）评价理论概述

评价理论被认为是系统功能语言学的重要发展。评价理论主张以词汇、句型以及文本结构为媒介，分析语言使用者如何表达对所述内容的态度、立场和意见，并进一步对译本质量做出评估。

我们需要认识到人类的语言共分两种：有声语言与无声语言，例如交谈与演讲；图画与文字文本，其主要作用为人际交往，因此无论有声语言或无声语言都具有人际交往的属性和功能。而人际交往功能的体现首先应当是"说话者"与"对话者"共处同一空间或维度；以及"说话者"与"对话者"两者间对于信息的接受和给予的回应期待。不过这种同一空间或维度可以分为具体实在的场景和抽象的场景，比如"说话者"与"对话者"同处于现实中的某一具体同一场景；而抽象场景则可以由文本信息的传递而构成，如书信、书籍、纸条、视频等。然而，对于翻译作品之间人际交往的判断不仅仅体现在词汇语法结构，还有其内在对于"对话"的等值判断和转述，正如俄国语言学家沃尔希洛夫（Valentin Volosinov）在其著作"MarxismandthePhilosophyofLanguage"《马克思主义与语言哲学》一书中所述："任何话语都离不开价值判断，因为每句话都是以立场和评价为导向的。因此，在有生命的话语中，每一个元素同时具有意义和价值。"这些价值观均是由"说话者"与"对话者"共同协商并达成一致，正如巴赫金所述："在'对话'的过程中，每句话语都指向一个预期的回应"，而这正是系统功能语言学当时还未提及的部分。

Martin&Rose指出：评价理论（The Appraisal Theory）是一种文本评估（evaluation）方式，强调语言中的人际功能，即"说话者（作者）"与"对话者（读者）"之间的关系。其目的在于评估文本语篇中语言使用者对所述事物体现出的心理活动、所述事物的品质和道德、文本价值来源以及文本对读者所产生效应这三个方面在译文中的体现是否与源语文本一致的评估。因此评判系统强调对人（语言使用者）及其人际意义的研究。在这个评价过程中，以事物或文本的"系统"（即整体性或全局）为对象，以"评价"为目的，以这个事物或文本的语言体现为切入点或媒介进行判断分析。

评判系统共包括三大互相作用的组成要素：态度（attitude）、级差（graduation）与参与（engagement）（也有学者称其为"介入"）。其中"态度"是指语言使用者对所述事物的品质、社会道德以及事物价值方面的分析和鉴赏，从而分析判断语言使用者对所述事物的态度认知和心理活动。"态度系统"是该理论的核心要素，常被单独用于分析语言使用者的态度和立场以及文本的特点而"参与"则是指对于事物评价的方式，体现在直接引言或间接引言方面。"级差"则主要是指对所述事物描述和评价词汇的语气程度，如从弱→中→强→极强。因此不难得出"态度"子系统是评价理论中的核心主体部分，而"参与"和"级差"则是对"态度"进一步的量化、呈现和辅助。

但因文本是由语言文字所组成的"对话"集合体，因此评判系统则重点关注如何通过词汇语法资源来表达语言使用者对所述事物的情感和态度立场。此外，目的语文本与源语文本之间的"态度"转换不但是翻译者需要着重考量的地方，是评判翻译质量的重要参数，同时也是"评价"的意义所在。因此评价体系不仅仅是只针对语言的表层进行研究，如词汇、语法和句型，更是通过这样的语言表层现象深入到更为深层的意义层面。换句话说：评价理论是一种更加倾向于通过"透过表面现象去看本质"的一种语言评价体系，对文本具有较强的阐述性。

应该说，评价理论作为分析语言使用者与文本的一种理论，已较广泛地用于富含情感与态度的文本，如小说、新闻、评论等。评价理论常见用于分析文本语篇"态度资源"的特点，通常以词汇及文本结构为切入点对语言使用者和文本进行分析，主要步骤如下：

第一，通过"情绪词语"来分析和判断语言使用者（作者/译者）对所述内容的心理活动及情感态度，进而对文本语篇"情感资源"进行解析，如"兴高采烈的""喝彩的""沮丧的""生气的""闷闷不乐的"等；

第二，结合社会规范、道德等社会标准与法律法规，通过分析"判断词语"来评判语言使用者对所述事物的态度、能力、品质、行为、立场以及是否符合社会要求等，进而对文本语篇"评判资源"进行解析，如"强大的""狡猾的""有力的""诚信的""奸诈的"等；

第三，通过文本结构引出文本对读者的吸引度，从而对文本价值进行分析和判断，包括"文本是否具有可读性？"等，进而对文本语篇"鉴赏资源"进行解析。

第四，结合上述三个资源层面整体的分析结果，进而对语言使用者所持态度、立场与认知，以及文本价值和产生的社会意义进行综合分析和判断。

（二）评价意义

结合评价理论体系来看，因为其核心为"态度系统"，故而评价理论常见于具有较丰富情感词汇的文本中。但评价理论的作用主要是对新闻质量进行评价与评估，加之文本类型也具有多样性的特征，因此该理论运用所覆盖的文本体裁也应多样化，这样才能让理论的研究更加完善。所以将评价理论运用在更多不同的文本上，也就具有了理论与实践上的重要研究意义。

其一，从理论层面上来看，将评价理论与新闻文本进行结合是对该理论在文本应用研究方面的一种拓展。评价理论主要应用的语篇类别均拥有较丰富的"态度资源"词汇。反之，新闻通常是较为客观地对事实的客观记录和陈述，并非是对事实的重新创造或改写。因此在新闻语篇中，此类词汇的出现频率明显大幅度减少或可对应匹配的词汇仅有数例。所以正是因为新闻文本这种特殊的文体因素，才使得新闻成为评价理论应用的文本类别。

但是，由于新闻在任何一个社会的发展过程中都发挥出了不可替代的文化意义和学术意义，尤其是全球化快速发展的现当代。因此对此类文本的学术研究就不可能被弃之，加之评价理论的本质是对译本质量的评估方式之一。本书选用评价理论对环境新闻话语进行分析研究，是对该理论的运用和拓展，促进了评价理论的发展和完善。

其二，从实践层面上来看，将评价理论与新闻文本结合的研究方式对新闻实践的发展也起到了一定的推动作用。由于新闻文本所具有的价值与社会意义，新闻传播故而是文化外宣不可避免的一种方式。而通常在新闻活动中，对通俗易懂的事物进行叙事相对来说较为容易，即便叙事策略不同也对译本内容与价值无影响，比如同义词的替换使用。但新闻本身也是一种跨越时间与文化的复杂集合，同时又由于新闻叙事者差异使得新闻的传播受到一定的影响。因此通过增加对新闻话语的研究，意图为我国新闻传播方法和策略提供更多参考，以期为我国文化和政治意识等方面的内容的宣扬传承和翻译的发展起到助力作用。

（三）从观念到行为

语篇所建立的主体间关系与听者／读者的行为在一定程度上是匹配的。语气所建立的主体间关系与行为的一致性最高，情态留下了协商的余地，因此一致性有所减弱。相对来说，评价资源对行为的影响最为间接。但由于情态和评价关照了听者／读者的移情心理，因而也可以较为有效地促使其实施相应的生态行为。心理学的研究发现，以移情忧伤为主要内容的移情情感可以使人产生亲社会行为。Barnett（1982）发现，一群移情的六年级学生在讨论了另一个人的不幸事件之后，相比那些只讨论了自己的不幸事件的学生，付出了更多的时间来为住院治疗的儿童制作图画。Davis（1983）发现，移情的大学生更有可能担任志愿者，花费更多的时间在避难所里为无家可归的人做一些事。如果没有做出相应的助人行为，人们的忧伤会延长。Darley 和 Latance（1968）在实验中让被试听一些表明有人正在发作癫痫病的声音，没有表现出救助意图的被试继续被唤醒并感到心烦意乱。他们双手会颤抖和出汗，而试图提供帮助的被试则表现出较少的烦乱迹象。

（四）从评价到观念

评价是一个具有多层含义的概念。就本书而言，评价包括以下三个层面：

第一，评价是一个认知过程，是以价值判断为主要内容的、意在揭示世界的意义或价值的认识活动；第二，评价是价值判断的结果，是通过一系列认识活动在人们头脑中形成的观念；第三，评价是一种表达，是将关于价值的观念体现于声音或文字（或其他符号）的语言行为，即语言评价。评价策略是语言评价这一层面的概念。通常情况下，这三个层面之间存在一致性。人们关于世界的价值有什么样的观念，就会相应做出什么样的语言评价行为。反过来，根据人们进行的（积极或消极）语言评价，可以说明他们对世界价值的认识和观念。并且，语言行为层面的评价还会影响认识层面的价值判断，进而塑造和改变人们关于世界价值的观念。

价值判断通常以人们关于世界的知识和评价标准为基础。例如评价一个女孩子身材高挑，就必须有关于这个女孩子身高的知识（假设 1.68 米），和据以对

第四章　基于生态语言学的媒体新闻话语分析——以环境新闻话语为例

这个高度做出判断的标准（可能表现为另一个知识，假设某地区女性的平均身高1.60米）。然后参照标准来判断身高，最后得出关于这个女孩子身材的评价。然而由于可靠的知识与明确的评价标准可能会涉及更多的知识和判断，这必然会带来巨大的认知压力，所以在日常生活中，人们常常接受现成的价值观念，而不再针对每一个事件或事物进行价值判断。这时，个人的生活经验和来自外界的语言评价就成为主要的观念来源渠道。因此，我们认为一个人的价值观念可以通过两个途径得以形成，一是通过相关知识和评价标准进行价值判断而形成，二是通过接受其他人的语言判断而形成。前者是间接途径，后者是直接途径。价值判断、价值观念、语言评价、知识和评价标准之间的关系。

通过以上的论述，读者应该重点认识到的是，评价理论在系统功能语言学基础上发展而来，Martin认为传统功能语法以语法为导向研究人际功能，而忽视了人际意义在语篇语义层面的研究。他提出了评价的系统框架，经过不断的理论完善，目前该分析框架主要由态度、介入、级差三个子系统组建而成，态度系统是其核心系统，用于描述和分析人在语篇阅读过程中产生的各种感受评价意义。

Martin进一步将态度系统细化为情感、判断和鉴赏三个系统，分别用以描述和分析人的感受上的评价、对人和行为的评价以及对事物的评价，具有正面和负面态度之分。正面往往用于肯定，而负面关于否定。当然，态度的表达不一定都是直白的或者说显性的，有些态度意义或通过概念意义或物质过程等间接表达，将其称为隐性态度评价。而通过对态度进行研究，可分析作者的价值取向、态度立场，以及作者如何通过态度的使用与读者达成一致关系。

（五）生态话语的评价策略

1. 态度资源的使用

（1）以消极情感促进积极情感

根据移情理论，语言或文字描述能够激发人们的想象，使之产生与所描述的情绪相一致的感受。因此，积极的情感资源可以给读者带来积极的情感体验。积极的情感是人类本能的追求。心理学的研究表明，积极的情绪体验会给人带来多方面的好处。例如，愉快的情绪能使整个机体的免疫系统和体内化学物质处于平衡状态，从而增强对疾病的抵抗能力，积极的情感体验可以使人的认知能力发生变化，扩大注意力范围，加强工作记忆，拥有更流畅的语言能力以及增强对信息的接收能力。积极的情绪还可以带来创造性和生产力，因为积极的情绪能够扩展一个人的思维和范畴，进而获得更加长远的利益。语篇中的积极情感资源可以使情感者成为受欢迎的生态主体，因为读者的积极情绪体验直接来自被评价者。

当然，并非所有积极的情感意义都能够同样明显地感染读者。首先，对积极情感的移情反应要受语境的影响。如同隐性评价意义的识解对上下文语境非常敏感，读者在多大程度上对语篇中情感者的积极情感产生移情也对上下文语境非常敏感。例如：

例（1）夫妇俩喜笑颜开，赶着驴车把麦子运回家。

例（2）它们要等到冬天来临之前才开始迁徙，而那里的冬天来临的时间却越来越推迟了。于是，到青海湖游览观光的游客们就欢呼雀跃，就兴高采烈。

例（3）芦山县初级中学部分建筑物的墙体受破坏在预期之内，达到《建筑抗震设计规范》要求的小震不坏、中震可修、大震不倒的抗震设防目标。

例（4）大家赞同，纷纷按下自己的手印。

例1的背景是在艰苦的荒漠上，夫妻俩艰辛地植树治沙。在这种生活场景中，生态主体的积极情感状态使读者感到愉快的可能性较高。并且，还可能由愉快衍生出佩服等与道德相关的情感体验。相对来说，读者对例1中游客们的情感反应的强烈程度可能低得多，因为他们的积极情感体验以对气候变暖的无知和漠视为背景。其次，情感范畴内部的语义资源并不具有同等的移情效果。高兴（例1）的语义资源往往比安全（例3）和满意（例4）更易于唤起移情效应。

人类在道德和审美上也偏爱积极情感，因此积极的评判和鉴赏更易于建立和谐的主体间关系。然而，消极评价所起的作用在情感和评判、鉴赏子系统之间却是大不相同的。消极的道德情感和审美情感，如一个吝啬的老板、一副丑陋的人皮面具，引起的是旁观者的厌恶情绪而无助于主体间关系建构。而消极的情感，一个哭泣的男孩儿/女孩儿/主妇/男人/老人等，往往引起移情忧伤而有助于亲和关系的建构。

获奖环境新闻语篇的消极评价资源中，消极情感在比例上的相对优势值得关注。虽然消极情感是我们不想体验的情感，但它在建构人际关系方面，能够发挥独特的作用。首先，它可以激发读者对作为感受者的生态主体产生移情情感，并与之形成"受害者—旁观者"关系。这会促使读者产生相应的态度和可能的救助行为。其次，当消极情感具明显的情感引发者（情感缘起）时，它可以在读者与情感引发者之间建立对立关系，使读者对引发者产生消极评价，并抵制其实施的生态破坏性行为。

移情忧伤与助人行为的相关性已经获得大量研究结果的支持。研究发现，以移情为基础的助人行为由受害者引起，其主要目的是帮助受害者，只要他/她得

第四章　基于生态语言学的媒体新闻话语分析——以环境新闻话语为例

到帮助，移情/救助者就会感到宽慰。Hoffman 认为，这些现象说明移情忧伤可以使人产生亲社会行为，是一种亲社会动机。对于移情忧伤的四种变体，同情和不公正感直接指向受害者，可以指引观察者施事改变其不幸境遇的救助行为；内疚感虽然指向旁观者自己，但是它由移情忧伤引起，会使旁观者更多地考虑他人，所以，也是一种亲社会行为的有效动机；移情的愤怒是指向肇事者的消极情绪，但它伴随着对受害者的移情关心，能够使人产生巨大的能量以保护受害者。有人甚至认为移情的愤怒是一种比移情忧伤更为有效的亲社会动机，因为愤怒产生行动。

　　消极评价的效果在情感、评判和鉴赏系统内部也存在差异。在情感系统中，幸福与安全相比满意是更加被看重的语义范畴。处于不幸福与不安全之中的受害者，比一个对现实不满的人更加容易唤起移情情感。在评判系统内部，社会尊严与社会约束分别是描述道德底线和社会期待这两种不同的语义范畴。达不到道德底线的后果比达不到社会期待的后果严重得多，受到的谴责更加强烈。鉴赏系统中，消极的结构与消极的反应和估值产生的评价效果也不尽相同。如前所述，人们通常认为结构是相比品质更容易改变的属性。因此相对于反应来说，在结构上不符合审美标准所引起的审美不适感会小一些。而估值体现的是对事物（或活动）价值的判断，是功利主义的。在环境保护的语境下，估值的预设标准即为是否对保持宜居的环境有益。被鉴赏为积极的人类行为在读者与行为者之间建立友好的合作的互惠关系，被鉴赏为消极的人类行为则建立对立关系。

　　（2）以"自然的情感"激发人的情感

　　"自然的情感"是指人类主观上认为自然所能够体验的情感，包括动（植）物因生存环境而获得的情感，人对自然的情感和自然对人的情感。将自然建构为情感者往往可以激发人类的道德情感。建构自然情感者的方法有以下几种。

　　一是通过建构自然的受害者身份来激发读者的移情心理，使读者产生保护和救助自然的行为倾向。例如：

　　例（1）最早的年头，草长得太短，驴只好把嘴扎到地皮上去啃，结果下嘴唇都被坚硬的地面磨掉了，嘴肿得像水桶粗。

　　二是通过描写人类对自然的情感来激发读者的移情心理，使读者对语篇中人类情感者产生同情而间接建立读者与自然之间的和谐关系。例如：

　　例（2）"从岳阳楼到洞庭湖大桥这片水域，有一家三口江豚活动，应该出来呀！说不定昨天就被打死了。"说到此，大明满眼的悲戚。

　　三是通过描写自然对人的情感建立人与自然之间的和谐关系。这种方法往往

167

既激发读者的移情心理，又使之对自然产生积极的道德评价。例如：

例（3）那天，英雄们喝光了方圆 20 里内的苞谷酒。3 斤酒下肚，石光银翻身骑上枣红骡子，到地里撒草籽。刚撒了几把，便醉倒在骡背上。

那骡子走 30 多里路回家，脑袋顶开房门，卧下，把石光银轻轻放到地上。

骡子活了 25 岁，2004 年殁了，石光银把老伙计埋在已然满目青葱的"狼窝沙"，祭上两瓶烧酒，大哭一场……

由例 1—3 可见，铭文与标记均可用于建构自然的情感者身份。当自然的情感与人类情感交融在一起，便会得到更为强烈的效果。但是由于情感的"熟悉偏见"，人类更容易对熟悉的物种产生移情。例如，相比植物来说，人类对动物的移情情感更加强烈，也更加容易被激发出来。

Hoffman（2000）认为移情情感是使社会生活成为可能的黏合剂。尽管有时缺乏精确性，移情心理在社会道德内化方面仍然起积极作用。当移情的对象从人扩展到自然，移情的不精确性大大增加。但是一般情况下，读者并不会对此进行质疑。如例 3 中，骡子把石光银"轻轻放到地上"，由语境框定"轻轻"一词与"小心、仔细、精心"等意义相联，暗示骡子对主人的关怀之情。在语境及语义关系的作用下读者很难不被骡子感动。此时极少有人会追究这种"轻"是否是骡子出于关爱而有意拿捏力道，它是否能够如人一般细心、体贴。事实上，我们也不必如此理性地推敲。因为此种程度的非理性有益于人类环境道德的内化，进而有利于达成"以人为本"的理性目标。

（3）态度资源评价分析案例

生态话语分析是生态语言学的主要研究方法，旨在应用语言学相关理论分析语篇中的语言特征，批判有悖于和谐生态观的破坏性话语、鼓励符合和谐生态观的有益性话语，并揭示语言所传递的各类生态意识。本书基于生态评价系统，在上文中本书也对于 The Guardian 关于 2019 年森林大火这一生态问题的 10 篇新闻报道中的态度资源进行了生态话语分析。研究发现，态度资源中情感资源出现频率最高，其次是判断资源和鉴赏资源，其中有益性生态话语占 57.92%，破坏性生态话语占 19.89%。可见，The Guardian 关于此次森林大火的新闻报道总体上传递出了积极的生态意识，如强调了当前生态问题的严峻性，呼吁人们重视生态问题，但同时也存在小部分仅以人类利益为中心、罔顾自然生态的破坏性话语。随着人类活动的日益增多，生态问题不断凸显。2019 年 10 月开始，澳大利亚发生多起丛林火灾，东部沿海地区大火肆虐，伤亡野生动物多达 4.8 亿，伤亡人数高达 5373 人，60% 的澳大利亚地区环境重度污染。直至 2020 年 2 月，灾情才得以

第四章　基于生态语言学的媒体新闻话语分析——以环境新闻话语为例

缓解。

语言学界聚焦于语篇的话语分析。但是，关于此次事件的相关语篇研究较少，从生态视角出发研究的更是凤毛麟角。因此，本书基于生态态度系统，依据 Stibbe（2015）提出的和谐生态观，对 The Guardian 关于 2019 年森林大火的 10 篇新闻报道进行评价。在运用评价策略的时候，本书发现：新闻报道多对于全球重大事件进行跟踪报道，它的主要参与者是新闻记者和受众读者。虽然新闻报道追求客观性，但是由于新闻记者自身不可避免的主观性，记者的主观意识会通过语言特征（如态度评价资源）得以彰显，进而影响受众读者的思想及价值观建构。因此，本书评价了这些新闻报道所折射出来的生态意识。

（1）强调当前生态问题的严峻性，呼吁人们重视生态问题

在相关新闻报道中，记者通过一系列的积极情感资源如"relieved、hopeful"等，描述了人们对于降雨的积极情感，从侧面反映出大火带给人们的恐惧和不安。同时，记者利用"respect"等积极情感资源，直接表达了对自然力量、生态环境的尊重和敬畏。此外，消极情感资源如"frightening、hate"等将人们对于此次大火的情感展示出来，充分说明了此次火势凶猛、生态急剧恶化，给人们带来了相当恶劣的影响。另外，记者运用否定判断资源，如"criticize、preachagainst"等，批判了大火成因以及破坏生态的具体行为，直接披露了当前生态恶化的普遍性和严峻性。对于有益于解决生态问题的行为如"tree planting、sustainable development"等，记者同样选用"agreed、supported by"等表达以示肯定。

以上态度资源无论积极与否，都直接揭示了当前生态问题的严峻性和解决生态问题的急迫性、棘手性。此外，记者强调其生态破坏程度已经严重威胁到了人类的正常生活，不仅损害了人们的经济利益，更严重影响到了人类生存。记者还迫切呼吁全球人民尊重自然、保护环境、重视生态问题、建设和谐的人与自然的关系。同时，记者强调了要在各个层面，人民群众、各地部门、各行各界提高生态保护意识，重视生态问题，关注环境变化，采取相应保护环境、抵制生态破坏性行为等措施。

（2）态度资源多以"人"为本位，缺少以"自然"为本位的考虑

新闻语篇中涉及的评价标准多以人类利益为考量对象。例如，新闻报道对于"protest"持肯定判断，即记者表达了其对抗议行为的肯定和支持态度。表面上，这些判断资源看似是人们重视生态问题并采取了抗议给政府施压，但是不得不承认的是，记者判断的标准是以人类利益为出发点考虑的，因为这些抗议行为是人们被动采取的，追根究底是生态的急剧恶化直接损害了人们的利益、威胁了人们

的正常生活，人们诉求的最终目的是弥补利益损失而非单纯地修复环境、保护环境。此外，对于"fossil fuel、burning fossil"等评价对象，记者多以人的利益为本位出发，使用"cheap、profitable、efficient"等肯定判断对有害于生态的化学燃料和具体行为表示认可，而很大程度上忽略了这些燃料和行为所造成的环境污染、资源消耗等生态问题。同样，鉴赏资源也多是参考了经济价值、人文价值和社会价值等非生态价值，很大程度上忽略了事件的生态价值，如对于鉴赏对象"green economy"，记者所考虑的依旧是经济价值。再比如将"earth"和"ocean"鉴赏为缓解环境问题的"buffer"，认为其对于维护生态平衡具有重大作用，但记者仍从属人价值出发，将自然视为可利用的资源，而未考虑其可持续性和可再生性。由此看来，新闻语篇中的态度资源多将人的利益放在首要位置，并将其作为重要的判断标准或鉴赏对象，而往往忽略了自然所承受的危害。

由此可见，The Guardian 作为西方主流媒体之一，所传递出来的意识形态对于人们形成生态意识发挥着重要作用。从本书选取的新闻报道来看，其整体的生态意识形态是正面的、积极的。对于保护自然、重视环境问题等现象都持肯定情感、态度；而对于破坏环境、消耗资源等问题都持否定态度、判断和鉴赏。通过3种态度资源，新闻报道揭示了造成澳大利亚森林大火严重灾情的原因，如全球气候变暖，人类过度砍伐以及只顾发展工业而破坏自然环境、无限消耗自然资源。因此，在揭示生态问题的严峻性和紧迫性的同时，新闻报道旨在呼吁人们重视生态问题。但是，这些新闻报道同样存在着一些局限性，比如判断标准主要是以人为本位，而忽略了自然因素，将人类与自然割裂开来；再比如鉴赏资源主要考量的还是属人价值，包括经济价值、社会价值、人文价值等，忽视了生态价值、自然价值等。因此，这些问题在日后的新闻语篇的建构中都应纳入记者参考的范围内。

2. 对话空间的调控

一是针对态度的调控策略。评价环境新闻语篇的最终标准是语篇是否通过建构作者与读者之间的关系而促进读者与语篇内部被评价的生态主体之间的关系建构，提升读者的生态意识。由环境新闻语篇的分析可见，扩展与压缩资源都可以服务于生态意识培养。当它们搭配不同的态度资源来使用，往往起到更好的效果。

扩展资源更适于搭配评判资源，尤其是社会尊严。虽然语篇中的情感、评判与鉴赏资源都可以激发读者道德情感，但是它们作用的方式有直接与间接之分。评判资源直接告诉读者应该对某生态主体的道德做出怎样的评价，而情感与鉴赏资源则首先通过情感联盟读者，再让读者在此基础上自行做出积极或消极的评判。

因此，直接以评判资源实现道德评价相对于其他方式来说更加强硬，留给言语社团外部成员的协商空间比较狭小。并且，社会尊严是与文化密切相连的机构化的情感，在不同的文化中标准不同，即使在同一文化中，评判标准也因语域不同而有所差异。而新闻语篇又不同于学术语篇、工作报告等，往往不能就评价标准进行详细解释而便于读者推理。因此，评判资源适宜与扩展资源相搭配，以联盟更多的语言社团外部读者。但是，扩展资源与社会约束的搭配应该更加谨慎。因为社会约束往往以法律、法规等一般社会行为规范为基础，是对道德底线的规定，过于宽松的协商空间会影响语篇对环境问题的基本态度和立场的表达，并不利于环境道德的培养。

压缩资源更适于搭配情感和鉴赏资源，尤其是消极的情感和积极的鉴赏。情感和鉴赏直接引发的是读者的移情情感和审美情感。与道德问题不同的是，移情情感和审美情感具有一定的普遍性。它们是具有类似的心理过程的人的本能反应，是人类共有的心理特征。就同一事物所引起的情感反应来说，移情情感和审美情感可能比道德情感影响更多的主体。也就是说，针对一个人的情感和鉴赏评价可能比道德评价拥有更多的语言社团成员，读者并不需要太多的协商空间。另外，消极的情感和积极的鉴赏在主体间建构的是和谐的关系。和谐关系的紧缩，例如语势的上扬与锐化，甚至双重强化，可以将言语社团内部的成员更加紧密地联盟在一起。当情感与鉴赏资源在读者与自然主体之间成功地建立了友好亲和的关系，紧缩的空间能更有效地促进有益性生态行为的实施。

二是多元介入的调控策略。新闻语篇引入多声态度的常用方式是投射介入，即通过"说""告诉""称""想""认为"等言语过程、心理过程等资源将态度投射于非作者的生态主体而介入。这种介入方式建构的对话空间可以是压缩的，也可以是扩展的。就环境新闻语篇的情况看，扩展多于压缩。除此之外，还可以利用情感介入、权威介入、自然介入等多种方式调控对话空间。

情感介入是以带有情感色彩的物质、行为过程，如"叹息""感叹""抱怨""祈求"等，或以品质情感修饰的言语过程介入态度的方式，如"不屑地说""绝望的评价"。当物质和行为过程本身包含态度意义，尤其是情感意义，通常会引发读者的移情心理，使之认同或反对被介入的态度。对言语和心理过程的情感修饰也往往具有相同的效应。例如，行为过程"叹息"并未表露作者对态度的认同程度，因此这个态度可以理解为众多可能声音中的一种，归属于承认子系统，属扩张性介入资源，对话空间较大。但是，行为过程"叹息"本身实现消极的情感意义，具有引起读者移情心理的倾向，容易使人产生情感共鸣而接受被介入的态度。

就情感介入方式产生的实际效应来看，对话空间是压缩的。

权威介入是将态度归属于作者以外的、在某领域内具有权威地位的个体或群体。当语篇为一些表示中立、客观立场的介入资源加上权威的声音来源时（如"告诉""写下""说道"等），宽阔的对话空间会因权威声音而变小。因为权威声音的态度通常被认为是基于更多的知识或信息得出的，所以往往被认为是更加理智和可靠的。这使得语篇呈现的态度更易于被读者接受，因此对予以读者的对话空间在原来的基础上进行了调整。

自然介入是将自然拟人化，通过以自然为感受者或言语者的过程来投射人的态度。自然介入的方式不仅可以拉近人类与自然的情感距离，并且使投射的态度具有较高的可信性，因为自然在人们的意识中并不具备歪曲事实的主观能动性性。例如，"紧贴在土坯房外那丛碧绿叶、鲜红花的悬铃，在寂静的月夜，不止一次，听到泪水滴在稿纸上的声响"是典型的自然介入，消极情感投射于自然主体"悬铃"，这构建了"悬铃"的情感者、情感抚慰者、陪伴者等形象，同时使被投射的人类情感更加真挚而感人至深。但是，自然介入通常具有语类敏感性，通常只有通讯可以有效地运用。

3. 体裁的选择

就写作的过程来说，通常主题是最先确定的，体裁是作者根据主题、报道思想、受众的需要、个人喜好等因素选择的。为了保证真实性和客观性，新闻语篇作者的语言资源使用权限受到种种制约。新闻中的情感资源一般最少，评判资源相对较多，鉴赏资源居中。

评价资源的使用策略应考虑新闻体裁的行文规范。由于体裁不同，表达材料的手法、口吻会有所不同，组织安排材料的方式会有所不同。为了达到预期的效果，语篇中包含的评价资源的频次和各种态度资源之间的搭配也应该有所不同。消息的时效性较强，但篇幅短小，表达形式比较单一。作者限于篇幅与语义的概括性，往往对生态主体进行直接的道德评判。因此，消息更适于使用评判资源。

新闻评论是"针对现实生活中新近发生的、具有普遍意义的新闻事实和迫切需要解决的问题而发议论、讲道理，直接发表意见的新闻体裁"。评论作为一种新闻体裁，其首要的要求是新闻的真实性，但是其行文的核心在于议论。因此，相对于消息，语篇允许更多的主观性。并且，评论在篇幅上没有十分严格的限制，对作者使用评价资源的限制相对较小。

应该认识到，从环境道德内化的角度来说，每个新闻体裁都可以发挥一定的作用。

第四章 基于生态语言学的媒体新闻话语分析——以环境新闻话语为例

4. 以 WMO 气候状况声明为例综合分析评价资源

本书在分析环境语篇的时候，涉及对于 WMO 气候状况声明中的生态话语分析，在重点探析其中的评价资源的时候，本书也发现了它的一些特点。WMO 气候状况声明作为公共话语语类，是一种特殊的功能性文体，其语类特征决定了情感与评判这两种评价资源在分布上具有一定的不平衡性。

（1）情感资源的生态对比分析

情感资源作为语言符号集合的一种表征方式，能够用来解释语篇所蕴含的态度潜势和生态意义。虽然气候状况声明并不属于情感类文本，但其中所涉及的情感资源却是用来解释其生态意义不可或缺的语言要素。根据第三章所得到的情感资源数据，作者分别统计出了情感资源在各个子库中的分布情况。

统计结果表明，在三个子库中有益性话语子库所占有的情感资源最多，占比为 0.075%；其次为破坏性话语子库，情感资源所占比例为 0.043%；相比之下，在中性话语子库中出现的情感资源最少，占比仅为 0.015%。由此可以看出，写作者更倾向于使用情感手段来辅助有益性话语和破坏性话语的构建。从信息的接受习惯来看，经过加工的信息更容易引发读者的兴趣。通过使用情感资源，写作者能够更好地回应读者的情感预设，使话语形成更明确的情感指向，从而增强语言的感染力与互动感，也能够在阐述事实的同时激发读者从思想层面产生情绪波动，而这种个体情绪便是生成读者自我生态哲学观的一种动力，进而借助于增加话语的情感输出来加强对读者自我生态哲学观施加的影响。相比之下，中性话语的语言结构感和信息感较强，在语言加工上不适宜使用较多的情感手段，更侧重于信息的客观传达与描述，因此在情感资源占比上显著减少。

（2）评判资源的生态对比分析

评判资源同情感资源一样，对于识别语篇所蕴含的态度潜势和生态意义具有重要的作用。同样，根据第三章所得到的评判资源数据，作者分别统计出了评判资源在各个子库中的分布情况。

统计结果表明，出现在破坏性话语子库中的评判资源在数量上要高于其他两个子库，所占比例高达 7.656%；其次为有益性话语子库，评判资源占比为 6.154%；而出现在中性话语子库中的评判资源最少，占比为 5.546%。虽然在三个子库中出现的评判资源在数量上具有一定的差异性，但总体情况较为均衡，并没有在数值上出现较大落差，由此可以看出写作者在评判资源的使用上具有一定的均衡性和集中性。对于有益性话语来说，这种高密度出现的评判资源能够使读者更加全面的认识气候系统的变化情况，使读者的生态意识变得更加深刻和立体，进而连续激发读者产生健康的生态共识感；对于破坏性话语来说，通过对评判资源的运用则能够在增加信息复杂性的同时减弱可读性，混淆读者对于气候系统发生改变的认知而对生态观的建构起到相反的作用；对于中性话语来说，使用评判资源则避免了读者对于信息的简单接受，加强了语言的思考性和分析性，也在一定程度上给读者提供了思辨的空间。

（3）评价资源的生态对比分析

在上述关于情感资源和评判资源分析的基础上，作者又对有益性话语、中性话语和破坏性话语三个子库中出现的两种评价资源进行了对比分析，并统计出了三个子库中评价资源的总体情况。

首先，对比情感与评判两种资源在三个子库中的分布情况可以发现，无论是在有益性话语子库、中性话语子库还是破坏性话语子库中，写作者使用评判手段的频率都要远远高于使用情感手段的频率，这一结果不仅符合气候状况声明这一语类的语言特点，也符合读者的认知走向。评判资源在气候状况声明这种功能性文本中产生的语言效应与张力要强于情感资源，而给读者带来的主观感却弱于情感资源。作为公共话语的一种表征方式，声明类语篇在使用情感手段时具有一定的局限性。写作者为了凸显声明的客观性与真实性，极少在谋篇时直接进行主观的情感输出，更多地使用客观的评判手段来进行描写。

其次，综合情感与评判这两种评价资源在三种子库中的分布情况来看，出现在破坏性话语子库中的评价资源最多，占比高达 7.699%；其次为有益性话语子库，占比为 6.229%；中性话语子库所占有的评价资源依然最少，为 5.561%。无论是有益性话语还是破坏性话语，这两种话语所具有的态度意识都要高于中性话语，虽然气候状况声明在语言使用上较为程式化和规范化，但写作者同样拥有较高的语言主导权。一方面要向全世界的读者正向传达气候系统的变化趋势，一方面也从利益相关者的角度进行考量。这样的信息加工动因使得写作者在有益性话语和破坏性话语中，选择更多地使用了评价资源。对于前者而言，能够更好地激发读者产生健康的生态意识，而对于后者而言则试图转移读者的注意力并伪装话语的破坏性。

四、结语

（一）对于生态话语的思考

生态话语分析所关注的是所有可能对人类行为和生态环境产生影响的话语，

第四章　基于生态语言学的媒体新闻话语分析——以环境新闻话语为例

作为生态语言学框架下的话语分析模式，其范围也从开始时对生态话语的分析逐渐扩展到所有的话语。

斯提比（A.Stibbe）指出生态话语分析揭露和关注具有生态破坏性的话语，或者寻找可能有助于保护和维持生命条件的话语，他将话语分为有益性话语（beneficial discourses）、破坏性话语（destructive discourses）和中性话语（ambivalent discourses），并指出分析者的"生态观"至关重要；同样，苗兴伟和雷蕾指出对话语的生态分析强调语言学家自身所持的"生态观"。黄国文提出"以人为本"（people orientedness）的生态哲学观，刘承宇和李淑晶阐明"以人为本"兼顾人的自然和社会两种属性，其中社会属性追求真善美的精神价值。雷蕾和苗兴伟指出生态话语分析旨在分析并揭露引发环境与生态危机的破坏性话语，并为大众提供有益于生态发展的价值选择。因此生态话语分析的任务是揭露破坏性话语的影响，合理利用语言资源保护社会和自然生态的和谐，以"真、善、美"的语言建立人与人、人与环境之间和谐的情感关系，实现从破坏性话语向有益性话语的转变，以达到人与人、人与自然和社会的和谐。

韩礼德（Halliday）指出"现实是由过程构成的……及物性系统把经验世界识解为一组可以操作的过程类别"。因此及物性系统有助于更好地识解新闻标题的类别和逻辑语义关系，了解环境新闻标题主要由哪些经验过程构成，其表达方式如何违背和谐的生态观，并且据此提出具有针对性的解决措施。

作为人类社会的一部分，生态的好坏也会影响社会的生态，而语言作为其中最主要的传播方式，其蕴含的思想直接对生态产生影响。因此本书在建设语料库的基础上，以及物性系统为框架，依据相关学者提出的生态话语分析的维度进行分析讨论，力求更加全面深刻地揭示环境新闻中的生态。

本书在建设生态文明的大背景下展开，通过对环境生态新闻进行多维度生态话语分析，探索新时代生态新闻中话语的语言特点。

从生态语言学角度看，话语的合理使用，在一定程度上缓解了发话者表达的不确定性，是尊重读者意见的表现，有效地避免了因观点不同而引起的冲突和矛盾，有利于营造和谐的语言空间氛围，最终有利于构建生态、和谐的语言环境。

总而言之，生态语言学是一门由生态学和语言学构成的交叉学科，始于1970年豪根所提出的"语言生态"的隐喻概念，概念中将语言及其所存在的言语社区看作是生物与生态系统的关系。主要有两种研究范式，一是"豪根模式"，重视生态环境对语言的影响；二是"韩礼德模式"，重视语言在解决生态问题中的功能，其中也强调语言的"生态化"与"非生态化"对增强或减弱生态系统平衡的作用。此外。语言生态环境分为内部生态环境系统和外部生态环境系统。前者指语言的本体要素，包括语音、词汇、语法、语用、语义等要素，后者指语言存在的语境，包括自然、社会、文化、政治、经济等方面的环境。

（二）环境新闻的传播启示

本书认为，基于生态语言学，在对于环境新闻话语进行多方面的分析之后，我们应该认识到环境新闻的重要责任所在。作为相关的环境新闻工作者，要特别注意以下几点：

1. 以和谐的语言营造良好的新闻生态

黄国文指出"语言的使用就是选择的结果，选择是根据意义的驱动"，同时指出在很多情况下发话者对语言形式的选择是谨慎的、有目的、有意识的，但是在其他一些情况下，发话者的选择是下意识或者无意识的。但是新闻标题的语言无论是有意识地选择还是下意识地使用，都不应违背生态文明和人际和谐的理念。

刘承宇和李淑晶认为以人道主义的态度与感情对待人类自身的生存环境，这样才能建立人与自然共生共存的合作关系。因此无论是对于人或是物都应采取人道主义的态度。

2. 以高质量标题提升环境新闻的传播效果

新闻标题的质量高低直接影响传播的效果，并且这是一个涉及新闻创作的框架结构、媒体人的职业素养、法律规范约束和网络平台的监管等多方面因素的综合性制作过程。

李良荣和戴前柏强调文本结构变形和文体未定型是互联网新闻"失范"的直接原因；姜小凌和张昆指出话语修辞更偏重技巧层面，因此要对话语元素巧加组合利用，实现传播效果最大化。这就启示新闻媒体行业应完善文本制作的结构框架，将环境新闻置于统一结构内进行制作，避免随意制作带来的一系列不文明现象，同时也要赋予新闻工作者一定的空间进行技巧性创作，以增强传播力。郑保卫指出新闻媒体不得损害社会公共道德，包括宣扬淫秽、赌博、暴力、迷信、教唆犯罪等行为，"用道德去塑造社会文明"的同时"依法治乱"，因此管理部门应制定相关的措施规范新闻媒体行为并促进新闻工作者承担相应的社会责任和道德责任。何勇和杨映瑜在论述网络谣言的治理时提出从供给侧体系建设入手同样值得借鉴，新闻工作者应避免暴力和"人类中心"主义的破坏性话语，展现文明与和谐的有益性话语或赞扬的话语，当然有些暴力词语有时候不可避免会被使用，这就要求新闻工作者在不必要的时候和非相关的领域中谨慎使用。最后，王丽和刘建勋对短视频社交媒体的公共责任的论述中提到平台不应只享受利益却回避责任，同样网络新闻平台应在监管方面采取相应的人工或者技术手段对新闻标题及内容进行全面筛查监督，如提供举报途径、筛查敏感词等，避免有悖于生态文明和社会和谐的思想传播蔓延。

总之，新闻虽依靠标题吸引受众，但要想实现体育新闻的良性发展，从标题质量入手是必不可少的环节。因此要将重点落在提高网络体育新闻标题的质量上，用规范的语言和生动新颖的描述为受众提供真实有效的信息并传递"正能量"以推动相关新闻的传播。

新闻标题在叙述现实的基础上也在构建现实，用暴力的语言表述不和谐的关系，进一步助长有悖于和谐的观念，从而对受众的认知和行为产生影响。韩礼德（M.A.K.Halliday）强调语言学家要承担起在环境保护中的责任，而对于新闻工作者来说，也应审视自身的问题，转变"人类中心"主义的观念，承担起自身的社会责任，在撰写新闻的时候应谨慎用词，尤其是对于题目来说，不应为了博眼球、赚流量而抛弃审美和善良；相反，环境新闻标题的语言应兼顾真善美，在"真"的基础上，实现"善"和"美"，用"真"为受众提供真实准确的信息，用"善"促进人与自然、人与人之间的和谐，用"美"吸引受众，提高公众的审美观念，从语言上对人们的认知产生潜移默化的影响并促进新闻的传播，引导受众以人为本，善待彼此、善待语言生态。

总之，生态语言学研究的是"语言发展变化的客观规律，总结和归纳出影响语言发展的因素，探析人类沟通需求与语言表达效果之间的联系，进而分析出语言能够多样性发展的成因。"

3. 认识到话语对于生态文明建设的作用

"话语"是语言学中的常用术语，20世纪60年代，"话语"这一概念不断发展超越了语言学学科领域，开始出现在各类人文社会学科之中。20世纪80年代，"话语"这一概念进入中国，并逐渐成为中国学术界关注的重点问题。党的十八大以来，我国高度重视生态文明建设，但由于西方国家长期把控着生态环境话语权，导致我国一直处于"失语"的被动局面。自习近平总书记提出"精心构建对外话语体系"，"提高国际话语权"等论述以来，生态文明话语研究成为美丽中国新时代学术界研究的热点问题。

新时代中国特色社会主义生态文明建设取得了举世瞩目的成就，但生态文明话语体系建构相对滞后。以习近平生态文明思想为指导的新时代生态文明话语体系建构，对外可增强中国在国际上的话语权、提高国际影响力，对内则能提高群众环保意识、养成绿色生产生活方式、培育社会主义生态文化。新时代生态文明话语体系的建构有利于提升我国在全球环境治理中的话语地位，有利于进一步推进我国生态文明建设上新台阶。

新时代生态文明话语体系建构研究遵循"概念厘定—建构框架—时代机遇—建构路径"的分析思路。首先，研究在厘清话语、话语体系等核心概念内涵的基础之上，总结凝练了生态文明话语体系建构的时代价值。其次，研究以话语理论为分析基础，立足新时代生态文明建设的现实，构建了以话语主体、话语客体、话语内容、话语表达"四维一体"的绿色话语分析框架。再次，研究的落脚点在于通过建构生态文明话语体系，进而增强绿色话语权。百年未有之大变局是机遇与挑战并存的时代，生态文明话语体系建构亦是如此：中国特色社会主义生态文明事业的成功实践和持续发展是话语建构的时代机遇，而西方强势绿色话语的对抗、排挤、打压是话语建构的现实挑战。新时代生态文明话语体系建构有丰富的资源基础，包括传统生态文化作为"本来基因"、马克思主义生态思想作为"原来基础"、全球绿色话语作为"外来坐标"以及21世纪生态文明科学范式的习近平生态文明思想作为"时代理论"。以此丰富资源为保障，生态文明话语体系建构的主要路径包括夯实生态文明话语内容、完善生态文明话语表达和提升生态文明话语认同三个方面。在机遇中寻发展，在困境中找突破，全面推进新时代生态文明话语体系的建构，进一步提升中国的国际话语权。

新时代生态文明话语体系是中国特色社会主义话语体系中独具特色的一部分，对于社会主义生态文明事业具有重要战略意义。构建有中国特色、中国风格、中国气派的话语体系，集中讲好美丽中国故事，不断增强绿色话语权，中国的生态智慧和生态方案将为人类社会的发展做出更大的贡献。

（三）前景与展望

"生态话语分析"模式的提出和发展时间较短，目前学界对该模式的应用还主要集中于有关自然的文学话语及有关国际关系的媒体话语，其"生态"概念的广泛化以及话语类型的多样化还需要得到更多研究者的关注。随着社会不断发展，科技不断进步，全球化趋势在各方面都得以体现，人与自然、人与社会、人与人、群体/阶层/国家/国际组织内部、群体/阶层/国家/国际组织之间等任何能够产生相互作用的关系都牵连着整个生态系统的生存发展状况。而语言作为能够反映和建构现实的工具，是我们能够直接掌握并可以改善的。因此，语言学界应承担起相应的社会责任，尽可能多地关注语言对其他生态系统的影响，从而推动整

第四章　基于生态语言学的媒体新闻话语分析——以环境新闻话语为例

个生态系统朝着"多元和谐，交互共生"的方向发展。比如：

（1）网络语言使用。随着互联网技术的不断发展与普及，网络逐渐成为人们日常生活交际的平台，网络语言正强有力地冲击着传统交流方式。由于网络平台的约束力与限制性较为模糊，因此话语发出者在该平台传递信息时通常较为随性，表现为对符号、数字、字母等现象的杂糅使用；网络语言暴力肆虐，如在微博、论坛等公共平台对他人进行语言上的辱骂、诋毁或攻击等。与传统交流方式相较，网络语言的受众更为广泛和隐蔽，涉及的生态关系范畴相应地更加广泛和隐蔽，从而对生态系统造成的影响也就更加普遍和强烈。因此，网络语言是一把双刃剑——生态有益性网络语言丰富人们的交流方式，推动生态系统的良性发展；生态破坏性网络语言则严重影响传统交流中主流语言的规范性和纯粹性，影响生态系统的和谐与稳定。

（2）外来词使用。随着我国改革开放的深入，大量外来词涌入。由于大部分人对外来词的起源及正确使用语境等并不十分了解，因此新闻媒体、书刊甚至政府文书中逐渐出现了滥用、错用外来词的问题，表现为未经翻译的外语词汇直接放在汉语中使用；滥用缩写、音译词等。外来词的滥用错用不仅会造成说话人本来想表达的经验意义、人际意义、语篇意义及逻辑意义发生变化，其生态取向也会随之变化；还给听话人带来了理解上的困难，不利于二者之间建立生态有益性人际关系。因此，对带有外来词的话语进行生态话语分析，可以对外来词的生态性特征进行合理的界定。

（3）语言景观推广。景区、街道等公共场合的广告牌、宣传标语等都是为传播正面、积极的信息而设置的，但其在表达中经常会出现词语误用、表达方式不当、逻辑不通等问题，有时反而阻碍正确生态意义与生态取向的表达。例如，"小草也会疼"与"禁止践踏草坪"表达相同的自然生态取向，但由于二者经验意义、人际意义等都有所差异，前者比后者更能与听话人建立良好的人际关系，更能引导听话人树立保护自然生态的意识。

（4）应急语言使用。应急语言指在自然灾害、事故灾难等突发事件发生时使用的语言资源。生态有益性应急语言能够鼓舞人心，团结民众；生态破坏性应急语言则会激化潜在矛盾，对灾害或灾难产生雪上加霜的作用。

（5）文学、文化作品、教材中的语言使用。文学、文化作品及教材能够从根本上培养人们的生态意识、提升人们的生态素养，读者可能会在交际过程中使用作品或教材中的词汇或语言表达方式，因此对该类教育性语言生态取向的分析及改善尤为重要。研究者可以从生态视角出发对文学、文化作品或教材中语言的经验意义、人际意义、语篇意义及逻辑意义进行分析，通过数量统计及个例分析对作品或教材进行生态性评估，判断其能否对培养读者的生态责任感产生积极作用。

（6）新闻媒体话语使用。媒体新闻所涉及的话语类型较为广泛，研究者可以选择热点话题对新闻报道或其他媒体言论进行生态话语分析，从而得出说话人对于该热点话题所展现的生态态度是否有利于该话语所涉及的生态系统的良性发展。

综上，"生态话语分析"模式在新时代背景下有着非常广阔的应用前景。除了以上几个方面，生态话语分析还可以应用于校园语言暴力的治理与防范、企业环境及社会责任话语生态性的提高，等等。此外，生态话语分析还可以在定性与定量研究的基础上吸收其他学科的分析方法，例如为了解决目前生态话语分析多靠研究者对语料进行手动分析的问题，可以建立生态话语分析数据库以便对目标语料的经验意义、人际意义、语篇意义及逻辑意义生成自动分析，并进一步生成有关话语生态取向的不同量值统计数据等。由此，生态话语分析在理论与应用研究上也能够遵循"多元和谐，交互共生"生态哲学观，以得到良性、长足的发展。

通过对比生态话语分析与批评话语分析、积极话语分析、多模态话语分析在研究缘起、研究目的、研究对象、研究内容、研究步骤等方面的差异，可以看出，生态话语分析比其他话语分析范式有着更加宏大的研究目的、系统明确的指导思想、广泛的研究对象、明确的研究步骤以及开放性和融合性特征。构建具有普适性的生态哲学观，以及生态语言学视角下的及物性系统、语气系统、评价系统、主位系统及衔接与连贯系统、逻辑关系系统，明确话语生态取向的判断标准以及分析手段，增强生态话语分析范式的独立地位，可以使话语分析者在话语分析过程中更有指向性。我们相信，本书所构建的生态话语分析理论体系可以帮助人们通过语言发现生态问题，从而提高人们的生态意识，改善人们的生态行为，共同推动生态文明的建设进程。

第一，有利于建构中国特色绿色话语体系。新时代生态文明话语体系是针对中国生态文明建设的实践而形成的具有中国特色的表达体系。新时代生态文明话语体系的建构研究是对生态文明实践经验总结和生态文明理论创新的进一步升华，对于新时代生态文明理论与实践的发展，具有重要的促进意义。基于话语理论的视角，对我国在生态文明建设中的话语主体、客体、内容、表达进行梳理，把握它们之间的相互关系，整合话语体系，凝聚共识，形成合力。

第二，有利于找寻新时代生态文明理论在全球环境治理话语中的准确定位。

第四章　基于生态语言学的媒体新闻话语分析——以环境新闻话语为例

新时代生态文明话语的生成紧随时代前进的潮流，立足中国生态建设的具体实践，是对时代发展新问题和实践创新新经验的有力体现。在新时代生态文明建设面临的种种问题中，一些是与中国的具体国情、现代化发展进程以及历史长久发展形成的弊病相关的。当然，也有一些是在全球化进程中，与其他国家一样共同面临的世界性棘手问题，对于人类社会面临的共性问题，我们应该着眼于全球环境治理话语经验探寻适合解决中国当下问题的理论，将中国生态文明建设致力于全球大发展的潮流中，探索新时代生态文明话语理论的准确定位。通过分析新时代生态文明话语体系在国际社会中所面临的局势，找出社会主义生态文明话语体系的特色所在，形成和明确社会主义生态文明在国际生态话语中的理论地位。

第三，有利于提升中国在国际社会中的理论自信和文化自信。社会主义生态文明是党和国家根据中国生态文明建设的现实状况和全球生态环境治理状况发出的中国声音，体现了鲜明的中国风格和独特的时代风貌，是中国在生态文明建设中总结的中国经验和中国方案，蕴含着独特的中国智慧。新时代生态文明话语体系建构的必要前提是对生态话语的整合，话语体系的建构应充分体现话语各部分的特点，厘清它们相互之间的逻辑联系以及所承载的马克思主义生态思想和中华优秀传统文化的理论意蕴，为更深层次地认识中国生态文明建设的理论生成和实践创新提供指导意义。中国生态文明之所以取得巨大成就有赖于我们选择了正确的发展道路，有正确的理论制度作指引，有丰富的先进文化作支撑。

第四，有利于指导新时代生态文明建设实践。中国在生态文明建设的历史进程中取得了举世瞩目的成就，社会主义生态文明成为中国走向世界的一张国际性名片，但是，我们在为取得巨大成就欣慰的同时，仍应该清醒地看到生态文明建设中面临的现实压力。话语的生成、话语体系的建构，话语权的提升不仅增强中国生态文明建设的自信，也为生态文明理论的完善奠定了良好的基础，生态文明话语体系的建构为生态理论的进一步完善提供了创新动力，生态文明理论水平的提升能更好地指导社会主义生态文明建设的实践。

第五，有利于培养新时代社会主义生态文明观。目前，从宏观层面看，我国已经取得了生态文明建设的巨大成就，但从着眼微观，人民群众的生态文明意识还没有得到全面提高。建构一套系统的生态文明话语体系，以通俗易懂接近生活的话语表达方式向民众宣传生态文明，提高人民大众对社会主义生态文明建设的认知与认可，转变其生态文明价值追求，提升生态文明素养，形成全社会共同贯彻落实的社会主义生态文明观。

第六，有利于提升中国生态文明话语权，提高中国的国际地位。21世纪以来，全球化进程不断加快，中国抓住时代机遇迅速发展，综合国力不断增强，国际地位不断提高。中国取得的成就显而易见，发展中遇到的问题也普遍存在，我们仍在众多领域面临西方发达国家强势话语的打压，这既不利于中国作为发展中大国积极为推动人类发展做贡献的良好形象，也不利于构建和谐发展的国际环境。新时代生态文明话语体系的建构是基于中国生态文明建设理论与实践中生成的中国话语，是中国在发展进程的客观体现，我们广泛利用各种传播平台与渠道，促进生态文明话语的国际传播，展现中国在生态文明建设中的大国形象。

参考文献

[1] 范俊军，官齐，胡鸿雁. 语言活力与语言濒危 [J]. 民族语文，2011（3）：51-61.

[2] 范颖，周庆山. 移动互联网商业生态系统的竞争与更迭——基于"移动梦网"和"应用商店"的对比分析 [J]. 图书情报工作，2014（10）：24-28.

[3] 冯广艺. 生态文明建设与语言生态变异论 [J]. 中南民族大学学报（人文社会科学版），2009（4）：149-152.

[4] 冯广艺. 生态文明建设中的语言生态对策 [J]. 贵州社会科学，2012（6）：9-14.

[5] 冯广艺. 论语言生态与语言国策 [J]. 中南民族师范大学学报（人文社会科学版），2013（3）：159-163.

[6] 冯广艺. 语言生态学引论 [M]. 北京：人民出版社，2013.

[7] 付启元. 和平学视域中的中国传统和平思想 [J]. 南京社会科学，2015（3）：134-139，156.

[8] 福斯特. 马克思的生态学：唯物主义与自然 [M]. 北京：高等教育出版社，2016.

[9] 郭纯洁. 现代语言学研究方法 [M]. 北京：科学出版社，2015.

[10] 郭丽，李成团. 基于语料库的医患交际语篇特征分析 [J]. 外语电化教学，2018（5）：76-82.

[11] 韩军. 中国生态语言学研究综述 [J]. 语言教学与研究，2013（4）：107-112.

[12] 韩子静. 信息生态系统初探 [J]. 图书情报工作，2008（2）：230-234.

[13] 郝欣，秦书生. 复合生态系统的复杂性与可持续发展 [J]. 系统辩证学学报，2003（4）：23-26.

[14] 何伟. 关于生态语言学作为一门学科的几个重要问题 [J]. 中国外语，2018（4）：1，11-17.

[15] 何伟."生态话语分析":韩礼德模式的再发展[J]. 外语教学，2021（1）：20-27.

[16] 何伟,高生文,贾培培,张娇,邱靖娜. 汉语功能句法分析[M]. 北京：外语教学与研究出版社，2015.

[17] 何伟,耿芳. 英汉环境保护公益广告话语之生态性对比分析[J]. 外语电化教学，2018（4）：57-63.

[18] 何伟,马宸. 从名词的数量范畴看汉英语言的生态性[J]. 外语研究，2020（1）：7-12.

[19] 何中清. 评价理论中的"级差"范畴：发展与理论来源[J]. 北京第二外国语学院学报，2011（6）：10-18.

[20] 贺阳. 试论汉语书面语的语气系统[J]. 中国人民大学学报，1992（5）：59-66.

[21] 胡庚申. 生态翻译学解读[J]. 中国翻译，2008（6）：11-15，92.

[22] 胡开宝. 中国特色大国外交话语的构建研究：内涵与意义[J]. 山东外语教学，2019（4）：11-20.

[23] 胡壮麟. 语音系统在英语语篇中的衔接功能[J]. 外语教学与研究，1993（2）：1-8.

[24] 胡宗山,聂锐."一带一路"倡议：成就、挑战与未来创新[J]. 社会主义研究，2019（6）：162-170.

[25] 黄国文. 生态语言学的兴起与发展[J]. 中国外语，2016（1）：9-12. 黄

[26] 黄庆. 推动构建和谐世界，谱写中国外交新篇章[J]. 当代中国史研究，2012（5）：46-53，126.

[27] 黄小淋,李永先. 基于"知识生态系统"的高校图书馆协同创新模型研究[J]. 上海高校图书情报工作研究，2018（2）：73-76.

[28] 贾培培,张敬源. 时态的功能研究[J]. 北京科技大学学报（社会科学版），2015（3）：31-37.

[29] 蒋录全. 信息生态与社会可持续发展[M]. 北京：北京图书馆出版社，2003.

[30] 克洛德·海然热. 语言人：论语言学对人文科学的贡献[M]. 北京：北京大学出版社，2012.